EL PUEBLO SOY YO

EL PUEBLO
SOY YO

ENRIQUE KRAUZE

El pueblo soy yo

Primera edición: marzo, 2018
Primera reimpresión: abril, 2018
Segunda reimpresión: mayo, 2018

D. R. © 2018, Enrique Krauze

D. R. © 2018, derechos de edición mundiales en lengua castellana:
Penguin Random House Grupo Editorial, S. A. de C. V.
Blvd. Miguel de Cervantes Saavedra núm. 301, 1er piso,
colonia Granada, delegación Miguel Hidalgo, C. P. 11520,
Ciudad de México

www.megustaleer.mx

ISBN: 978-607-315-318-8

Impreso en México – *Printed in Mexico*

El papel utilizado para la impresión de este libro ha sido fabricado a partir de madera procedente
de bosques y plantaciones gestionadas con los más altos estándares ambientales, garantizando
una explotación de los recursos sostenible con el medio ambiente y beneficiosa para las personas.

Penguin
Random House
Grupo Editorial

Para Fernando García Ramírez

Agradecimientos

No hubiese podido escribir este libro sin la conversación con mi amigo Julio Hubard. Su contribución en los apartados históricos y filosóficos fue esencial. El joven filósofo Alfonso Ganem me ayudó en el capítulo sobre los demagogos en Grecia, lo mismo que José Molina, gran helenista y latinista y amigo generoso. Efraín Kristal, discípulo notable y muy querido de Morse, e historiador de primera línea, me ayudó inmensamente con su lectura crítica, que espero haber honrado. Mis amigos Rafael Rojas y Carmelo Mesa-Lago me apoyaron con información clave y lecturas críticas en el ensayo sobre Cuba. Ricardo Hausmann, Ramón Espinasa y Carlos Sucre —amigos venezolanos— aportaron estudios fundamentales para comprender la tragedia de su país. Andrea Martínez leyó cada texto, con infalible ojo crítico. Javier Lara Bayón y Andrés Takeshi aportaron un arduo trabajo editorial. Emmanuel Noyola, sabio y puntual, cuidó la edición de cabo a rabo.

Yo ya no soy Chávez, yo soy un pueblo.

HUGO CHÁVEZ

Índice

I
ANATOMÍA DEL PODER EN AMÉRICA LATINA

II
POPULISMO Y DICTADURA

III

FASCISTA AMERICANO

IV

LA DEMAGOGIA, TUMBA DE LA DEMOCRACIA

Prólogo

Éste es un libro contra la entrega del poder absoluto a una sola persona. Los ensayos que lo integran abordan el tema desde distintos miradores: la historia comparada de las ideas, culturas, teorías y filosofías políticas en España, Inglaterra, América Latina y Norteamérica desde el siglo XVI; la crítica de la actualidad política en este continente; y la historia de la demagogia —instrumento favorito del poder personal— en Grecia y Roma.

Tras el atroz siglo XX —si privara la razón, si sirviera la experiencia— un libro sobre el poder personal absoluto sería un ejercicio de tautología. No lo es, y es misterioso que no lo sea. El poder absoluto ha encarnado desde siempre en tiranos que llegan a él y se sostienen por la vía de las armas (como tantos militares africanos e iberoamericanos, genocidas varios de ellos). Ese tipo de poder desnudo y brutal ha sido condenado axiomáticamente desde los griegos. Pero en el siglo XX los más letales han sido los otros, los dictadores a quienes rodea un aura de legitimidad proveniente de ideologías, costumbres, tradiciones o del propio carisma del líder.

La revolución marxista, promesa de una nueva humanidad, encumbró a Lenin, Stalin, Mao, Pol Pot. Las masas de jóvenes fascistas, cantando "Italia dará de sí", llevaron a Mussolini al poder y a Italia al abismo. Una parte de sus compatriotas vio en Franco al "caudillo de España por la Gracia de Dios". Hitler llegó al poder por la vía de los votos y se mantuvo 12 interminables años (quizá los más aciagos

15

de la historia humana), apoyado por la adoración histérica de casi toda Alemania. ¿Cuántos muertos dejó la contabilidad acumulada de esos regímenes? Centenares de millones. ¿No es ésa una prueba suficiente para repudiar la concentración absoluta de poder en un líder, quien quiera que sea, donde quiera que aparezca, cualquiera que sea su atractivo, su mensaje o ideología? Por lo visto, no lo es. Ni priva la razón ni sirve la experiencia. Por eso no es inútil escribir un libro más sobre el tema.

★ ★ ★

Supongo que mi repudio al poder absoluto es una condición prenatal. Nací en 1947, en México, en el seno de una familia judía mermada (como casi todas) por la barbarie nazi. En mi adolescencia, mi abuelo paterno —horrorizado ante las cenizas de su propio sueño de juventud— me desengañó del socialismo revolucionario: asesinatos masivos, hambrunas provocadas, juicios sumarios, el gulag.

La galería de autócratas "legítimos" que se me fue presentando en la vida reafirmó mi convicción: el presidente mexicano Gustavo Díaz Ordaz, "emanado" de la Revolución mexicana, ordenó la masacre de estudiantes de 1968 que nunca perdonará la historia. Fidel Castro, héroe continental, heredero de Martí y Bolívar, nuestro David contra el Goliat del imperialismo, terminó entregando su isla al Goliat ruso, como entendí muy temprano (en agosto de 1968) cuando apoyó a la invasión soviética que ahogó la Primavera de Praga y, con ella, la posibilidad de un "socialismo con rostro humano". Cuando comencé a ejercer la crítica política, saludé el triunfo de la Revolución sandinista contra el tirano Somoza. En marzo de 1979 visité Santiago de Chile (con el Palacio de La Moneda cerrado, y el toque de queda en las calles y las almas) y Buenos Aires (sumida en el terror cotidiano por el régimen que "desaparecía" a miles de opositores, o sospechosos de serlo). Meses después publiqué en *Vuelta* (la revista de Octavio

Paz, en la que fui secretario de redacción) un reportaje que denunciaba ambas dictaduras "nacionalistas" y "salvadoras". Fue un orgullo que ambos regímenes prohibieran la circulación de nuestra revista. Para quienes colaborábamos en *Vuelta* no había dictadores buenos. No hacíamos distinción entre dictadores de izquierda y de derecha. Los criticamos a todos. Con ese espíritu, denunciamos la amarga experiencia soviética y cubana y publicamos los estrujantes textos de Simon Leys sobre el genocidio de la Revolución Cultural de Mao. En 1981 Gabriel Zaid reveló los intereses materiales y la semilla totalitaria en los guerrilleros salvadoreños que buscaban emular al régimen cubano. Ahí estaban los hechos, pero ninguna evidencia convencía a los fanáticos. Por pedir elecciones en Nicaragua, en su discurso en la Feria de Frankfurt, Octavio Paz recibió el escarnio de la izquierda mexicana, que quemó su efigie en las calles de México. Esa intolerancia radical era la comprobación de nuestras tesis: un amplio sector de la izquierda latinoamericana no era democrática ni creía en la libertad. Contra viento y marea, nosotros sí.

No se respiraban aires democráticos en la región. La Revolución socialista estaba en la mente y el corazón de estudiantes, académicos, artistas e intelectuales en toda Iberoamérica. A contracorriente, *Vuelta* publicó, junto con las revistas *Dissent* y *Esprit*, un libro que titulamos *América Latina: Desventuras de la democracia* (Joaquín Mortiz, 1984). Contenía ensayos de Mario Vargas Llosa, Guillermo Cabrera Infante, Ernesto Sabato, Jorge Edwards, entre otros. A pesar de la recuperación de la democracia en Argentina en 1983, el título revelaba nuestro escepticismo. Como editor del libro, entendí que la pregunta que me había hecho, desde el oficio de historiador, sobre el poder personal en México, abarcaba muchas otras relativas a América Latina.

Esas preguntas eran tan pertinentes entonces como ahora. ¿Por qué Nuestra América —como la llamó Martí— ha sido tierra de caudillos, dictadores, redentores? ¿Cuál es nuestro concepto de Estado y por qué, en muchos casos, es tan preponderante sobre los individuos?

¿Cuál es la genética de nuestras revoluciones? ¿Por qué nos ha sido tan difícil arraigar las instituciones, leyes, valores y costumbres de la democracia liberal? ¿Por qué pende siempre sobre nosotros la sombra terrible del poder absoluto concentrado en una persona? Junto a esas preguntas, me formulaba otras sobre Estados Unidos: ¿Cuál es la raíz de su democracia liberal? ¿Qué oculta o revela su cara racista, imperialista, nativista, arrogante, ensimismada? ¿Cuál ha sido la naturaleza histórica de nuestra relación?

★ ★ ★

Pensar América Latina en su conjunto no ha sido una cualidad de los latinoamericanos. Un ciudadano de cualquiera de nuestros países apenas conoce la historia del resto. Esa ignorancia de nosotros mismos nos empobrece y nos priva de ver con perspectiva global nuestros problemas. Han sido pocos los intelectuales propiamente *latinoamericanos*. No me refiero, claro está, a los poetas y novelistas cuya obra es no sólo latinoamericana sino universal. Me refiero a los ensayistas. En México las excepciones fueron Alfonso Reyes, José Vasconcelos y Pedro Henríquez Ureña. Y el discípulo de todos ellos: Daniel Cosío Villegas.

En cambio la preocupación con respecto a Estados Unidos ha sido más generalizada, así de machacante ha sido su presencia entre nosotros. En México, hemos tenido la vista fija en ellos desde nuestra independencia, y así seguimos. Nuestra historia y nuestra geografía lo imponen. ¿Quiénes son ellos? ¿Y quiénes nosotros? ¿Hay un espacio de convivencia? Son cuestiones que importaron centralmente a grandes autores mexicanos desde hace dos siglos.

Yo quería voltear hacia el sur para entendernos mejor. Y quería mirar hacia el norte para entenderlos mejor. Justo en ese arranque de los ochenta tuve un encuentro que me ayudó en ambos afanes. Fue la amistad del historiador Richard M. Morse, cuya vida estaba dedicada precisamente a esa labor de comprensión.

En 1982 Morse publicó una pequeña obra maestra: *El espejo de Próspero*. Era un ensayo sobre la "prehistoria" de las ideas políticas de Iberoamérica y Angloamérica (el sondeo de nuestras profundas y divergentes "premisas culturales" en España e Inglaterra) que condicionó nuestra historia moderna desde la Independencia hasta la segunda mitad del siglo xx y que, a su juicio, la seguiría condicionando en el porvenir. Ese libro fue mi biblia. Tengo tres ejemplares, subrayados todos. Morse fue mi intérprete de América Latina. Lo vi como un arqueólogo del poder, el descubridor del Santo Grial de nuestra historia política. Han pasado casi 40 años. Ahora, urgido por la gravedad de nuestra circunstancia política en México, Latinoamérica y Estados Unidos, retomo el diálogo con su obra. Fue un gran lector de las dos Américas. Releerlo no sólo ha sido un privilegio sino una necesidad.

★ ★ ★

El pueblo soy yo es un libro de ensayos históricos y críticos: no un tratado, un sistema o una obra unitaria. Su género es la libre reflexión histórica. Morse lo llamaba *usable past*. Interrogar al pasado y dialogar con él puede encerrar lecciones, aclarar el presente, atenuar los riesgos del futuro.

Está compuesto de cuatro secciones. Titulé a la primera "Anatomía del poder en América Latina". Se centra en la obra de Morse que cubre cinco siglos de historia y filosofía política. Aunque le he dedicado algunos textos, nunca lo había hecho de manera crítica. No tenía distancia. Me parecía que sus escritos sobre la herencia política escolástica en Iberoamérica explicaban la atávica disposición de nuestros pueblos a obedecer (a venerar) a la Corona y a sus avatares (caudillos, presidentes, dictadores), y con eso me bastaba. Al paso del tiempo, sin negar su núcleo de verdad, la visión morsiana de la historia política iberoamericana posterior a la Independencia me resultó iluminadora pero reductiva, sobre todo por su desdén del legado liberal. Era como si nos imaginara presos en una caverna platónica sin posibilidad de salir de ella, condenados a esperarlo todo del Estado tutelar y patriarcal o a venerar al caudillo en turno que nos ofrece redención. No ha sido así. Por momentos nos hemos negado a entrar en la caverna y, en algunos casos, tras largos periodos de oscuridad, hemos salido de ella.

Por otra parte, su crítica moral a la atomista sociedad estadounidense (afín al enfoque marxista de la Escuela de Frankfurt) me pareció siempre errada. Ahora, para mi inmensa sorpresa, le doy toda la razón. Tránsfuga de su tierra en la nuestra, exiliado de sí mismo en su tierra, Morse fue un pensador puente entre las dos Américas. Por todo ello, y por el valor interpretativo de su obra, decidí construir este libro a partir de sus libros, con una amplia exploración sobre su teoría del poder, pero también debatiendo con ella.

En el primer ensayo de "Anatomía del poder en América Latina" expongo detalladamente su teoría histórica y filosófica. Lo llamé, desde luego, "El código Morse". Ahí están las raíces de nuestra cultura política, no predestinada —en absoluto— para la democracia liberal. Y ahí están, también, en un proceso no menos dilatado de formación política e intelectual, las raíces de la cultura liberal y democrática de Estados Unidos. Pero, al dibujar el perfil de las dos Américas desde su origen, Morse rescata y explica los muchos rasgos morales y sociales que hacen de nuestra civilización latinoamericana (así la llama) un espacio de convivencia mucho más rico y variado que el desolado mundo del Próspero americano. A esta recuperación del pensamiento de Morse sigue —digamos— su antítesis. Se trata de una carta que llamo "posdata liberal" que nunca pude escribirle en vida, pero que hasta ahora he podido formular y que él leerá, quizá, en el plano de lo eterno. Es mi respuesta puntual a sus tesis. El compendio de nuestras simpatías y diferencias. En el fondo, mi carta es una reivindicación del legado liberal en Iberoamérica. Finalmente, utilizo su método favorito (interrogar a la literatura para conocer la historia) ofreciendo una lectura de *Benito Cereno*, la misteriosa novela de Herman Melville, que encierra muchas claves sobre las dos Américas, la injusticia extrema y la rebelión.

En la segunda parte, titulada "Populismo y dictadura", el lector advertirá —al menos eso espero— cómo la perspectiva teórica e histórica de Morse aclara el presente. La preside una breve discusión sobre "La palabra *populismo*" y un "Decálogo del populismo" (publicado en 2005, que aún creo vigente). Su tema es el poder personal absoluto en cuatro casos: dos reales (Cuba y Venezuela) y dos potenciales (España y México).

Sobre Cuba, cuyo destino me ha preocupado desde la juventud, escribí en 2015 "La profecía y la realidad", un balance histórico de ese país rico, vital y creativo que Fidel Castro prometió redimir, para terminar volviéndolo su hacienda personal, lo que Alejandro Rossi llamó "su isla de pesadumbre". Mi ensayo parte de la obra del gran latinoamericanista Waldo Frank sobre la Revolución cubana, escrita en los albores de ese movimiento que llenó de esperanza al continente. Mi texto explora detenidamente la quiebra de esa utopía y se detiene finalmente en la obra de Marc Frank, el nieto de Waldo, reportero de varios periódicos de habla inglesa que ha vivido en Cuba desde los años ochenta. El arco entre ambos libros, entre ambos autores, es una metáfora de Cuba: la tensión entre la profecía y la realidad.

En 2009 publiqué *El poder y el delirio*. Quise conocer de primera mano el funcionamiento del populismo venezolano. En mis viajes e investigaciones sentí que la vocación social de Chávez era genuina, pero ante los chavistas sostuve que, para ponerla en práctica, no se requería instaurar una dictadura. El daño más serio que Chávez infligía a Venezuela era la confiscación de la palabra pública, la distorsión de la verdad histórica, y sobre todo el discurso de odio que practicaban él mismo y sus voceros. Quienes no estaban con él estaban contra "el pueblo". Había que denigrarlos, expropiarlos, doblegarlos, acallarlos. Tras esa inmersión en la crispada circunstancia venezolana, convencido de que Chávez llevaría su país al abismo económico, político, moral y humanitario al que conducen siempre esos regímenes autocráticos, escribí aquel libro. Ahora, en *El pueblo soy yo*, escribo el epitafio. Lo he titulado, sin la menor hipérbole, "La destrucción de Venezuela".

Los dos ensayos siguientes son una advertencia preventiva. La menor es para España, pues al parecer no prendió el injerto del populismo cuyos rasgos señalé en "El narcisismo de Podemos". Con todos sus defectos, vicios y limitaciones, el pacto fundacional de la democracia española se sostiene.

Pero para México, donde se perfila el posible triunfo de Andrés Manuel López Obrador en las elecciones de julio de 2018, la inclusión del ensayo "El mesías tropical" es un llamado, en el sentido más grave del término. Lo publiqué en 2006 y lo incluyo ahora, sin cambiar una coma, porque ni una coma ha cambiado él de su actitud redentora: él mismo se ha definido como el "salvador" de México. Creo que, de triunfar, usará su carisma para prometer la vuelta de un orden arcádico (o el advenimiento de un orden utópico) y con ese poder acumulado, habiendo llegado gracias a la democracia, buscará corroer su tronco desde dentro, dominando las instituciones, desvirtuando las leyes, acotando las libertades. Como posdata, he incluido una reflexión que pone al día la encrucijada: "México: caudillismo y redención".

La tercera sección de *El pueblo soy yo* también se centra en el presente. Se titula "Fascista americano". Nunca tuve duda de llamar así a Donald Trump, no como un insulto sino como una descripción. Un profeta que preparó el camino y anunció sus temas centrales fue el profesor de Harvard Samuel Huntington. En 2004 publiqué en Estados Unidos una refutación de sus teorías racistas y nativistas (orientadas directamente contra los inmigrantes mexicanos) que recojo ahora como preámbulo a una cadena de textos breves —una bitácora, de hecho— que dediqué a advertir, anticipar, analizar, lamentar y repudiar el arribo de Trump a la presidencia de Estados Unidos. No extraigo ninguna satisfacción en haber acertado.

La cuarta y última sección del libro es —a la manera de Morse— filosófica, histórica y literaria. Se titula "La demagogia, tumba de la democracia". Se trata de una vuelta al mundo clásico, cuna de la democracia y la república que padecieron los mismos gérmenes de destrucción que ahora observamos, y sucumbieron, en parte, debido a ellos. Sobre Roma, propongo una interpretación del *Coriolano* de Shakespeare y de su fuente principal, Plutarco, a la luz del populismo. Y finalmente, en "Meditación en Atenas", recuerdo lo que los griegos supieron bien: las democracias son mortales.

★ ★ ★

Este libro es un pequeño viaje histórico, un testimonio personal, una acumulación de lo visto, oído, leído, conversado y aprendido sobre el poder personal absoluto. Y es también una argumentación crítica contra quienes, en nuestro tiempo, sienten encarnar cuatro palabras que, juntas, deberían ser impronunciables: el pueblo soy yo.

I

ANATOMÍA DEL PODER EN AMÉRICA LATINA

El código Morse

México fue la meca cultural para una generación de escritores estadounidenses en los años veinte: John Dos Passos, Katherine Anne Por-
ter, Carleton Beals y Frank Tannenbaum. Los atraía el renacimiento
del país luego de la cruenta Revolución mexicana: los murales de Die-
go Rivera y José Clemente Orozco, la cruzada educativa que llevaba
escuelas, maestros y libros a todos los rincones, la entrega de la tierra
a los campesinos, la avanzada legislación laboral, la reivindicación del
pasado indígena. Por un tiempo vieron a México como la proyección
de sus propias utopías sociales. Todos sintieron "la beatitud de México".[1]

En varios casos, esa fascinación rebasó las fronteras mexicanas y abar-
có a toda Iberoamérica, hogar de una antigua cultura que parecía ofrecer una alternativa espiritual al materialismo moderno. El poeta Hart
Crane (uno de esos peregrinos) escribía a su amigo el escritor Waldo
Frank su concepto de la ciencia: "Con su crecimiento incontrolable [...]
amenaza a la supuesta civilización que la alimentó... su despotismo no
reconoce límites".[2] Acaso fue el propio Frank quien mejor encarnó este
redescubrimiento del Sur. Biógrafo de Bolívar, a lo largo de tres décadas

---

[1] La frase es del ensayista peruano Luis Alberto Sánchez.

[2] Citado en Stephen H. Cook, *The Correspondence Between Hart Crane and Waldo Frank*, Nueva York, The Whitson Publishing Company, 1998, p. 5.

Frank vislumbró una especie de "renacimiento moral" de Estados Unidos, normado por la fuerza espiritual de la cultura española e iberoamericana. Muy leído y apreciado en su momento, al finalizar la Segunda Guerra Mundial su mensaje se volvió anacrónico. En los años cincuenta los círculos literarios estadounidenses mostraban un franco desdén hacia todo lo hispano: "Me he propuesto no aprender español —escribió Edmund Wilson, que estudió hebreo para explorar los rollos del Mar Muerto— [...], nunca he acabado el *Quijote*, jamás he visitado España ni ninguna otra nación hispánica". Por fortuna, hubo excepciones a la regla. Una de ellas fue Richard M. Morse. No sólo peregrinaría una vez más por Iberoamérica. No sólo sintió "la beatitud" de Iberoamérica. Se volvió un converso de ella.

Nacido en Nueva Jersey en 1922, Morse provenía de una de las más antiguas familias de Nueva Inglaterra, dedicada por generaciones al comercio con Asia. Uno de sus ancestros había sido Samuel F. B. Morse, inventor del famoso código. Aunque se ganó la vida como profesor en altas instituciones académicas de Estados Unidos (Yale, Stanford, Wilson Center), Morse no era un académico común sino un *pensador* a la manera de Unamuno u Ortega y Gasset, cuya pasión fue la cultura de Iberoamérica. En su madurez, cuando no podía viajar por estos países, los recorría a través de los escritores y pensadores que habían configurado nuestra identidad. Sentía fascinación por los autores iberoamericanos que habían viajado o vivido en Estados Unidos (Sarmiento, Martí) y por los estadounidenses que habían viajado por el sur y escrito sobre él, como Herman Melville. Su vida transcurrió en el centro de un triángulo trazado por la literatura, la filosofía y la historia. Sin saberlo, era un hermano americano de Walter Benjamin. Con similar espíritu hermenéutico, *leyó* como textos nuestras capitales (México, São Paulo, Buenos Aires), interpretó nuestras lenguas y literaturas, trazó los derroteros secretos de nuestra historia y los fundamentos de nuestras filosofías políticas. Su enfoque histórico preferido era la cultura comparativa: ver a Nuestra América en el espejo de la otra, y viceversa.

Morse se formó inicialmente en la Universidad de Princeton, donde fue discípulo de los críticos Allen Tate y R. P. Blackmur. Allí editó la revista *Nassau Lit*, en cuyos números publicó una serie de reportajes, narraciones y una obra de teatro inspirados en los viajes sucesivos que realizó a principios de los cuarenta por Cuba, Venezuela, Chile, Argentina, México. En Chile conoció al ministro de Salud, joven socialista que sostenía la existencia de una deuda histórica de Estados Unidos con los países sudamericanos. Se llamaba Salvador Allende. En México entrevistó a Pablo Neruda (embajador chileno) y a los filósofos José Vasconcelos y Samuel Ramos, teóricos respectivos de la identidad latinoamericana y mexicana. En 1943 Morse participó en el frente del Pacífico, y a su regreso se matriculó en la Universidad de Columbia, donde fue alumno de dos maestros españoles: Augusto Centeno, que estudiaba el carácter de las naciones no a través de la psicología sino de la literatura, y Américo Castro, el eminente historiador de los vínculos entre la España árabe, cristiana y judía.[3] De ambos aprendió las posibilidades del método cultural comparativo. Su primera estación académica fue como "brasileñista": obtuvo el doctorado de historia con una "biografía" de la ciudad de São Paulo, donde vivió entre 1947 y 1948.[4] Además de los maestros españoles y los decanos de la historia latinoamericana (Dana Munro y Woodrow Borah), quizá sus mentores más significativos fueron Frank Tannenbaum y Benjamin Nelson.

Tannenbaum dedicó su vida al conocimiento *in situ* de países latinoamericanos no por romanticismo —solamente— sino por la convicción de que estaban hechos de una pasta moral distinta y, a su juicio, mejor que la estadounidense. Desde muy joven, a partir de una militancia anarquista que en 1915 lo llevó un año a la cárcel, Tannenbaum desarrolló una sensibilidad peculiar para revelar las caras más

---

[3] Paul Goodwin, Hugh M. Hamill, Jr., Bruce M. Stave: "A Conversation with Richard M. Morse", *Journal of Urban History*, vol. 2, núm. 3, mayo de 1976.

[4] Jeffrey D. Needell, "Richard M. Morse (1922-2011)", Obituary, Project Muse.

oscuras de la vida en los Estados Unidos. Escribió libros sobre la condición inhumana en las prisiones, la herencia de la esclavitud, el racismo del sur, la inequidad social. Y de esa sensibilidad partió también su simpatía por el proyecto social de la Revolución mexicana. Entre 1929 y 1951 Tannenbaum escribió tres libros fundamentales sobre México y varios más sobre América Latina. En 1934 recorrió Ecuador a lomo de mula. Morse aprendió con él que la nuestra no es una rama torcida del tronco occidental: es una civilización con valores propios y originales de los que Estados Unidos tenía mucho que aprender.

Benjamin Nelson, su otro maestro, marcó las cotas amplísimas de su cultura, una vastedad sólo comparable con la de los filósofos de la Escuela de Frankfurt (sobre todo Max Horkheimer y Theodor Adorno), con quienes tenía relaciones estrechas porque desde antes de la Segunda Guerra se habían refugiado en Nueva York. Nelson abarcaba filosofías, historias, literaturas, idiomas, artes, épocas completas. Su discípulo Morse se sentía a gusto hablando lo mismo del pensamiento teológico del medievo que de la Viena de Wittgenstein, de la literatura del *boom* que de los clásicos rusos, de música brasileña o de sociología del saber.

En sus viajes por la región, Morse había notado un rasgo que lo conmovió: "No que América Latina fuese un paraíso racial, pero al menos allí las diferencias cromáticas no eclipsaban la presencia humana".[5] Ese contraste se volvió decisivo cuando encontró a la mujer que sería su mayor intérprete de la vida latinoamericana. Y es que este descendiente de los primeros colonos decidió volver la espalda a su propia estirpe y lo hizo de la mejor manera: enamorándose de Emerante de Pradines. Nacida en 1918, bisnieta de los fundadores de Haití, hija de un célebre músico, bailarina clásica, discípula de Martha Graham, Emy conoció a Richard en Nueva York, donde se casaron en 1954. La decisión les costó en términos familiares, sociales y aca-

---

[5] Paul Goodwin, Hugh M. Hamill, Jr., Bruce M. Stave, "A Conversation with Richard M. Morse", *op. cit.*

démicos. En tiempos de aguda discriminación racial, la pareja se estableció en Puerto Rico, donde Dick (así lo llamábamos) fue profesor de la Universidad. Allí vivieron entre 1958 y 1961. Tuvieron dos hijos: Marise y Richard. Emy era muy bella, alta y esbelta. Usaba un tocado de flores en el pelo. Así aparece en la portada del disco *Voodoo*, que grabó en 1953 con 28 canciones haitianas. Envuelto en esa sensibilidad mágica, Morse se volvió un hechizado de Iberoamérica, pero un hechizado que nunca perdió la lucidez para mirar con distancia su propio hechizo.

Su interés por "la otra América", como se ve, había sido una opción existencial. Por eso se empeñó en desentrañar la naturaleza histórica de las dos Américas y mostrar al mundo (y a sí mismo) la riqueza de su propia elección vital.

EL ESPEJO DE PRÓSPERO

Nada de esto sospechaba yo cuando lo conocí a principios de los ochenta. Un día, mientras corregía galeras en la redacción de la revista *Vuelta*, recibí su llamada para invitarme a desayunar. Acepté con entusiasmo. Años atrás había leído en *Plural* (la revista antecesora de *Vuelta*) su ensayo "La herencia de Nueva España"[6] que había sido una revelación no sólo para mí sino para el director Octavio Paz, quien preparaba su biografía de sor Juana Inés de la Cruz. En aquel número (que Paz tituló "Nueva España entre nosotros") Morse equiparaba por primera vez la categoría weberiana del "Estado patrimonialista" tradicional al Estado "tomista" español que dominó por 300 años sus reinos de ultramar con indiscutida e indisputada legitimidad. Era un hallazgo notable. Paz, que desde *El laberinto de la soledad* se dedicaba a pensar

---

[6] Richard M. Morse, "La herencia de Nueva España", en *Plural* 45, junio de 1975 [trad. Flora Botton Burlá].

lo que llamaba "la naturaleza histórica" de México, asimiló aquel concepto y lo utilizó en diversos ensayos sobre historia mexicana. Le parecía convincente la discusión de Morse sobre la supervivencia de aquel orden (que Morse llamaba "tomista" y Weber "patrimonialista") en el régimen mexicano posterior a la Revolución. En efecto, la cuasi monarquía del PRI era como un cuerpo político presidido por la cabeza presidencial; un edificio corporativo antiguo, duradero e incluyente, donde cabían todas las clases supuestamente antagónicas. No una democracia, sin duda, pero tampoco una tiranía. Menuda sorpresa: ¡santo Tomás había escrito el libreto de nuestra historia política! ¿Cómo no conocer al autor de semejante idea?

Morse tenía la pinta de un gringo prototípico. Era alto, de vivarachos ojos azules, lentes gruesos, tez muy blanca, quijada cuadrada, pelo ralo y encanecido (que peinaba de izquierda a derecha). Aunque iba a cumplir 60 años y caminaba un poco desgarbado, conservaba trazas de su apostura juvenil. Tiempo después, en las frecuentes visitas que le hice en su hogar de Georgetown, descubrí su lado pícaro, inquieto, distraído, pero en aquel primer encuentro en un ruidoso restaurante de la Ciudad de México su tono era otro, como el de un vidente del pasado: en ocho horas me resumió ocho siglos de historia, una cátedra sobre lo que llamaba "la dialéctica del Nuevo Mundo".

Le pregunté de dónde provenía su tesis sobre el tomismo como filosofía fundadora en Iberoamérica. "Es una larga historia que recojo en *El espejo de Próspero*, el libro que estoy por terminar", me dijo. Me explicó que se trataba de un estudio comparativo de las culturas del norte y del sur de América para el cual consideró necesario remontarse a las bases históricas comunes, su pasado medieval. Sólo así podían comprenderse sus diferencias fundamentales: los imperativos de la unificación política de una isla para el caso inglés, y los imperativos de la incorporación del nuevo mundo americano en el caso de España. Y entonces sin más comenzó a narrar, detalladamente, el "papel preparatorio" que para la tradición filosófica moderna había tenido Pedro

Abelardo (1079-1142). A partir de allí, pasando por el pensamiento embrionariamente experimental, tolerante, pluralista de Guillermo de Occam,[7] despuntaba una línea que conducía a las grandes revoluciones científicas, filosóficas y religiosas de la Edad Media y el Renacimiento, para desembocar finalmente en dos "compromisos históricos". Por un lado, en el mundo anglosajón (que abrazó esas revoluciones con entusiasmo), la línea conducía a Hobbes y Locke, principales fundadores de la cultura política inglesa en el siglo XVII. Pero, un siglo antes, la vertiente ibérica (más bien reacia a esas revoluciones) había adoptado como autoridad a santo Tomás de Aquino (1224/5-1274). Partiendo de esa "proeza arquitectónica" (así llamaba Morse a la *Summa teológica*), tres generaciones de filósofos, juristas y teólogos escolásticos españoles habían construido las "premisas culturales" del orbe hispano: el dominico Francisco de Vitoria (1483-1546), sus discípulos de la misma orden Domingo de Soto (1494-1560) y Melchor Cano (1509-1560), los jesuitas Juan de Mariana (1536-1624) y Francisco Suárez (1548-1617). "Fueron preponderantes —me señaló—, pero tuvieron un adversario formidable, no inglés sino florentino: Maquiavelo." Salí deslumbrado por la contemplación de aquella perspectiva. Sentí que había conocido a un discípulo americano de Hegel.

Tiempo después reconstruí la trayectoria de Morse. Desde los cursos que había impartido en 1949 había pensado que la aplicación mecánica de las categorías políticas y filosóficas inglesas y estadounidenses (anglo-atlánticas) al estudio de Iberoamérica era inadecuada. Buscó otra orientación y, en vez de medir la mayor o menor inciden-

---

[7] Ambos filósofos, en efecto, tuvieron el arrojo y la honestidad de ver que la lógica no requería de la autoridad: valía por sí misma. Abelardo incluso desafió a san Bernardo de Claraval a publicar sus acusaciones (Bernardo acusaba a Abelardo de utilizar la lógica donde no era pertinente valerse de la pura razón, sin la fe) y desató una gran controversia en la cristiandad. Occam se resume en su famosa "navaja", un recurso de racionalidad mínima: "no multipliques los entes (las ideas)" y "entre las explicaciones posibles, la más simple".

cia de las doctrinas democráticas y liberales en el pensamiento y la experiencia de nuestros países, planteó el binomio que, en su opinión, representaba la verdadera polaridad de la cultura política española: no la tensión entre el orden y la libertad característica de la historia inglesa (el Estado absoluto de Hobbes ante la libertad individual en Locke) sino la tensión propiamente ibérica entre santo Tomás y Maquiavelo: un Estado construido sobre los cimientos morales de una sociedad cristiana y comunitaria, frente a otro basado en principios ajenos a toda inspiración religiosa, real o potencialmente amorales.

Estas ideas se publicaron por primera vez en un ensayo que causó revuelo: "A Theory of Spanish Government" (1954).[8] En él traía a escena los elementos "maquiavélicos" de liderazgo en la España de fines del siglo XV y principios del XVI. El propio Fernando el Católico parecía encarnar al príncipe imaginado por el florentino (que de hecho lo vio como tal, tanto en *El príncipe* como en los *Discursos sobre la primera década de Tito Livio*). En cambio, Isabel la Católica representaba la visión "tomista" de la monarquía absoluta. En su origen, esta descripción dicotómica entre el ideal renacentista y el medieval había sido "una corazonada", pero años más tarde, para su sorpresa, Morse descubrió que su intuición tenía amplios fundamentos en la historia intelectual española.

Aunque en España la tensión se había resuelto a favor del tomismo, Morse sostenía que el elemento maquiavélico —presente, en distinta medida, en los conquistadores Cortés o Pizarro, caudillos que habrían querido "alzarse con el reino"— permanecería en estado latente o "recesivo" por casi tres siglos hasta resurgir, con inmenso ímpetu, en los caudillos iberoamericanos que aparecieron en las guerras de independencia. Al llegar el siglo XIX la América española, "jerárquica, multiforme, precapitalista, estaba mal preparada para el despotismo ilustrado, y mucho menos para el constitucionalismo lockiano". Pero no lo estaba para discurrir un compromiso que habría sido impen-

---

[8] *Journal of the History of Ideas*, vol. 15, núm. 1, enero de 1954, pp. 71-93.

sable tres siglos atrás: nada menos que la fusión de los dos prototipos, el Estado tomista y el caudillo maquiavélico, para crear nuevos tipos de dominación legítima. Ése era el tema final, sorprendente, de "A Theory of Spanish Government", acompañado de una coda sobre la herencia política de Portugal en Brasil, más ordenada y armónica, menos convulsa que la de España en Hispanoamérica. Diez años más tarde, en "The Heritage of Latin America" (1964),[9] Morse correlacionó las ideas tomistas y maquiavélicas de su ensayo original con las clásicas categorías weberianas de gobierno patrimonial y carismático. (Una versión de ese ensayo había aparecido en *Plural*.)

Aquel encuentro ocurrió en la primavera de 1981. A los pocos días recibí desde Stanford una carta suya con el manuscrito parcial de *El espejo de Próspero*,[10] que aparecería un año después publicado por Arnaldo Orfila Reynal en Siglo XXI. Gracias a aquel libro, que he releído innumerables veces, dio comienzo nuestra amistad. Había descubierto el código de Morse. "No te apartes de él e irás sobre seguro", me dijo al final de su vida.

★ ★ ★

Ariel, el libro fundamental de José Enrique Rodó (1900), y emblema del espíritu iberoamericano, tomó su título de *The Tempest*, la última obra de Shakespeare. Ariel era el espíritu alto y alado, domador del fuego, del que se valía la magia del viejo y sabio Próspero. Rodó concibió a Próspero como un maestro y a Ariel como el espíritu de su mensaje civilizatorio iberoamericano, por contraposición al Calibán, emblema de la barbarie mecanicista de Estados Unidos.

---

[9] En Louis Hartz, *The Founding of New Societies. Studies in the History of the United States, Latin America, South Africa, Canada, and Australia*, Orlando, Harcourt Brace Jovanovich, 1964, pp. 123-169.

[10] *El espejo de Próspero. Un estudio de la dialéctica del Nuevo Mundo*, México, Siglo XXI Editores, 1982 [trad. Stella Mastrangelo].

Morse retomaba sutilmente esas ideas (las mismas de Waldo Frank, Hart Crane y tantos otros peregrinos estadounidenses por estos países), transformando el título de otro libro de Rodó (*El mirador de Próspero*): el "viejo y venerado maestro" se volvió el "Próspero" Estados Unidos, y el mirador se convirtió en espejo:

> … este ensayo examina las Américas del Sur no [...] como "víctima", "paciente" o "problema", sino como una imagen especular en la que la América del Norte podría reconocer sus propias dolencias [...] En un momento en que Norteamérica puede estar experimentando una crisis de confianza en sí misma, parece oportuno anteponerle la experiencia histórica de Iberoamérica, ya no como estudio de caso de desarrollo frustrado, sino como una opción cultural.

Ese pequeño libro magistral se publicó en español y portugués, pero nunca en inglés. El mundo académico veía a Morse como una *rara avis*: sabio, respetado, genial, pero extravagante, heterodoxo. No escribía historia política (procesos políticos, reyes y reinados, caudillos, presidentes, parlamentos, leyes, instituciones, guerras, revoluciones). Tampoco practicaba la historia social, económica o demográfica. Ni siquiera era, propiamente, un historiador de las ideas porque no se detenía en relatar, resumir, glosar las aportaciones de los sucesivos filósofos, ni se limitaba a trazar los antecedentes, las influencias o descendencias de las diversas escuelas de pensamiento. Las ideas le interesaban centralmente, pero no desprendidas de la realidad histórica. Su enfoque era más bien el inverso: quería comprender las circunstancias históricas que determinan la elección de ciertas ideas que tiene un impacto en la organización de los seres humanos.

Búsqueda genética, arqueológica, psicoanalítica, su obra era todo eso y más. Quería entender el *big bang* de las sociedades americanas, eso que su colega Louis Hartz llamó "las inmovilidades de la fragmentación", el programa inscrito sobre esas sociedades en el tiempo y espacio de su nacimiento.[11] A caballo (como tantos autores de la tradición historicista) entre la historia y la filosofía, inspirado por la literatura de ambas orillas del Atlántico, fincado en una amplia bibliografía (antigua y reciente, filosófica e histórica) especializada de España, Iberoamérica y Estados Unidos, Morse buscó *comprender* —en un sentido weberiano— la "matriz cultural" de la política iberoamericana, primero en sus propios términos, y luego en comparación con la angloamericana:

> Lo que me interesaba eran los fundamentos filosóficos de las sociedades hispanas y latinoamericanas, lo he llamado "premisas últimas de creencia". Aquella zona que para Santayana representaba "la alianza más íntima". Varios historiadores españoles han mostrado cómo su país representa una manera peculiar de la experiencia europea y pensadores como Unamuno han celebrado con elocuencia ese hecho.

Unamuno, precisamente, acuñó una palabra que sirve para describir el mundo que exploraba Morse. Lo llamaba "intrahistoria", y se refería al conglomerado diverso de valores que caracteriza a los pueblos. Morse quiso explorar el subsuelo político europeo, recorrer sus viejos ríos de pensamiento para entender, y profetizar, su decurso americano. Lo que sigue es una exposición general de su anatomía política de las dos Américas a partir de cuatro fuentes: el ensayo seminal de 1954, su continuación en 1964, *El espejo de Próspero* y su coda final: *New World Soundings* (1989).[12]

---

[11] Louis Hartz, *op. cit.*, p. 3.

[12] *New World Soundings: Culture and Ideology in the Americas*, Baltimore, The Johns Hopkins University Press, 1989. En español, *Resonancias del Nuevo Mundo*, México, Editorial Vuelta, 1995.

Entre santo Tomás y Maquiavelo

Una cita de Unamuno (*Del sentimiento trágico de la vida*) preside el apartado que dedicó Morse a "El compromiso ibérico" que tuvo lugar entre los siglos XV y XVI, cuando España busca y, finalmente, encuentra su rumbo decisivo:

> Siéntome con un alma medieval, y se me antoja que es medieval el alma de mi patria; que ha atravesado esta, a la fuerza, por el Renacimiento, la Reforma y la Revolución, aprendiendo, sí, de ellas, pero sin dejarse tocar el alma.

España, en efecto, había "atravesado" casi intocada por aquellas grandes mutaciones y también por las revoluciones científicas de la Edad Media. Esa resistencia no había ocurrido sólo por motivos religiosos. En este sentido, el eje religioso norte-sur, protestantismo-catolicismo, no era único ni esencial. Después de todo, Italia y Francia, ambas católicas, habían prohijado grandes científicos y filósofos precursores de la modernidad. La persistencia del "alma medieval" en España (hasta el siglo XX, en que Unamuno la percibía... y encarnaba) obedecía a causas diversas: la debilidad relativa del feudalismo (frente a lo que éste significó en Inglaterra, Francia o Italia), el auge de las antiguas ciudades españolas, la fortaleza creciente de la Corona de Castilla frente a la de Aragón, la empresa centralizadora de la Reconquista que llevó siglos y cuya culminación coincidió con la cósmica noticia del descubrimiento de América. Aunada al inminente desafío del luteranismo (1516), esta cósmica novedad, a la postre, resultó decisiva. El imperativo de integrar en un orden jurídico cristiano a las sociedades indígenas fue la causa determinante en la recuperación española del tomismo. Era una filosofía particularmente adecuada para ese propósito:

> El viraje español al tomismo se explica por la modernidad de la situación histórica de España, es decir, por la exigencia que enfrentaba de

conciliar una racionalidad para un Estado moderno con las afirmaciones de un orden mundial ecuménico [...] y adaptar los requerimientos de la vida cristiana a la tarea de "incorporar" pueblos no cristianos a la civilización europea.

Esta titánica tarea de civilización —emprendida un siglo antes de las primeras aventuras coloniales de Inglaterra— explicaría en buena medida la concentración del esfuerzo intelectual español en la especulación teológica, filosófica, jurídica y moral a partir del siglo XVI. Casi nadie atendía a las matemáticas o las ciencias naturales. Tampoco las universidades eran ámbitos de pensamiento independiente, sino instituciones aisladas del exterior y orientadas a producir servidores del Estado. Morse no sostiene que el resurgimiento tomista en España fuese, desde el inicio, único y excluyente. *El espejo de Próspero* alude al humanismo español del siglo XVI, el impulso reformador de Erasmo de Rotterdam, a Juan Luis Vives y su crítica a la tiránica "manada de monjes iracundos". Y no le faltan referencias a otras escuelas vigentes (escotistas, nominalistas)[13] y a esfuerzos aislados de avance científico o técnico. Pero esa atmósfera de relativa pluralidad y apertura —característica del reinado de Carlos V— se resolvió en un consenso predominantemente "tomista" sobre "la naturaleza del gobierno: sus fuentes de legitimidad, el alcance debido de su poder, su responsabilidad de asegurar la justicia y la equidad, su misión 'civilizadora' frente a los pueblos no cristianos de su territorio y de ultramar". En gran medida fue América —el descubrimiento, poblamiento y conversión de América— la que terminó por volver "tomista" a la política imperial española. No fueron las ideas las que se impusieron a la realidad, fue la realidad la que impuso las ideas.

---

[13] Los escotistas, principalmente los franciscanos de Aragón, o los nominalistas de influencia occamista, se oponían a las "abstracciones" del tomismo.

El advenimiento de Felipe II (1556-1598) definió el rumbo definitivo, contra todos "los heréticos de nuestro tiempo": humanistas, erasmistas, seguidores de Lutero, lectores de Maquiavelo. Durante su reinado —aduce Morse— la estructura del Imperio español asumió el molde que (en esencia) prevalecería hasta 1810. Este molde "tomista" comprometería todas las esferas de la vida: política, religiosa, jurídica, económica, social, académica, intelectual. Morse era consciente de que santo Tomás escribió poco sobre política, pero no duda en usar la palabra tomismo con total certeza (y sin entrecomillarla) para describir la filosofía central de la era española. El tomismo para Morse no es ni continuidad ni respeto ciego por el pensamiento del medievo sino la única filosofía europea disponible en el siglo xvi que reconocía la humanidad del otro, y en particular del otro que no ha tenido acceso a la revelación cristiana. Según santo Tomás, cualquier comunidad organizada en un sistema político que respeta la dignidad humana implica que Dios ya está presente, y por ello no se le puede atacar ni excluir. Se le debe respetar y eventualmente incorporar. En otras palabras, el tomismo abrazaba la heterogeneidad de la experiencia humana con tal de que ésta no contradijese las verdades esenciales del cristianismo.

El pilar intelectual del vasto programa de incorporación social inspirado en santo Tomás fue el célebre dominico Francisco de Vitoria, formado en la Universidad de París y primer catedrático de teología de Salamanca (1526). Sus *Relecciones* (apuntes de sus cátedras recogidos por sus muchos discípulos) contienen una crítica radical al derecho de conquista, prescripciones muy puntuales y restrictivas para una "guerra justa", y un aporte histórico al llamado *derecho de gentes*, el futuro derecho internacional, que sólo se desarrolló en el siglo xx. Vitoria hacía eco de la *Summa contra gentiles* de santo Tomás, escrita al parecer para normar la conversión de los moros en España. Se trataba de aportar una visión coherente y jerárquica del universo para incorporar a todos los seres humanos —incluso los paganos— a un orden cristiano y racional. Vitoria fue una de las grandes conciencias morales de su tiempo.[14]

Al margen de los crímenes e injusticias de la dominación española, Morse sugiere que la visión incluyente de Vitoria arraigó en las sociedades americanas conquistadas, pobladas y evangelizadas por España, y es uno de los rasgos más contrastantes con la experiencia excluyente de los ingleses en América. Para España, la conquista fue un tema que torturó su conciencia moral. Para Inglaterra, no. Por eso, como intérprete de santo Tomás, Francisco de Vitoria es el "héroe" de la obra de Morse: la razón por la que prefiere la opción española a la inglesa.

★ ★ ★

Nada más alejado de la interpretación tomista del poder y su vocación ecuménica y cristiana que las ideas de *El príncipe*: el Estado como arte (artificio, oficio, práctica, no teoría moral) de gobernar. Eran dos visiones irreconciliables cuyo conflicto, por lo demás, rebasó las fronteras de España. Aunque la filosofía de santo Tomás —como muestra Morse— representaba una solución estrictamente moderna a la circunstancia inédita del descubrimiento de América, para varios autores santo Tomás era el emblema de la *via antiqua*: eminentemente cristiana, orientada al bien común, inspirada tanto en la fe como en la razón bajo el dictado de la ley natural inscrita por Dios en las conciencias de los hombres. En cambio Maquiavelo representaba la *via moderna*: ajena a la inspiración religiosa, pesimista (o realista) con respecto a la bondad intrínseca del hombre, orientada al ejercicio del poder y el establecimiento de estados estables inspirados en ideales patrióticos y

---

[14] Una magnífica exposición de la originalidad y el aporte de Vitoria: Antonio Gómez Robledo: "Vitoria, comentador de Santo Tomás", *Filosofía y Letras*, t. xiii, núm. 23, julio-septiembre de 1947, pp. 45-63.

republicanos del mundo clásico, todo bajo el dictado de la razón que se valida a sí misma y las leyes escritas por el hombre.[15]

A los críticos españoles de Maquiavelo —escribe Morse— no les incomodaba su "absolutismo" (que compartía con el Estado español) sino la amenaza de tiranía en un orden político donde la Providencia había sido expulsada de la historia. Tras intensos debates, en 1559 (tres años después del acceso de Felipe II al poder) la obra del florentino fue puesta en el *Índice de libros prohibidos*. El jesuita Pedro de Ribadeneira (1527-1611) resume el argumento de esa proscripción:

> Los herejes, con ser centellas del infierno y enemigos de toda religión, profesan alguna religión; y entre los muchos errores que enseñan, mezclan algunas verdades. Los políticos y discípulos de Maquiavelo no tienen religión alguna, ni hacen diferencia que la religión sea falsa o verdadera, sino es a propósito para su razón de Estado [...] Los herejes son enemigos de la Iglesia católica, como de tales nos podemos guardar; mas los políticos son amigos fingidos y enemigos verdaderos y domésticos, que con beso de santa paz matan como Judas, y con nombre y máscara de católicos, arrancan, destruyen y arruinan la fe católica.[16]

En la teoría de Morse, los escolásticos lograron contener el influjo de Maquiavelo en la España del siglo XVI, pero su obra (más que leída, encarnada en personajes concretos, en los caudillos) renació en Iberoamérica en el XIX, marcó la historia subsecuente y, a su juicio, continuaba condicionando la agenda política de estos países a fines del siglo XX.

---

[15] Quentin Skinner, *The Foundations of Modern Political Thought* (dos volúmenes). En especial "The Revival of Thomism" en el volumen dos, pp. 135-163. Isaiah Berlin, "The Originality of Machiavelli", en *Against the Current*, Nueva Jersey, Princeton University Press, 2013, pp. 33-100.

[16] José Miranda, *Las ideas y las instituciones políticas mexicanas*, México, Universidad Nacional Autónoma de México, 1978.

Diálogo de ideas: Vitoria y Hobbes

Las condicionantes del proceso inglés habían sido muy distintas. La situación histórica de inicio en Inglaterra —su *big bang*, por así decirlo— fueron las guerras civiles y religiosas del siglo XVII. Para ilustrar las dos "elecciones políticas" que preexistieron a las independencias americanas, Morse traza un memorable contrapunto —casi un diálogo de ideas— entre Vitoria (padre del diseño tomista en el orbe hispano) y Thomas Hobbes (1588-1679), el sombrío autor del *Leviatán*, creador del orden político basado en el pacto que evita "la guerra de todos contra todos":

Vitoria escribía en el momento en que España se comprometía con los nuevos estados nacionales y con pueblos no cristianos de ultramar. Era un mundo vasto y plural para el cual España era el punto de apoyo. No era un mundo creado por España: había sido arrastrado a él por accidentes empresariales y dinásticos. Para comprender y ordenar ese mundo, debía buscar preceptos en la sabiduría de los antiguos, de la Iglesia, del erasmismo... Vitoria se enfrentó a un problema de casuística —ajustar la experiencia a cánones respetables— antes que de reconstitución.

Hobbes, nacido en una nación insular y modernizante en el año de la Armada Invencible (1588) y llegado a la madurez en una era de violencia civil y cisma ideológico, se enfrentó al problema de reconstituir un orden nacional que, una vez legitimado, pudiera proporcionar un nuevo punto de apoyo del poder internacional.

Vitoria se dirigía a un mundo vasto y multiforme. Hobbes a un mundo circunscrito y homogéneo. En los dos casos, universalismo y particularismo ocupan posiciones contrarias. El desafío para Vitoria era adaptar un conjunto idiosincrático de naciones y pueblos a un orden moral universal. El desafío de Hobbes era descubrir un conjunto de axiomas científicos por medio de los cuales pudiera organizarse una unidad política singular, un nuevo prototipo.

La sociedad orgánicamente compuesta de Vitoria es parte de la naturaleza y los hombres son animales sociales y políticos. Las ciudades y las repúblicas no procedían de la inventiva humana: surgían de la naturaleza, que las había producido para proteger y preservar a los mortales.

Los hombres de Hobbes, conjunto heterogéneo de individuos, no son por naturaleza armoniosos ni políticos ni tienen inclinaciones sociales. La única manera de refrenar su interminable tendencia a disputar e imponerles la aquiescencia es a través de pactos. Dado el egoísmo natural de los hombres, los pactos son construcciones artificiales, igual que la comunidad o el Estado erigido sobre ellos.

Para ambos pensadores, la marca distintiva del Estado es su poder coercitivo, pero para Vitoria ese poder tiene por vocación el bien común y la administración de justicia según los principios cristianos. El pacto político de Hobbes fue adoptado por miedo antes que en un espíritu de autorrealización comunal. En el *Leviatán* de Hobbes, la injusticia se define como "el incumplimiento del pacto".

Si para los escolásticos españoles del siglo XVI Maquiavelo había sido el hereje a vencer, en el XVII Hobbes lo sucedería con creces. Ningún autor levantó más ámpula en España. No era para menos: "Hobbes no sólo apartó al Estado de sus bases teológicas sino que las secularizó", explica Morse. Su trascendencia en el pensamiento político inglés no radicaba tanto en el sentido secular o absoluto de su *Leviatán* sino en "su orquestación de los grandes motivos políticos ingleses de los siglos siguientes": "El método empírico, una racionalidad desacralizada y utilitaria y una base individualizada o atomista para la construcción del cuerpo político". En Hobbes, el cálculo político se desplazó del bien común a la luz del derecho natural al espacio político de la persona privada. Y es allí donde su filosofía se vincula a la de su aparente contradictor, John Locke (1632-1704), el padre del liberalismo político.

El Estado según Francisco Suárez

Si la presencia española e inglesa en América distaron una de otra casi un siglo (Cortés conquistó México en 1521, Christopher Newport llegó a las costas americanas en 1607), un desfasamiento similar ocurre con sus filósofos políticos. Vitoria nació y actuó casi 100 años antes que su contraparte Hobbes, e impartió sus *Relecciones* en 1539, más de un siglo antes de la aparición del *Leviatán* (1651). Ambos, como vio Morse, partían de situaciones históricas muy distintas, y desde ellas construyeron sus filosofías políticas. A esa pareja de pensadores siguió otra que cierra el ciclo formativo: el padre jesuita Francisco Suárez y el médico y filósofo John Locke. También a ellos y a sus obras políticas centrales los separaba aproximadamente un siglo.

A Francisco Suárez (discípulo de los discípulos de Vitoria) se debe la elaboración decisiva de "la elección política española", es decir, el sustento filosófico del Estado español ya no tanto en su relación jurídica, religiosa y moral con los reinos o las poblaciones no cristianas de América sino como estructura de dominación legítima. Suárez fue autor de 30 volúmenes de obras metafísicas, teológicas, jurídicas, políticas. Según el padre José Manuel Gallegos Rocafull (filósofo e historiador español transterrado en México) fue "el mayor genio metafísico de España". "En el sistema de Suárez —afirma, significativamente—, el hombre llega a la política a través de la moral, la metafísica y la religión."[17] Para Suárez "el Estado es un todo ordenado en que las voluntades de la colectividad y el príncipe se armonizan a la luz de la ley natural y en interés de la *felicitas civitatis* o bien común".

En textos complementarios a *El espejo de Próspero*[18] Morse ahondó en el análisis de *De legibus* y *Defensio fidei*, obras postreras de Francisco

---

[17] José Manuel Gallegos Rocafull, *La doctrina política del P. Francisco Suárez*, México, Editorial Jus, 1948, pp. 9-14.

[18] *New World Soundings: Culture and Ideology in the Americas, op. cit.*

Suárez. Conviene enumerar los rasgos salientes de su filosofía política complementándolos en algunos casos con las ideas de teólogos afines. Todo ese corpus constituye el edificio político que —en términos freudianos, los cuales Morse no habría desaprobado— fue el *ello* con que nuestros países llegaron al momento de la Independencia, un subconsciente que seguiría activo durante los dos siglos siguientes.

Concepto paternal del Estado

Según el diseño de Suárez, el Estado es una "arquitectura orgánica", un "edificio hecho para durar", un "cuerpo místico" a cuya cabeza se encuentra un padre que ejerce con plenitud la "potestad dominativa" sobre sus súbditos. Se trata —en palabras de Mario Góngora— de "un absolutismo templado por la ética, el Derecho Natural [...] y la dirección hacia el bien común".[19]

La ley natural predomina sobre la ley humana

Para Morse el tomismo original es tan importante como el de los seguidores españoles de santo Tomás. La diferencia entre derecho humano, derecho natural y derecho divino es la idea central de santo Tomás. A partir de ella, Morse explica por qué el derecho natural (que incluye la justicia y los derechos humanos) es más importante que las leyes escritas por los seres humanos (que pueden ser terribles o equivocadas). Estas premisas se reflejan en la teoría política de Suárez. El concepto paternal y tutelar del poder supone el predominio de la inmutable ley natural sobre las falibles leyes humanas: "La sociedad y

---

[19] Mario Góngora, *El Estado en el derecho indiano*, Santiago de Chile, Instituto de Investigaciones Histórico-Culturales, Universidad de Chile, 1951, p. 34.

el cuerpo político son concebidos como si estuvieran ordenados por los preceptos objetivos y externos de la ley natural, no por los dictados de conciencias individuales".[20]

La soberanía pasa del pueblo al monarca

Para Suárez, el "pueblo" es el depositario original de la soberanía (proveniente de Dios), pero en un pacto político primigenio (*pactum translationis*) el pueblo no sólo delega esa soberanía en el príncipe o monarca sino que se la transfiere por entero, de hecho se la enajena. Los monarcas no son meros "mandatarios" como en la tradición inglesa o incluso en la de la Revolución francesa (depositarios de un poder libremente revocable).[21] A partir de ese pacto (que el filósofo mexicano Julio Hubard equipara con la transubstanciación mística)[22] el príncipe se vuelve el centro que coordina la vida social del reino. Esta enajenación del poder en la tradición neotomista es total, indivisa, indelegable y de difícil revocación: "El pueblo está tan obligado como el rey por el pacto que con él ha hecho, y no puede recabar para sí la autoridad que ya cedió, mientras el príncipe se atenga en su gobierno a las condiciones del pacto y a las normas de justicia".

---

[20] *Resonancias del Nuevo Mundo*, *op. cit.*, pp. 161-162.

[21] Góngora, *op. cit.*, p. 31.

[22] La transubstanciación —explica Hubard— no es una operación racional que siga el orden del racionalismo, sino que se vuelve racional por una suposición esencialista —y éste es un procedimiento que nosotros ya no consideramos ni racional, ni válido. Fue fundamental en la lógica del Concilio de Nicea (325), de donde salió el Credo de la fe católica, que establece, acerca de la divinidad de Cristo, que fue "engendrado, no creado, de la misma naturaleza del Padre", a la vez que Cristo se supone "nacido del Padre antes de todos los siglos". Ésta es la operación que permite la transubstanciación: una esencia que pasa de un cuerpo a otro. En el rito católico, la hostia *es* el cuerpo y el vino *es* la sangre; no los representan: *son* cuerpo y sangre de Cristo.

Derecho a la insurrección y al tiranicidio

Con todo, la teoría dejaba abierta una rendija a la terminación del pacto: si a juicio del pueblo el príncipe se comporta como un "tirano", el camino es la deposición, la insurrección y, sólo en última instancia, el "tiranicidio". Pero para llegar a ese extremo (nunca practicado en la historia monárquica española, sí en la inglesa y francesa) la tiranía y la injusticia debían ser "públicas y manifiestas". Y en ningún caso la venganza podía ser el móvil. Hay que apuntar que, en este tema, ninguno de los teólogos españoles fue más lejos que otro jesuita, Juan de Mariana, para quien la tiranía "es la última y más execrable forma de gobernar". El tiranicidio se justifica en dos casos: "Cuando un príncipe toma el poder sin consentimiento y cuando el príncipe legítimo se convierte en tirano". Pero esa conversión puede manifestarse en muchas conductas de las cuales Mariana hace un catálogo amplio y detallado. Bajo esta óptica, la revolución es el orden que enmienda el desorden de la tiranía.[23]

Centralización corporativa

En aquel edificio político habían arraigado costumbres medievales de larguísimo aliento, no sólo las que atañen al soberano en la práctica (el monarca) y el soberano en teoría (el pueblo). Igualmente medievales eran, en definitiva, las sociedades, organizadas en estamentos y gremios que no se relacionaban primariamente entre sí sino a través del monarca, de quien emanaban las iniciativas, prebendas, concesiones, mercedes del reino y cuya figura era, en suma, fuente primigenia de la energía social.

---

[23] Juan de Mariana, "El desorden de la tiranía y el orden de la Revolución", en José Manuel Gallegos Rocafull, *El hombre y el mundo de los teólogos españoles de los siglos de oro*, México, Editorial Stylo, 1946, pp. 15-132.

★ ★ ★

Éste era, según Morse, el edificio de dominación integral inspirado en un ideal de armonía cristiana que por 300 años imperó sobre los reinos y territorios americanos. Lo hizo, sorprendentemente, sin mayor coerción. Cuando fue necesario enfrentó (y ahogó) esporádicas rebeliones de los conquistadores o revueltas de pueblos indígenas. Comúnmente, el descontento se canalizaba en el marco del Estado tomista, como una insurrección legítima contra las autoridades locales (corregidores, alcaldes) que en ningún caso ponía en entredicho la soberanía del monarca.

Se critica a Morse por poner todo el énfasis en la premisa política del Estado español, sin atender casi a su fundamento jurídico: las instituciones del sistema judicial, casuístico, que permitían la articulación de la vida política, social, económica y étnica. Estas instituciones acotaban, por ejemplo, el poder de los virreyes en América, sometidos a Audiencias y Juicios de Residencia. Y si las rebeliones indígenas coloniales no fueron más frecuentes —se señala también— se debió a la mediación del sistema judicial y el Juzgado General de Indios, en cuya actitud compasiva algunos autores ven huellas no sólo tomistas sino de las *Siete partidas* de Alfonso X el Sabio.[24] La crítica es pertinente, pero Morse argumentaría quizá que la estructura jurídica del Estado respondía también, en primera instancia, al espíritu tomista.[25]

---

[24] Esta vinculación la hace Woodrow Borah. Debo este dato, y la crítica a la omisión de Morse sobre las instituciones jurídicas de Nueva España, a Rodrigo Martínez Baracs.

[25] Hubard amplía este dominio integral a la religión y la propiedad. La Corona (fortalecida en su misión por el Patronato indiano) quedaba a cargo de la vida espiritual en los nuevos reinos. Adicionalmente, la propiedad era toda de la Corona, que como una concesión creaba la propiedad privada. De aquí parten dos ideas que han resultado inamovibles, incluso hasta hoy: el Estado otorga los derechos y la propiedad primera es del Estado. Es útil —agrega— contrastar esta ideología con la de Inglaterra. El Estado inglés se deriva de la *Magna Carta*, y se trata de un contrato entre propietarios y el príncipe. Los propietarios son, entonces, anteriores al Estado. Y la soberanía es una delegación, no una transferencia.

LEVIATÁN O LIBERTAD

Se diría que, en cuanto a la necesidad de un Estado que acote los impulsos destructivos y aliente los creativos de los hombres, Locke y Hobbes se encuentran en las antípodas. Morse pensaba distinto. Para Locke el problema central son los derechos individuales y la libertad personal (baluartes de la propiedad), pero ni Hobbes era a tal grado absolutista como para relegar al individuo cuya seguridad buscaba defender, ni Locke era tan individualista como para no ver con buenos ojos un Estado de clara inclinación oligárquica. Locke, concluye Morse,[26] no era "el adversario de Hobbes sino su colega empirista".

El espejo de Próspero aludía a otras opciones posibles, pero desechadas en la Inglaterra del siglo XVII. (Sin explicitarla, aludía al radicalismo libertario de Milton: un rígido conservadurismo moral que a la vez insistía en la independencia del pensamiento y la libertad de expresión: ningún gobierno tiene facultad sobre el alma y el intelecto del individuo.) Y páginas adelante —sin detallarlas tampoco, y con cierta antipatía— sondeaba la descendencia de Hobbes y Locke en los *Federalist Papers*, Bentham, Stuart Mill, la convicción de que el individuo, su conciencia, pensamiento y expresión son anteriores a todo gobierno, de modo que no pueden ser sujetos a legislación ni control.

¿Cómo explicar la distancia de Morse con respecto a su propia tradición? La razón de fondo —íntima, personal— aparecía en la segunda parte de *El espejo de Próspero*. Pero en su distancia incidía también el contexto político. Morse escribía en los años setenta y a principios de los ochenta, cuando América Latina hervía en críticas intelectuales, políticas y armadas al gobierno estadounidense que había contribuido a derrocar a Salvador Allende (a quien Morse había tratado en su viaje juvenil a Chile). Le repugnaba también la forma en que el liberalismo económico se había "inflado" con el vocabulario del liberalismo

---

[26] Morse, *El espejo de Próspero, op. cit.*, p. 79.

político fortaleciendo la legitimidad "científica" de su discurso ideológico. Así, "a diferencia de la tradicional metáfora de la 'mano de Dios', la 'mano invisible' (de Adam Smith) podía obtener aquiescencia sin necesidad de elaborados arreglos eclesiásticos [...] para llevar consuelo a los desheredados".

Al cerrar su capítulo sobre la "elección política inglesa" —prehistoria del experimento estadounidense— le complacía citar al clásico que "desde las entrañas del monstruo lanzaría su resonante desafío al empirismo británico, insertando su análisis en una matriz histórica hegeliana y recuperando para la sociedad la primacía acordada por Locke a los individuos". Ese clásico era Karl Marx. Si bien su receta no había podido "socavar los supuestos hobbesianos y benthamianos en Inglaterra y la América inglesa", produjo en cambio "una asombrosa variedad de intensas resonancias en otras culturas políticas de todo el mundo".

Esa primacía de la sociedad sobre los individuos, que Morse respetaba, había sido la característica central de la escolástica española. En ese sentido, Vitoria y Suárez se habían anticipado a Marx tres siglos.

ILUSTRACIÓN E INDEPENDENCIA

El orden tomista —afirma Morse— no se modificó sustancialmente con el arribo de la Ilustración en España, cuyos principales pensadores (Jovellanos, Feijoo, Campomanes) produjeron una ideología ecléctica. En Iberoamérica el antiguo orden resistió incluso la total ausencia física de los monarcas a lo largo de tres siglos. Ciertamente, los Borbones (Morse insiste en llamar a Carlos III "el Diocleciano español") se apartaron del concepto estático de los Habsburgo y pretendieron gobernar dinámicamente los reinos americanos como auténticas colonias, ahogando las posibles iniciativas de desarrollo local y autogobierno que hubieran permitido una transición más suave o pactada hacia una legitimidad política moderna. La expulsión de los jesuitas (que por su independencia relativa de la Corona y aun de Roma representaban un embrión de ese pensamiento autónomo, aunque aún más ecléctico que la Ilustración peninsular) contribuyó al resquebrajamiento. Pero aun en ese periodo tardío las rebeliones más notables (como la de Túpac Amaru en el Perú) no se propusieron remover el cimiento fundacional. De hecho, correspondieron al patrón insurreccional previsto por Suárez: la interpelación a la autoridad local, no al monarca. Un desenlace distinto, concluye Morse, habría desembocado en una nueva "versión de la ideología neoescolástica, enriquecida con acentos de la Ilustración y garantías para la incorporación de indios y castas". Esa combinación —pensaba Morse, acertadamente— había sido uno de los secretos del éxito del Estado "emanado" —así se decía entonces, místicamente— de la Revolución mexicana.

Finalmente, con las guerras de Independencia, el gran edificio "hecho para durar" se derrumbó. ¿Por qué? Tácitamente, Morse concuerda con el historiador O. C. Stoetzer,[27] quien sostuvo que, lejos de estar decisivamente influidas por ideas enciclopedistas, francesas o americanas, esas guerras fueron "un asunto de familia español en el que no influyeron ideologías foráneas, que tenía una base profundamente española y medieval, y que el pensamiento político que la[s] desencadenó fue […] el escolasticismo tardío del Siglo de Oro español". Aludía, claro, al derecho a la insurrección y el reclamo del pueblo a asumir su soberanía original usurpada no por un tirano sino por un monarca ilegítimo surgido de la invasión napoleónica. Muerto en 1617, Suárez, al parecer, había sobrevivido en los reinos de ultramar. Al respecto, Morse aporta un dato interesante: su obra fue lectura obligada en las aulas universitarias de Nueva España al Río de la Plata hasta la llegada de los Borbones, en las últimas décadas del

---

[27] O. Carlos Stoetzer, *The Scholastic Roots of the Spanish American Independence*, Nueva York, Fordham University Press, 1979.

siglo XVIII. ¿Inspiración ilustrada o pleito de familia? El debate está abierto.[28]

Llegado a ese punto, la teoría histórica de Morse parecía responder a preguntas centrales de la historia política de Latinoamérica: la naturaleza predominante del Estado sobre el individuo, la peculiar subordinación del pueblo al monarca, la actitud laxa ante la ley escrita por el hombre, la lógica justiciera de las insurrecciones, rebeliones y revoluciones, el papel central del monarca como eje y promotor de la energía social. Desde su mirador histórico, había hallado los "fundamentos filosóficos de las sociedades hispanas de Iberoamérica", las "premisas últimas de creencia", "la alianza más íntima". Había encontrado, en suma, el código genético-político de Iberoamérica que consideraba casi inamovible, tanto que a partir de él trazaría la historia iberoamericana de los siglos XIX y XX.[29]

Faltaba despejar el otro elemento de su ecuación original: la vuelta de Maquiavelo, el papel de los caudillos.

---

[28] Morse no lo hace, pero en toda esta argumentación habría que matizar. Tras la expulsión de los jesuitas, la Corona española desterró la doctrina de Suárez, por considerarla sanguinaria (sobre todo en el tema del tiranicidio). Quizá la Ilustración tuvo menos influencia en las partes de la Colonia donde había ciudades grandes y establecidas (México, Lima), pero en las estribaciones del Imperio, como Caracas y Buenos Aires, sus ideas fueron clave, como atestigua la obra de Miranda y Bolívar. Tratándose de México, la presencia de Suárez es clara en los precursores intelectuales de la Independencia mexicana (como el fraile peruano Melchor de Talamantes) y los propios padres de la insurgencia, sobre todo el teólogo Hidalgo. Véase "Causas anteriores a la Proclamación de la Independencia. Talamantes", en Genaro García, *Documentos históricos mexicanos*, tomo VII, INERM, 1985 (en particular pp. 412-484). Carlos Herrejón Peredo, "Hidalgo: pensamiento filosófico, teológico, político", en Carlos Herrejón y Eduardo Corral (comps.), *Colección de las Jornadas Académicas Iglesia, Independencia y Revolución, vol. II: Independencia e Iglesia*, Conferencia del Episcopado Mexicano, México, DF, 2012, pp. 207-222.

[29] Para una apreciación integral de la obra de Morse: Beatriz H. Domingues y Peter L. Blasenheim (organizadores): *O código Morse. Esaios sobre Richard Morse*, Belo Horizonte, Editora ufmg, 2010.

Iberoamérica: los caudillos carismáticos

Al margen de su diversa y compleja causalidad (que Morse no desdeña, porque el suyo es un ensayo panorámico de premisas culturales, no una historia política), la desaparición del monarca paternal, sancionado por la tradición y la fe, desacreditó a la burocracia española. En ese gozne de la historia, la pregunta clave era cómo identificar una autoridad sustituta que gozara del asentimiento general. Entre la imposible vuelta al orden imperial hispano y la realidad inmediata de los caudillos de la Independencia, las denodadas élites intelectuales y políticas intentaron la adopción del constitucionalismo liberal. El sueño —aduce Morse— duró muy poco. Ya para la tercera década del siglo XIX, de México hasta Argentina, la región había dejado atrás aquel primer momento de idealismo republicano. El propio Simón Bolívar representaba ese desencanto con lo que llamó "las repúblicas del aire" a las que consideraba legalistas, desprendidas y ajenas de la compleja materia social y racial de la naciente América. Morse sugiere que, en su búsqueda de una alternativa, Bolívar vislumbró una solución de corte "tomista":

> Bolívar, el líder máximo de América del Sur, se debatía entre la visión de una anfictionía trasnacional de los pueblos de Hispanoamérica y la clara conciencia de las oligarquías locales de carácter feudal y los campesinos atados a la tierra que tan sólo podían dar origen a naciones fantasmas. Es razonable suponer que el término "anfictionía", usado por Bolívar y propio del neoclasicismo de la Ilustración, representaba su instinto de unidad hispánica arraigado en una herencia con tintes medievales.

Morse especulaba: "Si Bolívar no hubiera temido ser como Napoleón y hubiera abandonado el modelo de George Washington, tal vez se habría salvado el destino de Colombia". En otras palabras, de haber abrazado (con tintes modernos, con formas republicanas o aun monárquicas) el concepto tomista del orden corporativo "hecho para durar", tal vez Bolívar habría hallado la fórmula de legitimación para las nuevas naciones. No ocurrió: "El Congreso de Panamá de 1826, aunque ofreció el primer esbozo del ideal panamericano, dio lugar a que se abandonaran los intentos por regular los asuntos internos de Hispanoamérica a escala continental".

Otro tanto ocurrió, según Morse, con el gran educador, escritor, estadista, Domingo Faustino Sarmiento. El autor que escribe *Facundo* desde el exilio chileno en 1845 ve la realidad de su país como la batalla entre la civilización y la barbarie, pero ya no confía en las puras teorías liberales (políticas o económicas) para prescribir la salida. Ahora es menos enciclopedista que historicista: sabe que es preciso comprender los elementos de raza, carácter nacional y la trayectoria histórica. Años más tarde, luego de viajar por Europa y Estados Unidos y leer a Tocqueville, el proyecto liberal lockiano se atempera aún más con un acento democrático basado —como en Estados Unidos— en la igualdad y la capacidad de asociación privada. En la búsqueda de un gobierno conservador y estable, no sujeto a los vaivenes de la deliberación, Morse advierte un eco tomista.

Más allá del mundo de las ideas y proyectos, en el vacío de legitimidad que dejó el derrumbe del edificio español, el pueblo seguía a los jefes sobrevivientes de las guerras de Independencia. Eran los émulos de los condotieros italianos del Renacimiento. La impronta de Maquiavelo —explica Morse— *reencarnaba* en esos hombres de horca y cuchillo, dueños de vidas y haciendas, nuevos conquistadores: los caudillos. "Casi en cada página de sus *Discursos* y aun de *El príncipe* —escribe Morse— Maquiavelo da consejos que parecen extraídos de la trayectoria de los caudillos americanos." De gran importancia para establecer el dominio era, por ejemplo, la presencia física: "Nada hay más seguro ni más necesario para poner freno a una multitud enardecida que la presencia de un hombre que sea digno de veneración y tenga aspecto de tal" (*Discursos* I, p. 187). Otro rasgo necesario para el dominio personal era el conocimiento de "la naturaleza de los ríos y de las lagunas, [saber] medir la extensión de las lagunas y de los montes, la tierra, la profundidad de los valles" (*El príncipe*, XIV). Esas prescripciones coincidían pasmosamente con las memorias de José Antonio Páez —compañero y adversario de Bolívar—, el "gran lancero" de los llanos venezolanos. Estas figuras —observa Morse— se replicaron en personajes como Facundo Quiroga en Argentina, José Gervasio Artigas en Uruguay, Andrés de Santa Cruz en Bolivia.

La época y las figuras se prestaban a la leyenda, pero la legitimidad carismática pura, sin un proyecto, no podía sostenerse. El propio Maquiavelo reconocía la necesidad de que el príncipe se rigiera por "leyes que proporcionen seguridad para todo su pueblo". El dominio del príncipe "no podía perdurar si la administración del reino descansa en los hombros de un solo individuo; por ello es conveniente que el gobierno termine por estar a cargo de muchos, y se sostenga por muchos".[30] Esta transición del caudillo telúrico a una "república" quizá nominal, pero estable, reclamaba que el gobernante partiera de ciertos "principios originales".

Traducida a Iberoamérica, la receta implicaba sentar las bases de un "paternalismo orientado al bien público". De no lograrlo, las sociedades americanas —algunas predominantemente indígenas— se retraerían a su atomismo original. Perdido el fundamento tomista, amenazada toda ella por un caudillismo carismático puro e insostenible, la joven Iberoamérica buscó vías para evitar la violencia y la anarquía, y edificar gobiernos relativamente estables y legítimos.

DEL SIGLO XIX AL XX: TRES VARIANTES DE LEGITIMIDAD

Según Morse, nuestros países buscaron cimentar una nueva estabilidad adoptando diversas variantes del compromiso entre tomismo y maquia-

---

[30] *Resonancias del Nuevo Mundo, op. cit.*, p. 78.

velismo, revestidas a veces de un barniz de constitucionalismo lockiano. Estas fuentes de legitimidad corresponden a la famosa clasificación de Max Weber: carismática, tradicional, legal/racional. (Morse, como Weber, enfatizaba el carácter "ideal" de los tipos, que nunca se dan en estado "puro", pero cuya enunciación y análisis contribuye a aclarar la realidad histórica.) A lo largo de un siglo, desde el fin de la Independencia hasta 1920, aproximadamente, Morse identificaba tres "modos de estabilidad".

Rostros del carisma

El primer "modo de estabilidad" se centró en un líder carismático dotado de un proyecto personal que, simbólica o aparentemente, lo trasciende: la federación andina de Simón Bolívar, la unión centroamericana de Francisco Morazán, el constitucionalismo de Benito Juárez e incluso el Estado teocrático del ecuatoriano Gabriel García Moreno. Otra variedad del mismo tipo la representan los caudillos militares que se imponen a la sociedad por obra de su magnetismo, su capacidad de seducción o aun su fuerza. Ejemplos: Juan Manuel de Rosas en Argentina, Antonio López de Santa Anna en México, el doctor Francia en Paraguay. Hacia el final del siglo XIX la presencia del capital europeo en Iberoamérica favoreció un tercer tipo de liderazgo: el de los caudillos-presidentes que rendían pleitesía formal al constitucionalismo pero que, a juicio de Morse, gobernaban en connivencia con esos intereses externos. Ejemplos: Antonio Guzmán Blanco en Venezuela, Porfirio Díaz en México, Justo Rufino Barrios en Guatemala.

Predominio del tomismo

La segunda vía se apega al patrimonialismo, legitimidad tradicional estudiada por Weber que en el orbe hispano tenía una historia centenaria:

el tomismo. No se trataba, por supuesto, de reinstaurar la monarquía absoluta de los Habsburgo ni de aplicar literalmente la doctrina de Francisco Suárez. Se trataba de crear un orden nuevo inspirado en aquel paradigma que había demostrado su eficacia a lo largo de tres siglos.

Dentro de esta segunda vía de legitimidad, Chile fue un caso de aplicación exitosa. En aquel país de "insólito contorno", que Morse había visitado en su juventud, se desarrollaron poblaciones agrícolas y mercantiles oriundas del norte de España que encontraron su campeón en un fundador de la república:

> Un hombre de negocios de Valparaíso, Diego Portales, se las arregló para dar cuerpo a esos intereses en un documento con cierta aura de legitimidad. La Constitución de 1833 creó un ejecutivo fuerte sin despojar al Congreso y las Cortes de sus poderes de contrapeso. El primer presidente, el general Prieto, tenía el porte aristocrático que le faltaba a Portales: católico firme, el general Prieto se mantenía sobre las diferentes facciones políticas. Los primeros presidentes se desempeñaron en periodos dobles; el candidato triunfador era escogido por su predecesor. Así se preservaba la estructura del Estado español, con las concesiones necesarias al constitucionalismo anglo-francés para preservar la imagen de una república que había impugnado al régimen monárquico.

La continuidad histórica del orden chileno confirmaba a sus ojos su tesis de fondo: la permanencia del fundamento tomista. A raíz de la Constitución de 1833, ningún presidente chileno había sido depuesto en los primeros 60 años. Y la propia Constitución había durado un siglo. Conforme avanzaba el siglo XIX, varias medidas genuinamente liberales habían arraigado en el país: abolición de la primogenitura, creciente libre competencia, apertura a la tolerancia religiosa. A pesar de la resistencia de la oligarquía chilena (que gobernó por unas décadas a través del Congreso), "las clases trabajadoras del cobre y los nitratos [...] encontraron su campeón en Arturo

Alessandri (1920-1925, 1932-1938)". Este presidente y las adminis-
traciones subsiguientes hallaron la forma de combinar los elementos
de las tres legitimidades "imprimiendo en las políticas públicas una
dinámica de cambio socioeconómico". Esta tendencia, argumentaba Morse desde 1954 con optimismo, parecía generalizarse en toda
Hispanoamérica.

Pero sin duda el ejemplo más acabado de aplicación del modelo
tradicional o "tomista" al siglo xx fue el de México. Morse notó la
similitud de la Constitución de 1917 con las Leyes de Indias, trasunto
de la ley natural: preceptos generales y reglas particulares de induda-
ble belleza moral, pero "cuyo estricto cumplimiento no era urgente".
Pero lo más notable era la supervivencia de la antigua matriz hispana
en la sociedad, la política, la cultura y la economía de México a partir
de 1917. Era Francisco Suárez en tierra mexicana. Tras una insurrección legítima contra un tirano, la Revolución volvía al origen:

> Una vez más, el subsuelo se hizo patrimonio del Estado, como lo había
> sido bajo la Corona española. El sistema de *ejidos*, mediante el cual se
> distribuía tierra a los campesinos, recibió su nombre en recuerdo de los
> terrenos comunales de la vieja municipalidad española. El indio volvió a
> quedar bajo una tutela especial. A los trabajadores rurales y urbanos los
> cobijaba el paternalismo del Estado. Los grupos de trabajadores, capitalis-
> tas, administradores y comerciantes, así como los sindicatos de profesio-
> nales y maestros, eran atraídos hacia el núcleo político-administrativo del
> gobierno y, sólo de manera secundaria, hacia la interacción competitiva.

La detección de esos rasgos del Estado patrimonialista español en el
Estado revolucionario mexicano, aunados al carácter misionero de la
cruzada cultural de Vasconcelos, al liderazgo místico de Madero (apóstol y mártir), impresionó vivamente a Octavio Paz que en *El laberinto
de la soledad* había sostenido ideas similares: la Revolución mexicana
había sido la búsqueda y el encuentro de "un orden universal, abierto

a todos los pobladores… Por la fe católica los indios, en situación de orfandad, rotos los lazos con sus antiguas culturas, muertos sus dioses tanto como sus ciudades, encuentran un lugar en el mundo".[31] Ese orden perdido en el "inauténtico" siglo XIX —siglo del liberalismo y el positivismo—, y recobrado por la Revolución mexicana, era el universo de la monarquía católica, basado en las "premisas culturales" de la filosofía escolástica.[32]

Ensayo de democracia liberal

El tercer "modo de estabilidad" corresponde a la legitimidad "racional" de Weber: regido por una burocracia competente y el respeto público a estatutos legales. El ejemplo (no único, pero más representativo) que proponía Morse era Argentina, que entre 1860 y 1946 ensayó "una versión modificada de la democracia liberal". A partir de un desarrollo material ligado a la exportación de granos y ganado, y a pesar de la marcada concentración de riqueza y poder en la oligarquía rural, Argentina logró integrar a las masas de inmigrantes y propiciar la aparición de clases medias. Con ese fundamento y otros elementos convergentes (homogeneidad étnica, avances tecnológicos), "una serie de estadistas presidentes pudieron promover y guiar el desarrollo argentino, en razonable conformidad con la constitución lockiana de 1853". Las querellas de poder no condujeron a la tiranía sino a la aparición en 1890 de un partido liberal de las clases medias, el Partido Radical, que gracias a importantes reformas electorales (sufragio libre, voto secreto) llegó a la presidencia en 1916. No obstante, a juicio de Morse, la gestión radical detuvo el avance de las fuerzas socioeconó-

---

[31] Octavio Paz, *El laberinto de la soledad*, México, Fondo de Cultura Económica, séptima edición, 1969, p. 92.

[32] Es significativo que ni Paz en su obra clásica ni Morse en la suya señalen el rasgo central de la "premisa cultural" escolástica en México: el presidente monarca.

micas (obreros, clases medias urbanas) y fue débil ante la coriácea oligarquía terrateniente. El precio fue alto: "Sólo entonces las frustradas clases medias sucumbieron a una demagogia de baja estofa, y a Juan Domingo Perón".

EL SERENO TRÁNSITO DE BRASIL

Brasil fue un caso *sui generis* en Iberoamérica. Ahí no ocurrió una ruptura traumática porque el Imperio, sencillamente, no cayó: al inicio de la invasión napoleónica, la casa de Braganza se trasladó a Río de Janeiro. Este hecho impensable casi en la América hispana, aunado al "talento brasileño para la adaptación y la conciliación —dice Morse—, mitigó las dislocaciones y la huida del centro que sucedió a la independencia". En Brasil, a diferencia de los otros países, no surgieron los típicos caudillos, extraídos de las páginas de Maquiavelo. A partir de ese momento, el país navegó con relativa paz y concordia por el siglo XIX que, para la mayoría de las otras naciones, con excepciones como Chile, Argentina, Uruguay y Costa Rica, se caracterizó por la búsqueda incesante y violenta de un gobierno legítimo y estable.

Morse apunta algunos antecedentes del contraste. Ya antes de esos hechos, los políticos portugueses de fines del XVIII se habían inclinado por dar un mayor margen de libertad e iniciativa a su territorio de ultramar. A la monarquía portuguesa no la rodeaba el aura de divinidad característica de España. "Cuando nos convertimos en nación el rey ya no era 'el ungido del Señor' [...] por el contrario, era un privilegiado cuyas prerrogativas se discutían, combatían, negaban."[33]

En 1821 el rey Juan volvió a Portugal, dejando a su hijo Pedro que declaró la independencia el año siguiente. No hubo héroes nacionales, ni

---

[33] F. J. de Oliveira Vianna, *O occaso do Imperio*, citado en *Resonancias del Nuevo Mundo*, p. 186.

mártires de la independencia, hubo algo más creativo: una diarquía entre el rey Pedro (físicamente atractivo, valiente, lleno de encanto, popular) y José Bonifácio de Andrada, el arquitecto del nuevo edificio constitucional. Era —dice Morse— como tener un Bolívar en dos personas, el carisma y la ley, con la bendición de la legitimidad tradicional. La diarquía duró poco. En 1823 Pedro I exilió a José Bonifácio (no lo mató, a la usanza hispanoamericana) y de inmediato eligió una comisión para redactar la Constitución de 1824, que le daría poderes discrecionales.

En Brasil, como en Chile —argumentaba Morse—, el nuevo gobierno reunía las condiciones para un tránsito gradual a la vida nacional: era independiente de la antigua metrópoli, tenía apoyo popular, se regía por una Constitución y tenía un estilo personalista "que habría complacido a Maquiavelo". Cuando en 1831 Pedro abdicó para rescatar la Corona portuguesa usurpada por su hermano, tuvo que dejar a su heredero (Pedro II, de cinco años de edad) con el propio José Bonifácio al cuidado de la regencia, hasta que en 1840 el joven rey asumió el poder. Aunque a partir de ese momento se sucedieron revueltas de diversa importancia, no tuvieron el impacto desestabilizador de Argentina, que desembocó en la dictadura de Rosas. Las razones que aporta Morse son fascinantes: operó una mezcla local de caudillos liberales y patriarcas hacendados, ambos con ciertas ligas con la autoridad central. Raimundo Faoro apunta: "Los argentinos reúnen montoneras para desafiar la ley de la nueva nación; los brasileños tienen nexos con el orden público, alardean de sus patentes militares y pueden reclutarse para sofocar insurrecciones".[34] Así se explica que, desde cierta perspectiva, el *coronelismo* brasileño pueda ser visto no como una fuerza disruptiva sino "constructora" del poder.

La abolición del Imperio en 1889 removió el fundamento tomista dando paso a un gobierno más estable y constitucional, menos

---

[34] Raimundo Faoro, *Os donos do poder*, Porto Alegre, 1958, citado en *Resonancias del Nuevo Mundo*, p. 188.

expuesto al caudillismo violento que en los países de Hispanoamérica. Su filosofía fue un "positivismo cínico" que relegó suavemente al
mundo tradicional y nativo. Al sobrevenir el cambio, el presidente de
Venezuela famosamente declaró: "Se ha terminado la única república
que existía en (Latino) América: el imperio del Brasil".

El fracaso del liberalismo, la democracia y el marxismo

Morse había despejado el papel de los caudillos, y con ello había dado
su respuesta a las preguntas centrales del poder en Latinoamérica.
Faltaba entender el papel de las ideologías: la aparente debilidad del
liberalismo y la democracia en la historia latinoamericana, así como
el destino —que parecía promisorio— del marxismo. ¿Qué efecto tuvieron sobre la vida política latinoamericana? Según Morse, no
demasiado. Ninguna representaba una solución válida para estos países católicos, asentados en el orden tomista, sacudidos por continuos
terremotos caudillistas, que de manera incesante debían volver a sus
"premisas culturales" para inventar su propio futuro.

El liberalismo clásico, inglés, había sido siempre exógeno, extraño;
pertenecía a la otra rama del Occidente americano. Se importó en
fórmulas, pero no pudo arraigar por falta de una sociedad o un clima
liberal que lo sustentara. A pesar de los programas educativos, las obras
materiales y la inserción en la economía global, las burguesías locales
no crearon instituciones que cimentaran y fomentaran esos valores.
Significativamente —apunta Morse— ni el ejército ni las burocracias
desarrollaron un ideario liberal.

La democracia (que Morse entendía como participación popular
directa en el escenario histórico, más que un método para elegir y remover gobernantes) pudo haber tenido una mejor suerte en Iberoamérica debido a la compatibilidad del pensamiento tomista con Rousseau.
En los albores de las independencias, ningún filósofo fue más leído. La

noción misma de "voluntad general" (distinta a la suma de voluntades individuales sufragadas en votos) es hasta cierto punto semejante a la del pueblo que en un acto orgánico de expresión ejerce su soberanía para entregar el poder al monarca. Los emperadores Pedro I y Agustín de Iturbide evocaron —con muy distinta suerte— la voluntad general como origen de su legitimidad en sus respectivas ascensiones. Ese primer momento rousseauniano pasó, y Morse especula sobre las razones de las élites locales y los controles internacionales, suficientemente fuertes ya para entonces como para permitir movimientos revolucionarios o incluso "transacciones" entre el liberalismo y la democracia.

Este punto es central en la diferencia entre las dos Américas. En Estados Unidos, Morse reconocía la interacción fructífera entre el liberalismo y la democracia. En el mundo angloatlántico, la teoría democrática, con su visión comunitaria, "suavizó el utilitarismo liberal y el hedonismo privado". Simétricamente, "las doctrinas liberales atenuaron el fervor populista de la democracia y su inclinación al liderazgo heroico". La tensión entre ambos fines se había resuelto a favor del liberalismo desmontando —"hasta ahora", advertía sabiamente— varios *grandes despertares*, esos vastos movimientos de masas de carácter religioso, pero potencialmente políticos y disruptivos, como el que en el siglo XVIII había encabezado Jonathan Edwards. En Europa, la ecuación se había resuelto —hasta entonces también— a favor de la democracia, con sus "versiones socialistas, plebiscitarias o totalitarias" (que Morse, misteriosamente, llamaba "esplendorosas").

En Iberoamérica no se había dado esa tensión por el escaso arraigo social del liberalismo que, según Morse, operaba como mera ideología de las élites nacionales aliadas al mercado mundial, y por los bloqueos de esas mismas élites a la participación democrática. Con todo, debido a los procesos de urbanización, industrialización, migración interna, entre 1920 y 1960 América Latina vivió un "segundo florecimiento rousseauniano" (el primero, presumiblemente, habían sido las independencias, aunque la Revolución mexicana cabría también en esa clasificación). Ese "segundo florecimiento era el de los "populismos", frustrados —lamenta Morse— por la cooptación, la privatización o la asfixia de las clases populares (en particular, el proletariado) que los protagonizaron. Importa notar que Morse usa el término *populismo* sin connotaciones negativas, equiparándolo a la participación o irrupción rousseauniana del pueblo en la vida pública.

★ ★ ★

Con respecto al marxismo, el contraste con Rusia le parece significativo. Por varias generaciones, pensadores rusos del siglo xix habían podido adaptar el espíritu marxista al proyecto histórico de una revolución que no tenía por qué transitar por los pasos sucesivos de industrialización prescritos por Marx. El autor de este marxismo no occidental ni europeo sino eslavo y orientalizado había sido Chernichevski. Iberoamérica tardó casi un siglo en producir una visión similar. No ayudó la indiferencia (y aun el explícito desdén) de Marx y Engels hacia las naciones iberoamericanas que consideraban irremisiblemente atrasadas y violentas (al grado de celebrar la invasión estadounidense a México). Pero en el desencuentro incidieron otras razones que Morse elabora en *El espejo de Próspero*, en una fascinante historia comparada de Iberoamérica con Rusia. Entre ellas sobresale la propia noción tomista del Estado: "La definición marxista del aparato estatal como instrumento de control burgués resultaba problemática en tierras en que el Estado históricamente había sido visto como expresión del carácter orgánico de la sociedad misma y en cierto sentido anterior a esa sociedad".

Por esa misma razón, el positivismo comtiano —con su propuesta de un Estado ordenador y orgánico, vago trasunto del tomista— halló tierra fértil en Iberoamérica, particularmente en Brasil y México. Morse explora dos autores trascendentes, el brasileño Euclides da Cunha y el mexicano Andrés Molina Enríquez. En *Os Sertões*, el primero aportó una "visión radiográfica", una "anatomía nacional" destinada a curar las fisuras, escisiones, fallas e hibridismos de la sociedad brasileña orientándola hacia una posible armonía (eco del paraíso orgánico, perdido).

Pero fue Andrés Molina Enríquez —viejo juez de pueblo, conocedor profundo del México rural y la legislación virreinal, sociólogo positivista— quien fascinó a Morse porque su obra *Los grandes problemas nacionales* (1909) es, casi por sí sola, la comprobación de su tesis sobre la supervivencia del programa tomista en un país relevante de la América hispana. Molina Enríquez, precursor de la Reforma Agraria como vía de ascenso de la clase socioétnica mestiza, fue el profeta de la arquitectura corporativa que perduró en México durante buena parte del siglo xx. "Su inspiración provenía de la experiencia colonial de México, la de la organización 'integral' de 'la cooperación forzada', un Estado tutelar capaz de afirmar su dominio eminente sobre tierras y aguas […] y un orden social pacífico cuyos elementos dispares estuvieran equilibrados por la autoridad política centralizada."

Acaso por la densidad de su pasado y presente indígena (mayor que el de México), Perú, el otro gran virreinato, produjo un pensador distinto a Molina Enríquez. Un profeta del indigenismo marxista. "En José Carlos Mariátegui —escribe Morse— Iberoamérica tuvo finalmente una interpretación revolucionaria 'indoamericanizada' del proceso histórico y la construcción nacional, comparable a la visión que, 60 años antes, había concebido Chernichevski para Rusia." Más que cualquier otro iberoamericano, con excepción de unos pocos poetas y pintores, Mariátegui había captado la "realidad" (palabra clave de sus famosos ensayos) para intercalarla en los dilemas occidentales. Morse recrea biográficamente su trayectoria, la excentricidad de su marxismo (italiano, surrealista, artístico) y su convencimiento final de la necesidad de inventar (como Sorel) un mito fundador. La revolución del proletariado en Iberoamérica —en particular en el Perú— debía obtener la adhesión del indio, y para incorporarlo se requería más que una ideología fincada en conceptos de clase o incentivos materiales. Necesitaba la visión de un orden comunitario, impregnado de espíritu religioso, nada menos que un "mito redentor". Chernichevski había visto las raíces del comunismo en el *mir* ruso, Mariátegui en el *ayllu* inca.[35] Sus proposiciones —afirmaba Morse— no eran en modo alguno incompatibles con la cultura política iberoamericana. Lejos del determinismo positivista, evolucionista o marxista, "su llamado estaba en el espíritu de la teoría neoescolástica".

Iberoamérica no podía cambiar su naturaleza histórica. Las ideologías liberales, democráticas y marxistas no tocaban el núcleo de las creencias y las costumbres. El mundo industrializado (capitalista o comunista) interfería en ella, introduciendo nuevas tecnologías, industrias, mercancías, necesidades, esperanzas, temores, ritmos de vida, pero los países de la región no "trascenderían" sus "premisas culturales" sino que las "acomodarían" a las nuevas dinámicas. Su texto final fue una lectura del siglo XX iberoamericano y una profecía del XXI... en clave de Morse.

DECÁLOGO DEL PODER PERSONAL

A sus ojos, la experiencia del siglo XX hasta el momento de escribir su libro mostraba la perdurabilidad del legado tomista aliado a la legitimidad carismática maquiavélica, con tintes puramente formales de constitucionalismo democrático-liberal. Sólo a partir de ese molde se podrían construir naciones y gobiernos. (A Morse, obviamente y por definición, no le interesaba analizar las dictaduras militares, meras tiranías sin legitimidad.) Después de su largo periplo —casi 40 años trabajando el tema— enumeró las principales "premisas" para la edificación de esos gobiernos. Aunque lo presentó de un modo distinto,

---

[35] Debo este dato que confirma la tesis de Morse a Rodrigo Martínez Baracs.

cabe resumirlas textualmente en un decálogo del poder personal iberoamericano:

1) *El mundo es natural, no se construye.* "En estos países, el sentimiento de que el hombre construye su mundo y es responsable de él es menos profundo y está menos extendido que en otros lugares […]."

2) *Desdén por la ley escrita.* "Este sentimiento innato para la ley natural va acompañado de una actitud menos formal hacia las leyes que formula el hombre […]."

3) *Indiferencia a los procesos electorales.* "Las elecciones libres difícilmente se revestirán de la mística que se les confiere en países protestantes."

4) *Desdén hacia los partidos y las prácticas de la democracia.* Tampoco son apreciados los partidos políticos que se alternan en el poder, los procedimientos legislativos o la participación política voluntaria y racionalizada.

5) *Tolerancia con la ilegalidad.* La primacía de la ley natural sobre la ley escrita tolera prácticas y costumbres incluso delictivas que en otras sociedades están penadas, pero que en éstas se ven como "naturales".

6) *Entrega absoluta del poder al dirigente.* El pueblo soberano entrega (no sólo delega) el poder al dirigente. Es decir, en América Latina prevalece el antiguo pacto original del pueblo con el monarca.

7) *Derecho a la insurrección.* La gente conserva "un agudo sentido de lo equitativo y de la justicia natural" y "no es insensible ante los abusos del poder enajenado". Por eso, los cuartelazos y las revoluciones —tan comunes en América Latina— suelen nacer del agravio de una autoridad que se ha vuelto ilegítima. No es preciso que la insurrección cuente con un programa elaborado: basta que reclame una soberanía de la que se ha abusado tiránicamente.

8) *Carisma no ideológico: psicológico y moral.* Un gobierno legítimo no necesita una ideología definida, ni efectuar una redistribución inmediata y efectiva de bienes y riquezas, ni contar con el voto mayoritario. Un gobierno legítimo debe tener "un sentido profundo de urgencia moral"

que a menudo encarna en "dirigentes carismáticos con un atractivo psico-cultural especial".[36] Los tiranos no pueden ser legítimos.

9) Apelación formal al orden constitucional. Una vez en el poder, para supe-rar el personalismo (rutinizar el carisma) el dirigente debe dar importan-cia al legalismo puro como vía a la institucionalización de su gobierno.

10) El gobierno, cabeza y centro de la nación. Como el monarca español, "el gobierno nacional [...] funciona como fuente de energía, coordinación y dirigencia para los gremios, sindicatos, entidades corporativas, institu-ciones, estratos sociales y regiones geográficas".

No era una prescripción para la tiranía. Era un diseño de hondas raíces históricas dotado de una racionalidad ética y social, inspirado en un concepto cristiano del Estado como dador y organizador del bien común. El tomismo presupone la aceptación integral de la dig-nidad humana y los derechos humanos así como la soberanía original del pueblo. Sin estos elementos el monarca carece de legitimidad. Sin embargo, el diseño político tenía sus inconsistencias y riesgos, que Morse no ignoraba. Para consignarlos no recurría, por supuesto, a críticos ingleses (irremediablemente lockianos, benthamianos) sino a figuras espiritualmente afines, como el filósofo político y moral fran-cés Paul Janet (1823-1899):

Ésas son las doctrinas escolásticas del siglo XVI, doctrinas incoherentes donde concurren [...] ideas democráticas y absolutistas, sin que el autor vea con claridad adónde lo llevan unas u otras. Adopta en toda su fuerza el principio de la soberanía popular: excluye la doctrina de la ley divina [...] y hace que no tan sólo el gobierno sino que aun la sociedad des-canse en el consenso plenario. Sin embargo, esos principios no sirven sino para permitirle al autor que opere inmediatamente la enajenación

---

[36] "Con todas sus jactancias y disparates, Perón y Fidel Castro tienen ese atracti-vo", apunta Morse.

absoluta e incondicional de la soberanía popular en manos de una persona. Niega la necesidad de consenso popular en la formulación de las leyes; y como protección en contra de la ley injusta no ofrece más que una desobediencia sediciosa y desleal.

Su simpatía por el tomismo era equidistante de su crítica a la sociedad que sus antepasados habían construido. Esta tensión dramática y creativa recorre el capítulo final de *El espejo de Próspero*: Morse contra su tradición.

ESTADOS UNIDOS: EL FASCISMO AMISTOSO

Su distancia con respecto a la cultura de los Estados Unidos no entraña un misterio: la democracia y el liberalismo de su época —y de la nuestra, tristemente— eran perfectamente compatibles con el racismo de diversos tipos: los judíos no tenían derecho de ingresar a Princeton hasta los años setenta, los negros estaban abiertamente excluidos: en el norte por la práctica y en el sur por las leyes. El rechazo absoluto al racismo era la clave profunda en el código de Morse. Pero no sólo le repugnaba el racismo, legado de la esclavitud que ponía en entredicho la naturaleza democrática de su país. También la banalidad y estulticia de la cultura de masas.

En la segunda sección de *El espejo de Próspero*, Morse aborda la crítica a su propio mundo desde una perspectiva cultural más amplia que la política. Si para diagnosticar las limitaciones de la cultura política inglesa acudió, en última instancia, a Marx, para diagnosticar los males de Estados Unidos retomó los argumentos básicamente marxistas de la Escuela de Frankfurt, en particular los de Theodor Adorno y Max Horkheimer, con quienes había trabajado su maestro Benjamin Nelson.

No parece necesario ahondar en sus coincidencias con aquellos filósofos judeoalemanes expulsados de su mundo de origen, marcados por la experiencia del Holocausto, refugiados en Estados Unidos. A pesar de haberles abierto los brazos, el entorno americano no los comprendió, acaso porque ellos tampoco lo vieron o vivieron como una opción habitable. Su azoro ante los supuestos prodigios de la vida americana —avances tecnológicos, inventos de la comunicación masiva— era el mismo de Morse: ese progreso era ilusorio, no alentaba la vida comunitaria, la genuina conexión entre las personas, el respeto esencial a la sacralidad y el misterio de la vida, sino un "individualismo atomista" que aquellos filósofos veían como el embrión de un nuevo fascismo. Estados Unidos creía haberse vacunado históricamente contra ese peligro, pero se equivocaba. Había que "entender el fascismo europeo —concordaba con ellos Morse— como algo sintomático más que aberrante", ver de frente "las implicaciones totalitarias de la liberación del individuo burgués de la tutela de la tradición y las instituciones". Los filósofos de Frankfurt llegaban a extremos: "El moderno habitante de la ciudad se relaciona con los otros sin entregar nada, es virtualmente un nazi". Pero otra frase similar no parecía excesiva. Estados Unidos era el país del *friendly fascism*, el "fascismo amigable".

Morse despreciaba también a los "individuos monádicos". Prefería —en sus palabras— tratar con *real people*. (Otra frase suya, característica, era *people are not property*.) Divierte la lista de cosas incluidas en *El espejo de Próspero* que despreciaba sobre su país:

Cuestionarios, encuestas de opinión, mensajes comerciales, boletines especiales de "últimas noticias", relaciones públicas, reuniones de comité, datos para la ficha, tono de marcar, señal de ocupado, recuperación de información, aire acondicionado, sistemas de comunicación pública, Muzak, sistemas de alarma, simulacros de incendio, líneas especiales (para casos de alcoholismo, violación, suicidio, amenaza atómica, falla atómica y reservaciones en hoteles), etiquetas con el nombre, calcomanías para el carro, dietas, correr por la mañana, restoranes donde no hay que bajarse del carro, cheques para el futuro, cheques de despedida, listas para checar, puestos de chequeo, checar la entrada, checar la salida y chequeos médicos.

Detestaba al individuo desprendido de la comunidad. Por eso celebraba la obra del sociólogo brasileño Roberto DaMatta[37] que comparaba los carnavales de Mardi Gras y Nueva Orleans con hallazgos notables:"Los rituales de espontaneidad permiten a los brasileños crear una parodia de sociedad comunitaria como liberación de un orden jerárquico, mientras que los norteamericanos crean una parodia de sociedad marcadamente estratificada como fugaz liberación del atomismo".

Morse trascendía con su análisis cultural las categorías de la Escuela de Frankfurt. Su inspiración y punto de apoyo era la vida cotidiana en Iberoamérica, civilización que, en su opinión, había resistido admirablemente "el gran designio occidental", conservando una capacidad para el asombro. Iberoamérica se había librado de aquella característica central de nuestra era, que Weber llamó el "desencanto del mundo". Y así como el contraste del teatro isabelino con el del Siglo de Oro revelaba las diferencias esenciales entre ambas culturas políticas (tema derivado de George Santayana que Morse apuntaba sin desarrollar), el contrapunto entre ambas Américas quedaba claro a la luz de la literatura. En una de sus páginas memorables, Morse compara dos poemas escritos casi simultáneamente por dos poetas representativos de la modernidad: "The Love Song of J. Alfred Prufrock" de T. S. Eliot (1915) y "Paulicéia desvairada" de Mário de Andrade (1922). Es el mejor Morse, el Morse "benjaminiano". Lo cito:

Los dos poetas estaban inmersos en el caos y el anonimato de las grandes ciudades, pero sus respuestas a un centro trastornado son completamen-

---

[37] *Ensaios de antropologia estrutural*, Petrópolis, Vozes, 1973, citado en *El espejo de Próspero*, p. 99.

te divergentes. El de Eliot es un mundo desmitificado; hasta la utilería romántica del crepúsculo aparece extendida como un paciente anestesiado, la imagen que Allen Tate calificó de "primer disparo de la revolución del siglo xx: el joven Tom Eliot apretó el gatillo y regresó calladamente a su escritorio en un banco de Londres. Pero fue un disparo que se oyó en todo el mundo". Los habitantes de la ciudad de Eliot son hombres solitarios en mangas de camisas asomados a ventanas; los modestos palacios del placer de restaurantes y hoteles baratos son retiros gruñones sobre calles semidesiertas; en los departamentos-prisiones burgueses andan a la deriva mujeres que gorjean cosas sin sentido sobre Miguel Ángel.

En el São Paulo de Mário de Andrade los nervios mismos del industrialismo estaban más expuestos que en la generalizada ciudad occidental de Eliot, con su antigua epidermis cultural, pero aun así São Paulo hechiza. La ciudad es *desvariada*, desvariante, alucinada. Mário de Andrade se zambulle en su paisaje urbano, cancelando la distancia cerebral de Eliot. São Paulo es la conmoción de su vida; él es el arlequín de su carnaval de gris y oro, cenizas y dinero, arrepentimiento y codicia. Las mujeres de su trasplantado Trianon, superficiales, pero vivas, intercambian agudos insultos líricos. El espacio mayor es una inmensidad agrícola fecunda y todavía misteriosa, no una naturaleza anestesiada.

A continuación, comparaba a los actores burgueses de los poemas. "El Prufrock de Eliot, llamado así por un camisero de St. Louis, tiene una personalidad irreparablemente dañada. Ha suspendido, como lo sabía enfáticamente Eliot, la 'pregunta abrumadora' y sólo puede preocuparse por sus pantalones, su cabello que empieza a ralear y sus dientes enfermos. Se convierte en el Hombre Común de su civilización." En cambio el burgués de Mário de Andrade conserva su "carácter dickensiano como personaje mitad siniestro, mitad farsa. Era un miembro habitual del elenco de la obra, no el vehículo de una enfermedad psíquica generalizada [...] Los burgueses brasileños todavía son personajes secundarios, sin penetración hegemónica en el mundo social. Su presencia todavía no ha desencantado a la ciudad de Mário de Andrade y mucho menos a su lasciva rival, Río de Janeiro".

Y el encanto había seguido con la generación del *boom*, cuyos "novelistas recuperaron un pasado que ahora parecía cíclico y mítico; se maravillaron ante la trayectoria de caudillos pasados cuya malevolencia e histrionismo habían hecho escarnio de los mojigatos códigos extranjeros".

Morse había llegado al final de su jornada. Podía mostrar a "Próspero" el espejo de su miseria y la imagen de una sociedad que no había perdido su sentido de encanto. Para Iberoamérica se atrevía a profetizar un futuro menos atado a su vecino del norte y sus valores, más abierto "a las tribus del mundo". Esa profecía era la reivindicación de toda su vida intelectual, dedicada a estudiar a la "otra América", atrasada e inferior en términos materiales, pero plena de costumbres envidiables que cabían en una palabra que le encantaba utilizar: *convivialidad*. Propensas desde el inicio a la mezcla, al mestizaje, a la integración en un "nosotros" que trasciende a los "yo", estas sociedades le parecían, sencillamente, más humanas. En estas sociedades, un matrimonio como el suyo con Emerante de Pradines habría sido visto como producto de la ley natural.

CON MORSE Y CONTRA MORSE

Releo *El espejo de Próspero* con sensaciones encontradas. Creo que pertenece a esa noble genealogía peregrina de Waldo Frank y Frank Tannenbaum. Creo que es, a un tiempo, una obra romántica y realista. Como en aquel desayuno remoto en que lo conocí, me sigue deslumbrando su lienzo histórico, ese desfile de filósofos y teólogos, escuelas y corrientes, procesos y episodios, intuiciones y razones. Y luego, ya en tiempos "históricos", la marcha de sus pensadores y caudillos, sus sistemas y gobiernos, sus ideas e ideologías, sus literaturas. No menciona a todos nuestros países, pero se detiene significativamente en varios de ellos y todos pueden reconocerse en su "código". Admiro, claro, su sustento bibliográfico. Y hoy más que nunca me convence su pasión crítica —filosófica, poética, ética— frente a Estados Unidos.

Lo releo y reconozco nuestros puntos de concordancia, pero abrigo una sustancial reserva, formada —ahora lo veo— a lo largo de muchos años. Frente al excluyente mundo angloamericano, comparto la vertiente moral y social de su obra, su recuperación del legado inclusivo, ecuménico y humanista de Francisco de Vitoria, su código de justicia e igualdad, su reconocimiento del otro. Creo que esa "premisa cultural" está en el origen de la *convivialidad* —y, si se quiere, el "encanto"— que aún nos define y sostiene. Y creo que es fuente de esperanza.

Pero frente al mundo iberoamericano —como liberal, como demócrata— me incomoda la vertiente política de su obra, el legado político de la escolástica (en particular, el de Francisco Suárez) y el extraño matrimonio de conveniencia con los caudillos de Maquiavelo, carismáticos y oportunistas, que Morse —no sin secreta aprobación— advirtió. Reconozco la hondura de esas fuentes de legitimidad. Son las que sostuvieron al Estado mexicano del siglo XX. Las entiendo, pero no las comparto. Creo que suponen un determinismo oprimente y falso. Y toda mi vida he luchado contra ellas.

Morse y yo hablamos de esos temas, pero nunca suficiente. Murió en 2001, en Haití. Desde entonces, el mundo ha cambiado radicalmente. Éste hubiera sido el momento de continuar el diálogo.

Posdata liberal

QUERIDO DICK:

Nunca alcanzamos a hablar de fondo sobre nuestras simpatías y diferencias. Se interponía mi admiración. Nos importaba más hablar de nosotros, de nuestras vidas. Por eso mis recuerdos contigo no son intelectuales sino vitales. Visité y por un tiempo me alojé en tu pequeña casa estilo Tudor de la calle Volta Place. Luego de tu muerte solía marcar tu teléfono (que sabía de memoria) sólo para escuchar de nuevo tu voz cantarina: "The Morse residence". Pasabas parte del tiempo en Pétion-Ville y el resto en Georgetown. En una habitación de arriba apilabas tu biblioteca latinoamericana y tus archivos, que con el tiempo fuiste concentrando en Puerto Príncipe, en la fundación con tu nombre que acaso no sobrevive. Aquellas tardes en el porche de tu casa, o caminando en el bosque cercano —con el tornasol de los maples y los cielos limpísimos de otoño—, pasamos horas fugitivas y horas lentas.

En la sala, sobre la chimenea, enfundado en su negro gabán, nos miraba tu ancestro, el adusto Morse del siglo XVII, con su piel de cera, amplio mentón y ojos azules como los tuyos, claros, pequeños. En los estantes guardabas los finísimos libros de aves de Audubon y joyas de literatura —Hardy, Swift, Stevenson—, legados directos de tu madre, esa victoriana nada victoriana (que había huido misteriosamente con un amante, que pudo ser —me sugeriste— tu verdadero padre). Un día me cantaste la vieja canción que te tarareaba: "*I wonder who's kissing her now, I wonder who's breaking the vow…*" ¡Cómo reíamos leyendo o componiendo *limericks* absurdos o procaces! Yo mismo te compuse uno: "*There was once a little boy, Dicky / who lived years before Disney's Mickey…*" (No recuerdo qué seguía.) Me encantaba oírte cantar los tangos que habías compuesto sobre tus amigos hispanoamericanos, recitar a Alexander Pope o tocar el bongó. ¡Qué combinación única eras! ¡Qué síntesis imposible, qué contradicción en los términos, qué milagro!

Cuando presentamos en México *Resonancias del Nuevo Mundo* (1995), dijiste que yo era *family*. Tan familiar era tu presencia, que la imaginaba eterna. Muchas veces me pediste que fuera a verte. Un día recibí una llamada tuya, desesperado. Tú, que tanto habías recelado de la monótona vida americana, sumido en el caos de Haití extrañabas Volta Place. Y fue ahí, en Volta Place, donde te vi por última vez. Nos abriste la puerta con grandes expresiones de afabilidad, pero noté que no te referías a mí por mi nombre. Tiempo después supe que tú, el memorioso, el mago de las teorías, el de las mil lecturas, padecías alzhéimer, la enfermedad más dolorosa imaginable para un historiador.

En algún pasaje de su *La vida de Samuel Johnson*, Boswell apunta: "En otra ocasión abrió una nota que le llevó su criado, y dijo: 'Extraño pensamiento se me ocurre: no hemos de recibir cartas en la tumba'". Esta carta no llegará a tus manos. Es una carta a tu espíritu. Ocurre que me he atrevido a resumir en un texto extenso tus teorías políticas sobre las dos Américas, y en el proceso de hacerlo he lamentado no haber aclarado tantos temas contigo. Quizás era imposible. Quizás no veía entonces lo que ahora veo, o sólo lo entreveía. Ahora es tarde. Esta carta sólo te encontrará en el ámbito de lo eterno, *sub specie aeternitatis*. Pero me consuela saber que uno escribe para los lectores y quizás ellos desprenderán de este diálogo a destiempo alguna reflexión de interés sobre la historia y el destino del continente dividido en dos que fue el motor de tu vida. Para ventaja de esos lectores —no de ti, que eres omnisciente— divido mis reflexiones en pequeños apartados.

La cultura y las ideas

Para ti, hombre de dos mundos, la dialéctica del Nuevo Mundo y su clave —la historia comparada— no era una disciplina intelectual y mucho menos una asignatura académica. Era tu vida. Esa es la clave de la clave de Morse. Por ese compromiso tuyo te he seguido y te sigo. Y por eso también creo en tu enfoque cultural, que recoge todos los ámbitos de la vida, no sus compartimentos. Ese enfoque me acercó también a la obra de otro maestro mío muy querido, Luis González y González. Acarició la idea de escribir un libro que se llamaría "La construcción de México". No logró concluirlo, pero nos dejó diversos ensayos que convergen con los tuyos. También para él la trama de México era cultural: el desarrollo plástico, a través del tiempo, de una matriz de valores materiales, vitales, estéticos, éticos, religiosos, metafísicos, intelectuales, políticos, económicos. Con ese enfoque cultural uno podía distinguir las continuidades y discontinuidades de la herencia prehispánica, la conquista, el mundo barroco y el siglo Ilustrado en el México independiente y moderno. Don Luis hablaba por ejemplo —y sabrosamente— de la cocina, la sensualidad, los modos de producción, los animales domésticos, las costumbres religiosas, las prohibiciones y licencias, las instituciones y las ideas, las actitudes ante la fiesta, el sexo, la familia, el amor, la vida y la muerte. Y uno podía constatar esas supervivencias en la vida cotidiana. Su conclusión coincidía con la tuya: México, ese orden misterioso que llamamos México, se forjó en "la siesta colonial", llamada así, irónicamente, por su carácter estático, "hecho para durar" pero orgánico, trascendente, casi eterno: como la matriz "tomista" de tu obra.

En México, al menos, tu clave es clave. Tu colega de Stanford David Brading y otros historiadores a través de los siglos, han recogido y recreado lo que Silvio Zavala llamó "la senda hispana de la libertad", es decir, la obra viva de Francisco de Vitoria, Vasco de Quiroga, Alonso de la Veracruz. Pero lo que los historiadores consignan en sus libros, lo comprueba el caminante en sus recorridos. Cualquiera que visite aún hoy, en pleno siglo XXI, el corazón del México viejo (Michoacán, Morelos, Puebla, Oaxaca) puede advertir que esa cultura hispana y católica (cinco veces centenaria, transformada por las culturas indígenas) sigue viva. Viva a pesar de la incuria, la erosión y el cambio de las costumbres, los desastres humanos y naturales. En vilo, pero viva. Es la presencia del pasado. Y si esa presencia es tan clara en la religiosidad, ¿cómo no iba a serlo en la cultura política? Haberla teorizado fue tu gran mérito.

Se te reprochó el uso de "tipos culturales". Como Max Weber, a quien seguiste estrechamente, tu utilización tipológica es "ideal" en el sentido de que no se da de manera químicamente pura en la realidad, pero eso no le resta sustancia histórica ni utilidad cognoscitiva. Aquí, como en tantas cosas, los "duros y aburridos neopositivistas" —como los llamabas— padecen de miopía. La utilidad de tu método se prueba en la práctica. Basta ver las combinaciones que cabe trazar entre las legitimidades carismáticas, tradicional-patrimonialista y legal-racional en cada país (y en cada etapa de cada país) para iluminar la historia de Iberoamérica. Por un buen motivo Octavio Paz tituló "Nueva España entre nosotros" a aquel número de *Vuelta* en el que apareció tu ensayo. Y es que el acento tradicional-patrimonialista de la política mexicana (atemperando los impulsos carismático-caudillistas, usando formalmente los preceptos constitucionales) fue verdaderamente revelador. ¿Qué más prueba "empírica" de su realidad que la continuidad orgánica del régimen porfiriano con el del PRI? Casi un siglo de predominio "tomista". Por lo que a mí respecta, *quod erat demonstrandum*.

Sin embargo, desde la historia de las ideas hay interpelaciones tácitas a tu obra. En su monumental *Orbe indiano* (así se tradujo *The First America. The Spanish Monarchy, Creole Patriots and the Liberal State 1492-1867*), Brading no contradice tus "premisas culturales", pero su detallado estudio de las ideas en cronistas, conquistadores, teólogos, historiadores, pensadores, insurgentes, liberales, patriotas y escritores en "la primera América" enriquece vastamente y contribuye a matizar tus tesis. Por una parte, profundiza en la vertiente religiosa del vínculo de España y América (cosa que tú haces muy poco, esquemáticamente). Sin la atención debida a figuras religiosas como Las Casas, Motolinía, Mendieta, Poma de Ayala, Acosta, Palafox, el Inca Garcilaso, Torquemada, la imagen histórica de esa "primera América" queda trunca, como dependiendo de lo que se pensaba, creía o producía en España. Y Brading, en su historia, muestra que no es así. Hubo una enorme floración creativa en esta "primera América". Yo sé que *El espejo de Próspero* fue un ensayo y que su tema es la anatomía política. Soy injusto al equipararlo con una obra de largo aliento como la de Brading. Y tu propósito, sé también, era hurgar en el "subconsciente" de Iberoamérica, no en las ideas. Aun así, creo que, al recrear y analizar vívidamente las ideas de cinco siglos, Brading muestra que las ideas, que tú consideras a veces como la espuma de los tiempos, de verdad arraigaron.

Nuestra América y la otra

Alguien, quizá Gramsci, reclamó a Benedetto Croce que en su historia de Europa no mencionara una sola vez el ferrocarril. Lo mismo ocurre con tu historia. ¿Eso la hace idealista? En cierta medida, sí, pero defendiste tu método con eficacia: el sujeto de tu obra no son las ideas flotando en el éter sino las "premisas culturales", los "fundamentos filosóficos" de nuestra historia política. La lectura de *Empires of the Atlantic World* de John H. Elliott me ha regalado la prueba final —por si faltara— sobre la pertinencia de tu método. Sus páginas, cabe decir, se desenvuelven a partir del momento fundacional que tú describes. Y ahí están, como en un mural, frente a frente en sus diferencias (y sus escasas similitudes), los dos mundos cuyo origen cultural evocas.

Por un lado Cortés (conquistador escolástico, formado en Salamanca, pero también maquiavélico), los padres espirituales contemporáneos de

Vitoria, la primacía política de la Corona, las actitudes incluyentes con respecto a la raza, la coexistencia de las lenguas, la voluntad de incorporación hacia los pueblos indígenas y su estatuto jurídico, el aliento a los matrimonios entre españoles e indígenas. Y, en el corazón político de aquel mundo —como reconoce Elliott, citándote—, "la convicción de que el bienestar de la comunidad dependía del funcionamiento adecuado de una relación contractual entre el gobernante y los gobernados". Es decir, en una palabra, la herencia de los escolásticos españoles.

Frente a esa arquitectura, política y religiosa, Elliott despliega la marcha de otra América, cuyas premisas trazaste en *El espejo de Próspero*: el primer colono, Christopher Newport, es un empresario, la conquista es una colonización cuyo núcleo es la compañía privada y la asociación voluntaria, su filosofía económica es comercial y no depende del designio político y espiritual de Isabel I. No hay órdenes religiosas y casi no hay misión evangelizadora, tampoco monopolio o unidad de la fe, los indios son "bárbaros degenerados", no hay matrimonios interraciales y el contacto inicial se traduce finalmente en repudio, exclusión, discriminación, exterminio.

La esclavitud en las plantaciones era inhumana y deshumanizante. *"People are not property"*, te gustaba decir. Sabías que para tus antepasados las personas eran propiedad, y eso te repugnaba. Elliott dedica un elogio a Frank Tannenbaum. Fue él quien te inició en la lectura de las *Siete partidas* de Alfonso X el Sabio. En un libro célebre de tu juventud (*Slave and Citizen*) tu maestro mostró las diferencias de trato de los esclavos en el sur de Estados Unidos y en Iberoamérica, donde al menos podían casarse, aspirar a la libertad, vivir una vida cristiana y tener incluso propiedad. (Sobre este tema, recuerdo una anécdota tuya, extraña porque nunca hablamos de deportes: en 1947, tras la lectura de *Slave and Citizen*, el dueño de los Dodgers de Brooklyn se había decidido a contratar a Jackie Robinson, primer pelotero de color en las Ligas Mayores de Beisbol.) ¡Qué importante debió ser para ti, casado con Emy, viviendo en una sociedad racista, leer la obra de tu maestro, leer a los clásicos del pensamiento español, a Vitoria, a Las Casas! Estaban —como decía tu colega Lewis Hanke— del lado de la humanidad.

Elliott formula una pregunta contrafactual que, sin aludirte, cimbra un poco tus fundamentos. ¿Y si Inglaterra, y no España, hubiera emprendido su aventura un siglo antes? ¿Y si hubiera encontrado las minas inagotables y las grandes poblaciones y civilizaciones indígenas? No está convencido de que su dominación habría diferido de la que implantó España. En todo caso, si el encuentro con el mundo indígena se hubiera caracterizado por la misma dureza que los ingleses exhibieron en Virginia o Massachusetts, Elliott referiría a causas no ideológicas sino militares o sociales: el precedente de la actitud inglesa frente a los indígenas está en su comportamiento excluyente en Irlanda, en tiempos medievales. También a los irlandeses los discriminaron. También con ellos estuvo prohibido el matrimonio y la cohabitación. ¿Por qué los españoles de la reconquista se mezclaron o interactuaron con moros y judíos? Tu maestro Américo Castro te habrá dado una respuesta. Pero esa propensión hispana a la mezcla, la incorporación, la coexistencia, no parece sólo motivada por el pensamiento sino por la realidad material, social, militar, demográfica, climática, económica. Me temo, querido Dick, que para hacer la historia de Europa es necesario mencionar el ferrocarril.

LOS REYES DE LOPE Y SHAKESPEARE

"Busca la clave histórica en la literatura", me repetías. (Te referías en esa ocasión a *Benito Cereno*, la breve y extraña novela de Melville: "Ahí encontrarás todo", dijiste.) El primer vislumbre de esa clave literaria (¡otra clave de Morse!) lo tuve con tu referencia (en una nota de *El espejo de Próspero*) a "A Contrast with Spanish Drama", ensayo en el que George Santayana compara el teatro isabelino con el del Siglo de Oro. Al respecto consulté a mi amigo Julio Hubard (te hubiese gustado

83

conocerlo) y gracias a él —en su conversación, en su obra— descubrí la prueba literaria de tu teoría sobre el tomismo español, en particular la relación mística entre el monarca y el pueblo.

"La literatura en lengua española —me explica Hubard, que ha escrito sobre el tema en la revista *Letras Libres*, que apenas llegaste a ojear— es la única gran literatura en donde existe, casi como género, la insurgencia del pueblo en contra de sus gobernantes. Pero la insurrección legítima no toca al Estado (es decir, al monarca, recipiendario del Pacto) sino que se dirige contra el funcionario incidental que ejerce de gobierno en el poder local." Hay decenas de obras en este género. El ejemplo más famoso, por supuesto, es la revuelta contra el comendador en *Fuenteovejuna*, de Lope de Vega. La recuerdas:

MENGO: ¡Los reyes nuestros señores vivan!
TODOS: ¡Vivan muchos años!
MENGO: ¡Mueran tiranos traidores!
TODOS: ¡Tiranos traidores, mueran!

Además del dato evidente —que el pueblo se levanta en armas contra la injusticia del "tirano" local—, ahí está, clarísimo, el elemento tomista: "Vivan los reyes". En otras palabras: "Viva el rey, muera el mal gobierno", grito repetido durante nuestras guerras de Independencia. El pacto curioso de la consubstanciación entre pueblo y monarca se mantiene. Curiosamente, en un libro de William B. Taylor sobre rebeliones en la Oaxaca colonial encontré una comprobación adicional: el pueblo se levantaba siempre contra la autoridad local, nunca contra el rey.

El honor de la gente es constantemente vejado por el poder de funcionarios menores y la justicia la termina impartiendo el rey. He releído *El mejor alcalde, el rey* y *El alcalde de Zalamea*, y compruebo que Lope y Calderón coinciden en la infalibilidad justiciera y moral del rey.

Siempre me sorprenderá el lugar sagrado del rey en la historia española. Un lugar constitutivo, integrador, fascinante y aterrador, todo al mismo tiempo. A veces condujo al delirio y la más extrema irrealidad, a la vida como un sueño, como en *Política de Dios y gobierno de Cristo*, donde Francisco de Quevedo —nada menos— da consejos económicos y políticos al rey basados en las Sagradas Escrituras. Pero, frente a esa tradición dominante, aun en tiempos remotos existía —embrionariamente, si quieres— la tradición liberal de España.

Al respecto me viene a la mente la figura de Fernando de Aragón. Dices que representaba el prototipo de humanismo renacentista (maquiavélico, dirías también) frente al absolutismo castellano de Isabel. Un amigo aragonés, Manuel Pizarro, me recordó una frase medieval en ese reino: "Vos sois rey por nosotros". Sé que no descubro nada nuevo, pero pienso en el espíritu libérrimo de Goya ("el único genio que produjo España en el siglo XVIII", escribiste), y concluyo que la semilla política y jurídica de Aragón era sobre todo liberal. Llamar liberal a Buñuel sería reducirlo. Era un rebelde cósmico, un liberal teológico. (Pero liberal al fin.)

Estas comprobaciones literarias de tu tesis han llevado a Hubard a conclusiones que no compartirías: la forma del teatro se corresponde con una salud del habla pública. Por ejemplo, en lengua inglesa, amén de que nunca les ha faltado el teatro, la ciudadanía, ya de modo directo, ya por *representación* (éste es el concepto en que coinciden la democracia y el teatro: *representación*), ha tenido una salida constante. En lengua española hemos carecido de representación, tanto escénica como política. Ambas tradiciones teatrales son admirables, pero las implicaciones políticas de ambas apuntan en sentidos divergentes. Y allí comienzan, querido Dick, nuestras divergencias.

"Y JURA QUE VENDRÁN LOS LIBERALES..."

Como un artículo de fe, creo que tu teoría sobre la tensión entre las premisas culturales de santo Tomás y Maquiavelo recobra y recrea lo que llamas nuestra "prehistoria": la anatomía política de España antes de las Independencias. Creo también que tu análisis de esos vectores maquiavélicos y tomistas en nuestras sociedades a partir del siglo XIX (el vaivén y fusión de los caudillos carismáticos y la formación de Estados "tomistas") es convincente. Creo que tu contraposición entre ese binomio y el inglés (orden/libertad, Hobbes/Locke) aclara aún más la diferencia entre ambas opciones históricas. Comprendo y comparto tu simpatía con el propósito ecuménico y cristiano del diseño tomista, sobre todo en Francisco de Vitoria. ¿Cómo no admirar a Vitoria? He encontrado páginas suyas deslumbrantes a favor de la libertad de prédica como única prerrogativa de los "conquistadores" frente a los indios. En otras palabras, su crítica del derecho de conquista contiene también una defensa embrionaria de la libertad de expresión vigente en nuestra época.

Pero, para efectos prácticos, una cosa es el diseño social tomista y otra el Estado tomista. Una cosa es el humanismo de Vitoria y otra el edificio político de Suárez, con su mística relación entre el pueblo y el monarca que, por lo general, se traduce en una sumisa adoración. Entiendo por supuesto la genealogía que los vincula, pero a Vitoria puede vérsele como un precursor de la tradición liberal hispana. A Suárez no. La puesta en práctica de la teoría política suareciana pudo ser eficaz, pero tuvo costos económicos, políticos y sociales inocultables para Iberoamérica y para la propia España. Consignarlos no es incurrir en una crítica ahistórica sino en un hecho real, como el atraso de las redes ferrocarrileras. Tu antipatía frente a la rama inglesa, que yo no comparto, te impidió verlos.

Extrañamente, tu libro abandona a España en 1810, y habría valido la pena dedicarle unas líneas a la historia del liberalismo. El tronco español se separó de las ramas americanas, pero la historia de ambos siguió rutas paralelas (tenían el mismo código genético) y, en esa historia, el liberalismo jugó un papel. Para empezar, claro, ahí nació la palabra. Siendo de antigua prosapia, en España encontró su uso como sustantivo. He consultado un poco su genealogía. Originalmente, en la literatura del Siglo de Oro, se empleaba en el sentido del original latín, *liberalis* (desprendido). Así lo utiliza Cervantes en el *Quijote*: "No quiso aceptar ninguno de sus liberales ofrecimientos". Según el *Diccionario de Corominas*, el paso del adjetivo *liberal* a la esfera política ocurrió a fines del siglo XVIII a partir del pensamiento del abate Sieyès y Benjamin Constant (muy leído en México). Pero fue en el contexto de las guerras napoleónicas en España cuando la palabra comenzó a aplicarse a un partido político cuyos miembros se denominaban "liberales" por oposición a los "serviles". Ese invento lingüístico correspondía a una realidad que permeó la vida de España en el siglo XIX y la de su espejo, la obra de Benito Pérez Galdós.

Tenme paciencia. A partir de la Constitución de Cádiz, los liberales comenzarían su larga y sinuosa trayectoria en la historia española, luchando contra los carlistas y la Corona, y contra sí mismos, desgarrados entre la vertiente moderada y la radical. A fin de cuentas, su legado fue sustantivo aunque desigual: contribuyeron a instaurar un orden más igualitario, una economía más abierta, un organismo judicial uniforme, abolieron los gremios y, ante todo, desamortizaron la propiedad de la Iglesia. Lamentablemente, no consiguieron modificar de fondo la cultura política española, ni arraigar las costumbres de una sociedad abierta y democrática. Ya en pleno siglo XX la guerra civil ahogó al liberalismo clásico en un encrespado mar de "ismos" intolerantes: anarquismo, marxismo, fascismo. ¿Quién representaba a ese liberalismo? Con matices diversos, varios escritores y pensadores de las generaciones del 98, el 14, el 27 (Antonio Machado, Ortega y Gasset, Francisco Ayala, por ejemplo), que no te merecen una línea a pesar de haber sido tan influyentes en Iberoamérica. Mencionas a Unamuno, pero sólo para subrayar su estirpe medieval.

Hace 40 años, España reencontró el liberalismo, no como patrimonio ideológico de un partido sino como terreno común de democracia, legalidad, civilidad, y también de tolerancia entre la derecha y la izquierda. En tiempos recientes, la crispación política y un extraño brote de populismo iberoamericano han amenazado con relegar nuevamente al liberalismo al triste papel de espectador en la eterna lucha entre hermanos que plasmó Goya. Por fortuna, parece claro que no lo lograrán. Pero mi conclusión, como ves, es distinta a la tuya: el liberalismo ha tenido en España una historia real, no sólo intelectual, no sólo marginal, menos aún imaginaria.

BOLÍVAR Y SARMIENTO

El lugar que concedes al pensamiento liberal iberoamericano es indebidamente exiguo. Tu interpretación sobre los elementos tomistas de Bolívar es convincente (ahí parece apuntar la Carta de Jamaica, nostálgica de un orden, de una familia histórica perdida). Pero no parece tomar en cuenta su raigambre republicana. He revisado sus lecturas: las *Vidas paralelas* de Plutarco, porque se equiparaba incesantemente con sus personajes; leyó a Julio César, *La riqueza de las naciones* y *The Federalist*. Por contraste, no encuentro en él cita alguna de la literatura tomista o neotomista. Bolívar, en todo caso, vivió la tensión entre las tres legitimidades que describes: era un caudillo carismático y anhelaba la gloria (el carisma proyectado a la eternidad), pero buscaba un orden que lograra pacificar y conciliar el mosaico desigual, heterogéneo e ingobernable de la América hispana. De allí, quizá, su lectura de *El príncipe* de Maquiavelo, no como un manual de cálculo amoral sino de acción republicana. Ese orden que buscaba Bolívar podía haber sido una monarquía constitucional, pero el republicano que había en él repudió esa opción. Por otro lado, ante la perenne sombra de la "guerra de colores" —el recuerdo del levantamiento de los esclavos en Haití, tu segunda patria—, llegó a la conclusión que transmitió a Santander: "Estoy penetrado hasta dentro de mis huesos que solamente un hábil despotismo puede regir a la América". Puedo conceder que ese "hábil despotismo" —que en México encarnó Porfirio Díaz— es un trasunto del monarca tomista, pero como ha demostrado Brading en *The First America*— Bolívar fue un "republicano clásico". Al leer a Brading compruebo que el liberalismo que se desprende de sus páginas es más rico e influyente del que tú sugieres.

Antes de abordar tu lectura de Facundo, pienso que la nueva historiografía de las ideas ha complementado tus tesis en lo referente a las lecturas de Maquiavelo. A Maquiavelo no sólo se le encarnó, también se le leyó. La primera generación republicana (el peruano Vidaurre, el ecuatoriano Rocafuerte, además, claro, de Bolívar, Mier o Bello) no parte de *El príncipe* sino de su historia sobre las Décadas de *Tito Livio*. En este sentido, hubo una continuidad "maquiavélica" entre el primer republicanismo y los liberales posteriores (Mora, Sarmiento, Alberdi, Lastarria, Otero...), defensores de la forma republicana de gobierno que buscaban subordinar los intereses particulares a los deberes de una ciudadanía virtuosa. Y aunque débil en la corriente general de los acontecimientos, hay un puente entre estas corrientes de pensamiento liberal en el xix y las ideas democráticas y socialistas del siglo xx.

Ahora vamos a tu lectura del *Facundo*. Me resultó extraño que consideres un tanto pasajero su vigoroso liberalismo. Releo las páginas que Sarmiento dedica a Rosas y no puedo más que verla como la mejor novela de dictadores en español, antes de *La fiesta del Chivo*, escrita por otro liberal: Mario Vargas Llosa. En Argentina se dio —tal como dices— el paso del caudillo telúrico puro (Facundo, el de la "terrible sombra") al caudillo maquiavélico de la razón de Estado (Rosas), que con un programa formal trasciende y "rutiniza" su carisma. Es verdad, y no implico que alabas a Rosas. En absoluto. No podrías hacerlo con un dictador que exterminó a los indios. Pero Rosas, ¿tenía legitimidad? Quizá, pero una legitimidad inadmisible. Es el dictador emblemático, el que prefigura a Fidel Castro en su uso del terror, el espionaje, la intolerancia religiosa e ideológica, el culto a la *personalidad* (palabra textual, que Sarmiento pone en cursiva), el "censo de opiniones", la frase "el que no está conmigo es mi enemigo", las primeras técnicas de propaganda, la Mazorca (policía secreta), el aislamiento frente al mundo externo, la represión. No es un dictador sin más, como tantos generales del siglo XX. Es, como señalas, un dictador "legítimo", como todos los dictadores sangrientos, nimbados de teología. Pedro Henríquez Ureña, el humanista dominicano, recuerda una frase de Sarmiento sobre el doctor Francia: "Muerto de la quieta fatiga de estar inmóvil pisando un pueblo sumiso". El único antídoto que conozco contra esos dictadores "legítimos", y contra todos los dictadores, es una activa convicción liberal.

Para mí, las páginas más inolvidables y vigentes de Sarmiento son precisamente las que dedica a demoler a Rosas.

Quizá, por razones literarias, idealizo a Sarmiento. Pero me quedo con su vislumbre de la libertad, la justicia, la educación, la apertura y la prosperidad que podría tener Argentina, en un marco de paz republicana. Acotado, ese proyecto democrático y liberal triunfó en Argentina, hasta que fue derrocado por Perón con el apoyo del militarismo nacionalista que reivindicaba explícitamente la escolástica católica. Sabías que Perón se había formado en la Italia de Mussolini y si por él hubiera sido le habría levantado mil estatuas. Y conociste de cerca el ascenso de su carismática esposa. ¿Qué concepto te merecían? Llamar a Perón "demagogo de baja estofa". Ahora sabemos que esa demagogia retrasó por décadas el desarrollo económico y político de la Argentina, pero es natural que no tomaras en cuenta sus costos, aunque eran ya evidentes en tu tiempo. Si descreías de la democracia liberal como fundamento histórico de nuestros países, si no le concedías futuro, al menos podías entrever el daño que la demagogia (veneno de la democracia) podía causar. Pero creíste que nuestras premisas carismáticas y tomistas se traducían, digamos, en irrupciones rousseaunianas y autoritarismos benignos. ¡Si vieras a dónde nos han llevado!

Vuelvo finalmente a Sarmiento con una frase de Borges, ese anarquista spenceriano, ese frustrado republicano, ese adversario de la demagogia, que no te mereció una sola mención en *El espejo de Próspero*, quizá por ser el menos "iberoamericano", el más inglés de nuestros clásicos: "No diré que el *Facundo* es el primer libro argentino: las afirmaciones categóricas no son caminos de convicción sino de polémica. Diré que si lo hubiéramos canonizado como nuestro libro ejemplar, otra sería nuestra historia y mejor".

DE BELLO A MARTÍ

En tu obra prestas poca atención a los países iberoamericanos que hasta bien entrado el siglo XX lograron construir aquella tercera legitimidad liberal y lockiana que te parece inauténtica. Al mismo tiempo, relegas un tanto a varias figuras políticas e intelectuales del XIX que buscaron cimentar un orden liberal razonablemente democrático. Pienso ante todo en Andrés Bello. Había algo tomista, sostenías, en su proyecto cultural americano, pero mi reparo tiene que ver con la vertiente política. ¿Qué hubiera sido de Portales sin Bello? Fue una suerte que aquel hombre autoritario confiara en el intelectual ilustrado, enciclopedista, formado en Inglaterra, conocedor a fondo de sus filosofías políticas, unificador de la lengua, creador del Código Civil. El exilio de Bello fue una pérdida irreparable para Venezuela y una bendición perdurable para Chile. No fue el modelo tomista lo que salvó a Chile: fue Bello, el mayor ilustrado de la época. Tú no registras siquiera su nombre.

Y ¿qué sería México sin la separación entre la Iglesia y el Estado y ese mínimo de estructura institucional que se debe a los liberales de la Reforma? Mencionas a Juárez. No era —como sugieres— un caudillo maquiavélico que afianza su poder con el artificio de la Constitución de 1857. Era un lector de Benjamin Constant, un liberal como los que no te simpatizan. Y la Constitución no fue un artificio. Aquellos hombres lucharon contra la herencia carismática de los caudillos y militares, y el lugar preponderante de la Iglesia. Y no olvidaron la miseria del pueblo. Católicos devotos muchos de ellos, creyeron en un gobierno que pusiera en práctica medidas para lograr el bien común: educación, salud, poblamiento, comunicaciones, seguridad, paz. Pero se trataba al mismo tiempo de un gobierno respetuoso de la división de poderes, las leyes, las instituciones, las libertades y garantías individuales. En México, su obra fue inmensa.

Fue un acierto tuyo el haber dejado de lado a los tiranos que pueblan nuestra historia: Juan Vicente Gómez, Trujillo, Somoza, Stroessner, Pinochet, los militares genocidas de Argentina y tantos otros. Por definición tienen fuerza pero no legitimidad, y tu obra busca justamente eso: explorar los caminos de la legitimidad. Pero esos tiranos y los dictadores "legítimos" que mencionas en el siglo XIX y XX tienen algo en común: su odio al liberalismo político, en particular a la libertad de expresión. El tema, como casi todos los elementos constitutivos del liberalismo "lockiano", no te merece atención. Contra todos los dictadores se alzó siempre la modesta hoja de la prensa doctrinaria, con sus feroces caricaturas, sus versos satíricos, sus incendiarios artículos y sus grandes prosistas. Periodistas y escritores públicos fueron Montalvo, Alberdi, Mora, Francisco Zarco, González Prada, Martí. Y tantos otros. Todos hubiesen repetido con el republicano Martí: "¿Del tirano? Del tirano di todo, ¡di más!…" Muchos sufrieron cárcel y ostracismo, otros la muerte. Pero, en condiciones de precariedad, persistieron en su vocación de libertad. Y algo más: dejaron los libros más importantes de nuestra historia porque además de liberales fueron novelistas, filósofos, gramáticos, poetas. Con el arribo del siglo XX la libertad de expresión se consolidó en los países de más honda vocación democrática, como Chile, Costa Rica, Uruguay, la propia Colombia. Ahora mismo subsisten periódicos que han cumplido hasta un siglo y medio de existencia ininterrumpida. Esos diarios históricos son monumentos vivos a la libertad y baluartes en tiempos de confusión, manipulación y mentira. Los ignoraste.

Trasfondo monárquico

Te encantaba Brasil, el país de tus amigos: Florestan Fernandes, António Cândido, Sérgio Buarque de Holanda, Fernando Henrique Cardoso. Qué notable tu apunte. ¡Un monarca tomista, carismático y constitucional! La mezcla perfecta de las tres legitimidades que no logró Bolívar. Si Carlos IV hubiera atendido la propuesta del conde de Aranda (aragonés liberal, tenía que ser) de enviar a un vástago borbón a los reinos de ultramar, esa transición pacífica a la independencia (desanudando el hilo, no rompiéndolo) se habría dado en la Nueva España y quizá en toda América.

El ajuste de tu tipología patrimonialista con el México revolucionario y posrevolucionario es casi perfecto. Y tienes razón en considerar a Andrés Molina Enríquez como el arquitecto del Estado mexicano del siglo xx. (Él mismo escribió que la Constitución de 1917 se "anudaba" con la virreinal, y su obra desarrolla ese método.) El régimen hegemónico del PRI fue, en efecto, el heredero directo de la Corona y su diseño de incorporación social (corporativo, incluyente, piramidal, patrimonialista) tomista fue el secreto de su éxito. Más aún: ese Estado no sólo repitió el molde de la Corona sino el de la Iglesia: fue educador, protector, misionero. Un Estado tutelar. Agrego un comentario proveniente de mi maestro Cosío Villegas, liberal puro: el programa social de la Revolución mexicana tuvo una inspiración claramente cristiana. Traducido a nuestra época, y a todas las épocas en Iberoamérica, cabe afirmar que sin la activa vocación social del Estado ningún gobierno de la región puede sostenerse.

Todo esto parece una comprobación relativa de tu teoría sobre el tomismo. En el sentido más noble, nuestras sociedades reclamarán siempre la acción paternal y tutelar de un Estado que vea por el bien común. Por eso los indígenas de México amaron tanto al desdichado emperador Maximiliano de Habsburgo, que fue el primer indigenista: recordaban con nostalgia la protección jurídica de la Corona a sus comunidades y sus tierras. A este respecto, te divertirá una frase que me dijo alguna vez, casi como un murmullo, Octavio Paz: "Convénzase usted. México nunca se consolará de *no* haber sido una monarquía". Y recuerdo algo más: Paz lamentaba que México no hubiera conservado dentro de su ámbito imperial o republicano a toda Centroamérica, incluida Cuba. ¿Paz, en modo Habsburgo?

La palabra Habsburgo me remite a tus diferencias con tu discípulo, el inolvidable Charlie Hale. Él pensaba que la impronta política del liberalismo mexicano era el dinamismo reformista de los Borbones, no el reinado estático de los Habsburgo. Sé que disentías. Yo creo que ambas tradiciones monárquicas siguieron presentes (siguen, quizá) en la actitud y la mentalidad política mexicana. (Y en las ideas, costumbres e instituciones.) Pero lo que me interesa subrayar aquí es el desarrollo ulterior de ese Estado revolucionario de raigambre hispánica: se volvió un Leviatán. Y contra ese Leviatán batallamos los liberales del siglo xx.

Daniel Cosío Villegas, notable liberal del siglo xx mexicano, sostuvo en los años setenta que el régimen hegemónico del PRI era "una monarquía absoluta, sexenal, hereditaria por vía transversal". No le hacía gracia y a mí tampoco. Sin el liberalismo no habría habido límite temporal ni un coto al poder personal ilimitado y potencialmente tiránico. En definitiva, el lugar histórico del liberalismo político en el siglo xx mexicano es mayor al que le concedes.

Con las leyes, contra los caudillos

Si tuvieras que escoger la novela del dictador favorita, apuesto que sería *El otoño del patriarca*. García Márquez —como dices— es un autor "maravillado ante la trayectoria de caudillos pasados cuya malevolencia e histrionismo habían hecho escarnio de los mojigatos códigos extranjeros". ¿Cuáles son esos códigos? ¿Las libertades, la apelación a los derechos humanos, el recuento de las víctimas? Comprendo: la literatura no es sociología, y tiene sus "códigos" propios. Pero este desliz literario con respecto a los caudillos y dictadores me ha hecho revisar las condiciones que enumeras para un gobierno legítimo en nuestra América del realismo mágico. Las he organizado en un decálogo. Quizá sean ciertas, pero también escalofriantes.

Dijiste: "Las elecciones libres difícilmente se revestirán de la mística que se les confiere en países protestantes". Y afirmas que tampoco son apreciados los partidos políticos que se alternan en el poder, los procedimientos legislativos o la participación política voluntaria y racionalizada. Si fuese así, estos países estarían condenados a desdeñar los procesos electorales, abjurar de los partidos y la participación. Se entiende: escribiste tus profecías en los años setenta y ochenta, cuando los procesos revolucionarios estaban al alta. Desde entonces, con el crepúsculo de las revoluciones y las guerrillas, pero también de los dictadores militares, la democracia liberal se ha afirmado como una alternativa en Iberoamérica. En Chile, que ambos admiramos, la democracia liberal sacó del poder al dictador Pinochet con un plebiscito. Ahora mismo, con excepciones lamentables (Cuba, Venezuela), los pueblos celebran elecciones limpias, legales, regulares. Los partidos sufren el vaivén natural entre el descrédito y la fe, pero la participación, en general, no ha menguado. Lo que quiero decir es que esta parte de tu profecía no resistió el dictamen de la historia. Fuera de unos cuantos países, la democracia liberal, "que vos matáis, goza de buena salud".

Sostuviste que en términos sociales la primacía de la ley natural sobre la ley escrita tolera prácticas y costumbres incluso delictivas que en otras sociedades están penadas pero que, en éstas, se ven como "naturales". Tienes toda la razón. Se ve todos los días. Pero esta admisión en tiempos del crimen organizado (que no viviste) equivale a un suicidio. ¿Qué podemos oponer a esa mutación terrible de la ley natural que no sólo tolera delitos menores sino que alienta los mayores? No el carisma iluminado. Tampoco un Estado tomista orientado al "bien común", porque a la larga la capacidad integradora de ese Estado lo

95

vuelve cómplice del crimen. (Eso fue el régimen del PRI.) La única salida está, una vez más, en las instituciones y leyes de la democracia liberal que están modificando de raíz países tan "tomistas" como Brasil, donde ha sido notorio el combate de la justicia contra la corrupción.

Tu axioma más preocupante, por supuesto, es la persistencia del pacto místico entre el pueblo y el monarca. Me refiero a la entrega (no sólo la delegación) del poder al dirigente que, para ser legítimo, debe tener "un sentido profundo de urgencia moral". Esa percepción colectiva debería encarnar —dices— en "dirigentes carismáticos con un atractivo psico-cultural especial". La entrega del poder sin condiciones (o con el solo límite de una eventual insurrección) ha hecho un daño inmenso a la historia política de América Latina. La ha hecho fluctuar entre la sumisión y la violencia. Ha glorificado a la revolución a costa de la reforma. Y claro, ha desprestigiado los *checks and balances* del régimen democrático inventado por los *Founding Fathers*, a quienes no reverencias precisamente. En cuanto al atractivo psico-cultural, me repugna como fuente de legitimidad. Hitler y otros genocidas del siglo lo tenían, ¿no es así?

Dick, lamentablemente no te alcanzó el tiempo para pensar una anatomía del populismo latinoamericano en el siglo XXI. Te sorprenderá la aplicación de tu teoría que propongo para definirlo. No se trata de una combinación sino de una integración perversa de los tres elementos. La formulo de la siguiente manera:

Un líder carismático con "atractivo psico-cultural" llega al poder por la vía de los votos y con la fuerza de los antiguos demagogos promete instaurar el reino tomista del bien común, ya sea la Arcadia del pasado o la inminente utopía. Pero como la realidad se resiste al orden cristiano, y como el líder alberga ambiciones de perpetuidad, y como la democracia y las libertades son para él —maquiavélico al fin— medios para alcanzar el poder absoluto, procederá a minar, lenta o apresuradamente, las libertades, leyes, instituciones de la democracia, hasta asfixiarla.

Ésta es una realidad en la América Latina actual, susceptible de interpretarse con tu tipología, pero cuyo resultado ha sido, y puede seguir siendo, aterrador. Y éste es, en resumen, mi reclamo. No te interesaron o no te preocuparon las consecuencias concretas de las "premisas culturales" que favorecías sobre la desangelada democracia liberal.

A mitad del siglo XX, Cosío Villegas escribió sobre Latinoamérica: "Nuestra libertad personal ha sido fruto de nuestra geografía antes que de las instituciones políticas, pero éstas la han sazonado con una filosofía y unas leyes que jamás tuvieron un sentido opresivo permanente". Esa filosofía y esas leyes fueron liberales. Luego de su muerte en 1976, las dictaduras militares de derecha y las dictaduras ideológicas de izquierda introdujeron una nueva era de opresión. Como liberal, confío en que las dictaduras "legítimas" que quedan se vuelvan pronto piezas de museo y que no surjan otras.

EL RACISMO DE JOHN WAYNE

Tu romanticismo te hizo ver con una naturalidad excesiva e indulgente los aspectos más oscuros de nuestra historia política, producto involuntario de esa matriz teológico-política que descubriste. Pero ese mismo romanticismo te llevó a estudiar a fondo nuestras lenguas, ciudades, culturas y literaturas. Diste el salto a otra tradición, a otro universo. Por eso nuestras divergencias son políticas, no culturales.

Siempre que hablamos del contraste entre el "nosotros" de estos países con respecto al "yo" del mundo anglosajón estuvimos de acuerdo. Y aunque advierto un elemento de idealización, comparto tu encomio del carácter inclusivo de nuestras sociedades, la propensión a la mezcla fácil, el comercio de toda índole con "las tribus del mundo", comenzando desde el origen con el orbe indígena y el afroamericano.

¡Qué diferencia con el orbe inglés! Se ve hasta en el idioma. Es curioso que la palabra *miscegenation* tenga connotaciones negativas en inglés, mientras que el mestizaje, en español, es positivo. Cuando un puritano se perdía en tierra de indios —decías— se usaba la frase *"he went into the wilderness"*, "se perdió en las tinieblas". Para un ibérico esa frase era impensable.

¿Te conté la comprobación de esa idea en una cinta famosa de John Ford? Me refiero a *The Searchers*, de 1956. El grandote protagonista Ethan Edwards (John Wayne) acompaña a su sobrino Martin Pawley (Jeffrey Hunter) a buscar a su hermana Debbie (Natalie Wood), que llevaba años de haber sido raptada por los comanches. Después de largas jornadas *"into the wilderness"* la encuentran, pero Ethan descubre que se ha vuelto una comanche, que se ha acostado con un indio, que ha olvidado el idioma inglés. ¿Su respuesta? Desenfundar la pistola para matarla. Su sobrino le implora no hacerlo. Finalmente la recoge en sus brazos, y musita: "Vamos a casa, Debbie". Ethan/Wayne puede perdonar a la niña pero jamás aceptaría que viva como india: su reconciliación con ella puede representar una visión estadounidense de los derechos civiles, pero no una aceptación del mundo indígena, no una aceptación de la otredad, de la dignidad del hombre con quien sostuvo una vida íntima. Esto ocurría —me doy cuenta— en tu país en los cincuenta, cuando te casaste con Emy. Por eso te entiendo. Para tus pares, para tu madre, *"you went into the wilderness"*. Pero tú tenías que probarles lo contrario. Hiciste tuya la otredad, te volviste otro, más rico, mejor.

No hace mucho, mi amigo el novelista chileno Jorge Edwards me refirió un libro que narra una historia que confirma tu teoría sobre el carácter ecuménico del tomismo. Es una historia inversa a la de John Ford. Se trata de *Cautiverio feliz y razón individual de las guerras dilatadas del reino de Chile*, escrito por el capitán español Francisco Núñez de Pineda y Bascuñán. Durante años vivió preso entre los indios de la Araucanía, al sur de Chile. No se volvió indio ni olvidó su idioma, pero dejó un testimonio fascinante del diálogo, la comprensión, la tolerancia: "Gérmenes de amistad y de amor entre razas diferentes", me dijo Edwards. Te habría gustado la anécdota, estoy seguro. Tú también viviste un "feliz cautiverio", y Emy lo vivió contigo. Nadie que los haya visto en México olvidó sus escenificaciones: ella cantando, tú tocando el bongó. Ahora escucho a Emy cantando en YouTube. Acaba de morir. Este año habría cumplido 100 años.

El tema del racismo me lleva a tu reflexión sobre la "próspera" pero miserable sociedad americana. Cuando leí la frase "fascismo amigable", creí que estabas bromeando. Pero tenías razón. La historia —como siempre— nos tenía deparada una sorpresa cósmica: un nuevo *Great Awakening* religioso y político de extrema derecha (racista, nativista, elitista), más poderoso que el del siglo XVIII. Y algo más debo reconocer. Nuestra deuda con la Escuela de Frankfurt. Nunca fui partidario de su crítica a la sociedad democrática liberal, pero nuestro tiempo les ha dado la razón al menos en un aspecto: lejos de sus costas liberales e ilustradas, en el sur y el centro (escenarios supersticiosos, racistas, primitivos, de la guerra civil y los "grandes despertares"), Estados Unidos alojaba, casi sin saberlo, el huevo de la serpiente. A principios de los cincuenta, los filósofos de Frankfurt emprendieron su estudio sobre la personalidad autoritaria y, basados en técnicas de sociología cuantitativa que conociste, hicieron una amplia encuesta. Lo llamaron *F Index* (F de fascismo). Los resultados que encontraron parecieron, en su momento, increíbles: Estados Unidos no era inmune al virus del fascismo. Sí, podía pasar ahí. Y pasó.

A unos pasos de tu casa de Volta Place habita el magnate ignorante y loco que gobierna tu país y ha desquiciado al mundo. Tal como lo oyes: un carismático en la tierra de Lincoln. Quizá no te sorprende. Hacia allá apuntaban tus críticas a la democracia liberal que no había resuelto un tema de fondo: el respeto a la otredad, a los derechos humanos, al viejo y perenne derecho de gentes de santo Tomás. Tú me dirías que la elección de Trump prueba que la democracia no es garantía del bienestar político justamente porque permite el acceso al poder de semejantes monstruos. Y tendrías razón. Pero frente a él no hay más alternativa que las instituciones de la república y la lucha por la libertad. Los valores de los *Founding Fathers*. Si vivieras, estoy cierto, estarías orgulloso de la batalla del *Washington Post*, que te llegaba al buzón por la mañana. Y marcharías en las filas de la resistencia contra el caudillo cuya "malevolencia e histrionismo" amenazan con destruir la civilización en la que tú y yo, más allá del encanto y el desencanto, creemos.

★ ★ ★

Termino como empecé, querido Dick, con una nota personal. Meses después de tu muerte acudí a un pequeño homenaje que te brindó la Universidad Católica. Ahí estaba tu dulce hija Marise, y Emy, como una reina: "Fui la esposa de Richard Morse", repetía en silencio para sí, con orgullo aristocrático. De pronto, se me acercó un personaje de tez morena clara y gran estatura, lucía cola de caballo y una formidable sonrisa. Era tu hijo, Richard Auguste Morse, mejor conocido por sus *fans* bajo el seudónimo de RAM. Me hablabas poco de él, aunque se educó, como tú, en Princeton. "Es músico —me dijiste— y regentea un hotel en Puerto Príncipe." ¿Músico? Caray, Dick. ¡RAM es un personaje célebre de la cultura pop, dentro y fuera de Haití! En 1990 creó todo un género híbrido llamado *mizik rasin* (mezcla de vudú ceremonial y *rock and roll*) que traspasó las fronteras. "El gobierno nos ha reprimido por nuestras canciones de protesta —me dijo— [...] Cuando me hace falta dinero contacto a mis amigos en Hollywood y compongo música; así hice con una canción para la película *Philadelphia*." En 2002, después de tu muerte, Richard tuvo su rito de iniciación como *houngan*, sacerdote vudú, como Emy. Tras la muerte de Emy, Richard está triste. Ha emprendido una gira musical por Estados Unidos. Trump ha dicho que Haití es un *shithole*, y tu hijo lleva la música haitiana a su país de origen. Supongo que por la vía de la magia y los espíritus la familia ha reanudado su diálogo.

Me he pasado la vida rumiando tus teorías, deslumbrado por ellas, discutiendo con ellas. Te debía y me debía esta carta. ¿Cómo olvidarte? Eras mi maestro y mi amigo. Eras una *real person*. Eras *my family*. Y ahora, de algún modo, lo eres más.

ENRIQUE

BIBLIOGRAFÍA

DAVID A. BRADING, *Mito y profecía en la historia de México*, México, *Vuelta*, 1988.

DAVID A. BRADING, *The First America*, Cambridge y Nueva York, Cambridge University Press, 1991.

JOHN H. ELLIOTT, *Empires of the Atlantic World*, New Haven y Londres, Yale University Press, 2006.

LUIS GONZÁLEZ Y GONZÁLEZ, *Difusión de la historia*, México, Clío, 1998.

LUIS GONZÁLEZ Y GONZÁLEZ, *Modales de la cultura nacional*, México, Clío, 1998.

SILVIO ZAVALA, *Por la senda hispana de la libertad*, Madrid, Mapfre, 1992.

Benito Cereno, las dos Américas, esclavitud y rebelión

"¿Quieres entender la experiencia histórica de las dos Américas? Lee *Benito Cereno* de Melville: ahí está todo." Al conjuro de estas palabras de mi amigo y maestro Richard M. Morse, he vuelto a leer aquella novela publicada en 1855. La trama es conocida. Hacia el año de 1799, frente a las costas de Chile, dos barcos, extraños entre sí, se avizoran. Uno es el *Bachelor's Delight*, comandado por el honesto, hábil, generoso y circunspecto capitán estadounidense Amasa Delano. El otro —anticuado, enmohecido, maltrecho, ruinoso, espectral— es el *San Dominick*. Su capitán es el taciturno español Benito Cereno. Antes de narrar los extraños sucesos que ocurrieron a bordo del barco hispano, Melville se detiene en su descripción:

> La quilla parecía desarmada, las cuadernas rejuntadas, y la propia nave botada desde el "Valle de los Huesos Secos" de Ezequiel [...] El barco parecía irreal [...] como un fantasmagórico retablo viviente apenas emergido de las profundidades, que muy pronto lo reclamarán de nuevo.

El capitán estadounidense visita el barco y lo escudriña, primero con una mezcla de discreción y distancia, luego con creciente sorpresa y angustia. Mientras lo hace, descubre un esqueleto humano como emblema en la proa, y observa que el capitán Benito Cereno está "vestido con singular riqueza, pero mostrando claras secuelas de una reciente falta de sueño a causa de inquietudes y sobresaltos". Lo más notable, sin embargo, era su actitud: "Se paseaba lentamente, parando a veces de súbito, volviendo a caminar, con la mirada fija, mordiéndose el labio […], ruborizándose, empalideciendo, pellizcándose la barba, y con otros síntomas de una mente ausente o abatida".

Hacía 190 días que el *San Dominick* —según informó el español al americano— había naufragado frente al Cabo de Hornos con cuantiosas pérdidas humanas y materiales. Una parte de los esclavos que debía transportar de Buenos Aires a Lima había sucumbido junto con miembros de la tripulación blanca, entre ellos el dueño del barco, su entrañable amigo don Alejandro Aranda. El reticente español se hacía acompañar de un personaje que lo atendía con piedad, consideración y perruna fidelidad. Era Babo, un esclavo que hacía las veces de ayudante, báculo, confidente, intérprete, barbero y amigo. Mientras escuchaba sus cuitas, y atisbaba la patética miseria del barco, Delano imputaba el desastre "tanto a una impericia marinera como a una defectuosa navegación. Observando las menudas y pálidas manos de don Benito, cayó en la cuenta de que el joven capitán no había llegado a comandante a través del agujero del ancla sino de la ventana del camarote […], ¿cómo extrañarse entonces de su incompetencia, siendo joven, enfermo y aristócrata? Ésa era su democrática conclusión".

La novela es la puesta en escena de una puesta en escena. Pero el lector, como Delano, no lo sabe. Para prestar auxilio, el americano inquiere gentilmente sobre los pormenores de la historia. Una pregunta lleva a otra. Observa con curiosidad y candor a los inquietos esclavos, intenta sin lograrlo conversar con los escasos marineros, intuye movimientos extraños, sombras sutiles, atmósferas ominosas. De pronto, como un rayo, lo asalta el temor de una conspiración en su contra, pero la sospecha se disuelve:

Una vez más sonrió ante los fantasmas que le habían hecho víctima de sus burlas y sintió algo parecido a una punzada de remordimiento como si, por haberlos albergado siquiera un momento, hubiera descubierto en sí mismo una atea falta de confianza en la Providencia, eternamente vigilante.

"La verdad" no se revelará a Delano ni al lector hasta el final vertiginoso de la novela. Nada era lo que parecía. El amo era el siervo, el siervo era el amo. El español había sido víctima de un motín sangriento que los esclavos habían desatado para forzar su retorno al Senegal. El esqueleto de la proa era el cadáver espantosamente desollado de don Alejandro Aranda. En una atroz batalla de calidad cinematográfica, los marineros del *Bachelor's Delight* someterán a los esclavos. Días después, ya en la seráfica ciudad de Lima, tras un juicio en que el desfalleciente don Benito testifica en su contra, Babo enfrentaría el cadalso. Su cabeza, "esa colmena de astucias —escribe Melville—, permaneció durante muchos días clavada de un poste de la plaza, desafiando, indómita, las fieras miradas de los blancos […], su mirada se dirigía hacia el monasterio del Monte Agonía" donde tres meses más tarde descansaría, para siempre, uno de los personajes más sombríos de la literatura: don Benito Cereno.

★ ★ ★

"*Benito Cereno* —escribió Borges— sigue suscitando polémicas. Hay quien lo juzga la obra maestra de Melville y una de las obras maestras de la literatura. Hay quien lo considera un error o una serie de errores. Hay quien ha sugerido que Melville se propuso la escritura de un texto deliberadamente inexplicable que fuera un símbolo cabal de este mundo, también inexplicable."[1]

Existen, en efecto, varias interpretaciones de la obra. Melville mismo, en sus copiosos *Diarios* y su *Correspondencia*, no contribuye a aclarar su significado. Su biógrafo, Andrew Delbanco, aporta datos de

---

[1] Jorge Luis Borges, *Obras completas*, IV, Buenos Aires, Emecé, 2005, p. 502.

ANATOMÍA DEL PODER EN AMÉRICA LATINA

contexto que sitúan el tema de la esclavitud en el corazón de la novela. Publicada en tiempos de gran temor y exaltación (en 1850 se temía una insurrección de los esclavos negros), *Benito Cereno* apareció originalmente en *Putnam's*, una revista comprometida con la causa abolicionista. Su intención, anota Delbanco, era defender sutilmente esa causa, exhibiendo las perplejidades del capitán Delano: "Un hijo de Nueva Inglaterra demasiado estúpido para entender que estaba siendo manipulado por un esclavo africano lúcido y brillante", "un hombre decente tratando de reconciliar la caridad, inscrita en la ley natural, con los derechos de la propiedad, escritos en la ley humana".

Para el teórico político Benjamin Barber, Delano encarnaría "la opacidad moral de la 'inocencia americana', insensible ante la presencia del mal al grado de no tener ojos para la esclavitud, ni para la revuelta contra la esclavitud". En el mismo sentido, el gran autor negro Ralph Ellison, autor de la estrujante novela *El hombre invisible*, atribuye a Melville el deseo de revelar "la profunda ignorancia del hombre blanco frente al drama de la esclavitud: al silenciar la voz del hombre negro a todo lo largo de la novela, reconoce que la historia toda de la esclavitud en el Nuevo Mundo es, en verdad, inexpresable". A la misma órbita moral pertenece la adaptación teatral de la obra, hecha por Robert Lowell: compuesta en verso y elevando a Babo a la categoría de personaje central junto a los dos capitanes, Lowell presenta a los negros como la nueva fuerza con que tendrá que lidiar el Nuevo Mundo y a Amasa Delano como símbolo del temperamento estadounidense, de su actitud insular y rutinaria, de su incapacidad para comprender el mundo exterior.[2]

Benito Cereno ha admitido otras muchas interpretaciones. Se ha creído descubrir un eco de Robinson Crusoe y Viernes en el vínculo

---

[2] Andrew Delbanco, *Melville: His World and Work*, Nueva York, Vintage Books, 2006. Sobre Lowell, véase George Ralph, "History and Prophecy in *Benito Cereno*", *Educational Theatre Journal*, vol. 22, núm. 2, mayo de 1970, pp. 155-160.

de Babo y don Benito; el propio Melville refiere de paso, en la novela, la liga entre el doctor Johnson y su sirviente y confidente, el jamaiquino Barber, a quien dejó una sustancial herencia. No faltan quienes subrayan la indiferencia supuestamente racista de Melville ante los motivos de los amotinados. En 1928 Harold H. Scudder vio en Benito Cereno al propio Melville y a Babo como la recepción crítica hostil a sus libros.[3]

Desde una perspectiva hispánica, la novela puede leerse de otro modo: como una alegoría de la dialéctica entre los mundos americanos. A mediados del siglo XIX, el mundo hispánico seguía ejerciendo una fascinación romántica sobre la mentalidad estadounidense. Benito Cereno representaría a la España misoneísta, impráctica, supersticiosa y decadente, mientras su contraparte, Amasa Delano (que existió en realidad y dejó un escrito puntual sobre el que Melville basó su novela), encarnaría la whitmaniana y soberbia república de Estados Unidos, enamorada de sí misma y de su inalterable rectitud moral, tocada por el "Destino Manifiesto" y segura del amparo providencial.

Presentada así, la lectura dual parece demasiado fácil. Melville, como se sabe, viajó por los Mares del Sur y escribió sobre las Islas Encantadas (las Galápagos), pero su interés en el orbe hispánico era más complejo, como revela la sorprendente interpretación de *Benito Cereno* incluida en la obra de H. Bruce Franklin: *The Wake of the Gods: Melville's Mythology*,[4] que Delbanco, incomprensiblemente, cita apenas. Según Franklin, la clave histórica para comprender al personaje

---

[3] Véase la introducción de Harold Beaver a Herman Melville: *Billy Budd, Sailor and Other Stories*, Londres, Penguin Books, 1985. Sidney Kaplan, "Herman Melville and the American National Sin: The Meaning of Benito Cereno", *The Journal of Negro History*, vol. 42, núm. 1, enero de 1957, pp. 11-37. Sobre Scudder, véase John Bernstein, "Benito Cereno and the Spanish Inquisition", *Nineteenth-Century Fiction*, vol. 16, núm. 4, marzo de 1962, pp. 245-350.

[4] H. Bruce Franklin, *The Wake of the Gods: Melville's Mythology*, Stanford, Stanford University Press, 1963.

Benito Cereno y el escenario humano y físico en que actúa está en el libro *The Cloister Life of the Emperor Charles the Fifth*, de William Stirling, publicado en 1853, que Melville consultó detenidamente.[5] En la cuidadosa lectura paralela de Franklin, la identidad entre Carlos V y el capitán Cereno no sólo se vuelve evidente, se vuelve total. La inexorable extinción de Cereno en aquel barco fantasmal es la del emperador en el monasterio de Yuste, en las montañas de España, hacia 1556. Carlos V se ha apartado del mundo, Cereno vive un "retiro de anacoreta". El barco mismo —que lleva el nombre de la orden de los predicadores, fundadores de la Inquisición— parecía "un monasterio blanqueado después de la tormenta". Así como el emperador vivió rodeado de monjes dominicos, Delano "casi pensó que frente a sí tenía un barco cargado de monjes [...], seres oscuros moviéndose tenuemente, como el paso de frailes negros por los claustros". En el camarote de aquel "abad hipocondriaco", Delano descubre un "misal manoseado", un "precario crucifijo", "asientos tan incómodos como las sillerías de los inquisidores". Cada objeto de culto o de uso personal corresponde a la descripción de Stirling sobre el monacal recinto de Yuste. Incluso el paisaje que rodea a Cereno (el que Cereno imagina), y la opresiva sensación de soledad y cautiverio, remite al escenario postrero de Carlos: "Tratando de romper un hechizo —escribe Melville—, caía de nuevo, hechizado. Aunque estaba frente al mar abierto, se imaginaba en algún sitio remoto, tierra dentro, prisionero en algún castillo desierto, abandonado allí sólo para mirar terrenos vacíos, caminos inciertos donde ninguna carreta y ningún viajero habían pasado jamás". Las correspondencias entre la historia y la ficción son inagotables (la espada de empuñadura plateada, las reliquias de la pasada grandeza, etc.), pero Melville las dota de un efecto extraño y nuevo, como el de un espacio suspendido en el tiempo,

---

[5] William Stirling, *The Cloister Life of the Emperor Charles the Fifth*, Londres, Parker & Son, 1853.

donde —en palabras de Delano— "pasado, presente y futuro parecían uno solo".

La alegoría apenas empieza. Las similitudes internas entre el capitán y el emperador son aún más profundas que las externas. Carlos está quebrado en "su salud y su espíritu", y Cereno lo está en "cuerpo y alma", pero en ambos casos el sometimiento es idéntico: Carlos a los "frailes negros", Cereno a los esclavos negros. Los dramáticos rituales cotidianos de Carlos rumbo a su retiro —frágil, abatido y casi inmóvil, cargado en literas, llevado en andas y a ciegas— corresponden puntualmente a las descripciones homólogas de Cereno, asistido por Babo. La referencia a la profecía de Ezequiel en el "Valle de los Huesos Secos" aparece también en la vida póstuma del emperador: al abrir su tumba en El Escorial y descubrir su cuerpo incorrupto, Felipe IV quiso escuchar el mismo pasaje del Viejo Testamento. Estos y muchos otros indicios apuntalan la primera conclusión de Franklin: "El tema central de Melville es la caída del poder terrenal, vista a través de la desintegración del Imperio español, su emperador y su simbólico descendiente, Benito Cereno". ¿Era ése todo el misterio del *San Dominick*? ¿Cuál había sido —se pregunta el narrador— "la llave de las complicaciones"?

Aludiendo al emperador, Stirling afirma: "La religión, esa sombra oscura, enturbió los vastos campos de su intelecto". En Melville aparecen las mismas sombras: "Las sombras presentes, presagios de las que vendrán" —en el inicio de la novela— revelarán su identidad hacia el final: "¿Quién ha arrojado semejante sombra sobre usted?", pregunta Delano. "El negro", responde Cereno. "Los negros en el *San Dominick* —concluye Franklin— no sólo representan una oculta y subversiva némesis; representan a la Iglesia." A partir de ese descubrimiento, una nueva dimensión de la novela aparece ante el lector. La figura de Babo es un eco del jesuita Francisco Borja, asistente, "consejero y confidente" de Carlos V. Entre los "rebeldes" frailes y el monarca hay la misma "familiaridad" que entre los negros "rebeldes" y Cereno:

una familiaridad revestida externamente de servidumbre, que oculta la verdadera servidumbre del monarca hacia la Iglesia. "La religión —escribe Stirling— fue el terreno encantado que paralizó su poderosa voluntad, y su agudo intelecto cayó arrastrándose en el polvo."

De haberla leído, esta interpretación habría sido avalada por Carl Schmitt, el ideólogo nazi enamorado del destino providencial del catolicismo español que en una extraña mezcla de jactancia y victimismo, nunca de arrepentimiento, se identificaba con Benito Cereno.

Pasmosamente, la novela no se agota en la simbología histórica. H. Bruce Franklin abre una puerta más, que no puede sorprender a los buenos lectores de Melville: las complejas y a menudo oscuras alusiones bíblicas. En esa nueva lectura (basada, entre otras fuentes, en los Evangelios de San Juan y San Lucas y en el Libro de Daniel) las posibilidades son alucinantes. Recojo una: Cereno había confiado ciegamente en Babo y en sus secuaces, sólo para descubrir que, finalmente, el fiel esclavo lo traicionaría, como Judas a Cristo. Pero su sacrificio no es en vano: como en una revelación, el miope capitán Delano entiende de pronto que la "inocente impostura" del español —su persistencia en fingirse amo del barco que lo aprisionaba— había postergado el asalto final de la tripulación sobre el *Bachelor's Delight*, y lo había salvado.

¿Novela abolicionista? ¿Metáfora de la dialéctica entre los mundos americanos? ¿Reedición de la leyenda negra sobre España? ¿Crítica feroz de la Iglesia católica? ¿Alegoría de la pasión de Cristo? La significación final de la novela se nos escapa. Como la obra toda de Melville, es esencialmente ambigua. También en eso reside su grandeza.

¿Arriesgo una interpretación personal? Benito Cereno, Babo y el capitán Delano son extremos de América: el extremo español imperial, ecuménico, católico; el extremo revolucionario y popular, el del agravio racial; el extremo puritano, democrático, blanco e imperial. ¡En cuántos escenarios se enfrentaron! En la guerra de colores (que subyació en las guerras de independencia), en la guerra civil americana, en la Guerra del 98. La historia toda de América es un triángulo dentro del cual actúan esos vértices extremos. Morse tenía razón: simbólicamente, ahí está todo.

★ ★ ★

Al repasar las múltiples interpretaciones que ofrece *Benito Cereno* volví a las palabras de mi amigo Morse y sentí que comprendí mejor su sugerencia. Para Morse, Benito Cereno era una metáfora de su vida. ¿Conocía las ideas rabiosamente proesclavistas de su antepasado Samuel F. B. Morse, el inventor del famoso código? En todo caso, cometió la transgresión de casarse con una descendiente de los fundadores republicanos de Haití. Y Haití es otra clave secreta de la infinita novela. El año de sublevación independentista de ese país coincide con el del encuentro entre Delano y Cereno: 1799. Morse es un Delano que cruza todas las barreras raciales para integrarse al mundo de Babo. Pero, al mismo tiempo, no olvida a Benito Cereno. Todo lo contrario: lo comprende y reivindica. En la vida de Richard M. Morse, Amasa Delano, Benito Cereno y Babo terminan bailando, a ritmo de bongó, cantada dulcemente por Emy de Pradines, una canción compuesta por Richard Auguste Morse, su hijo RAM, ese pensador, bloguero y sacerdote vudú afroiberonorteamericano.

Benito Cereno, la alegórica novela de Melville, ha saltado a la realidad convirtiéndose ella misma en fuente de nuevas alegorías.

II

POPULISMO Y DICTADURA

La palabra *populismo*

El populismo es un término resbaloso. No obstante, la palabra ha terminado por encontrar (en la realidad, no en los diccionarios) su significación definitiva. Es una forma de poder, no una ideología. Más precisamente, el populismo es el uso demagógico que un líder carismático hace de la legitimidad democrática para prometer la vuelta de un orden tradicional o el acceso a una utopía posible y, logrado el triunfo, consolidar un poder personal al margen de las leyes, las instituciones y las libertades.

En junio de 2016 Barack Obama se asumió como populista en la tradicional definición anglosajona del término, la referida a "aquellas políticas que buscan apoyar al pueblo, y en particular a las personas de clase trabajadora". En ese momento aún se veía remoto, por no decir imposible, el arribo de Trump al poder. Tras el triunfo del Brexit y del fascista que habita (a veces) la Casa Blanca, y ante el ascenso mundial de los líderes que desde la izquierda o la derecha representan y defienden feroces políticas antiliberales, significativamente, Obama dejó de usar el término.

Los "populistas" estadounidenses eran campesinos que se organizaron local o regionalmente. El presidente Andrew Jackson fue "populista" porque abrió una era de intensa participación popular en la democracia estadounidense. El movimiento de los *naródniki* (literalmente "populistas") tuvo una gran importancia en la formación de la conciencia revolucionaria en Rusia. Los populistas rusos (estudiados por Franco Venturi y referidos en varios ensayos de Isaiah Berlin) eran jóvenes de la burguesía o la aristocracia que abandonaban sus hogares para ir al pueblo, para integrarse a él, aprender de él, redimirlo y redimirse. Eslavófilos por lo general, hallaron una voz en León Tolstói, que no sólo vestía como campesino sino que creó la máxima idealización del alma pura en Platón Karataev, el santo campesino de *La guerra y la paz*. Curiosamente, fueron los propios campesinos rusos los que expulsaron a los jóvenes populistas de sus comunidades. No los reconocían como sus salvadores ni se reconocían en ellos. Este uso del término "populista" es anacrónico.

Todo populismo —en su sentido actual— postula una división entre "los buenos" y "los malos", que históricamente es de viejo cuño: los jacobinos —precursores remotos— emprendieron la lucha contra los aristócratas y *"émigrés"*; los comunistas y fascistas contra la burguesía; los nazis contra los judíos y los bolcheviques. No es casual que para John McCormick, especialista en el tema, los mayores "populistas" hayan sido los grandes teóricos del nazismo y el bolchevismo, Carl Schmitt y Lenin. La sugerencia es excesiva, pero a todos los vincula un aire de familia: la visión dicotómica de la sociedad y la política. Esa visión es una constante.

En la Europa actual, el populismo tiene, ante todo, un sentido racista: atiza las pasiones populares contra los irreconciliables y ominosos "otros", que por siglos fueron (y siguen siendo) los judíos y ahora son, mayoritariamente, los musulmanes. La xenofobia es una nota constante: el populismo ha proliferado debido a la migración masiva. Sus seguidores son mayoritariamente varones inseguros por las amenazas de la globalización cultural (inmigración), económica (desempleo) o política (integración). Ejemplos de partidos populistas de derecha radical: el Frente Nacional francés (FN) de Jean-Marie Le Pen, el Partido de la Libertad en Austria (FPÖ) del pronazi Jörg Haider, y el Block flamenco en Bélgica (VB). Pero la ideología no parece un fundamento claro para definir al populismo europeo porque existen populismos de corte neoliberal (como el que representaba el desaparecido List Pim Fortuyn en Holanda, y Forza Italia, de Berlusconi), y aun populismos de izquierda, cuyo mensaje democrático-socialista no se presenta ya como la bandera del proletariado sino como "la voz del pueblo" (el Partido Alemán de Democracia Socialista, el Partido Socialista Escocés o el Partido Socialista Holandés).

Tras la caída del comunismo, en Europa del Este aparecieron los republicanos checos y el Partido Rumano Mayor que se congregaron en torno a líderes fuertes, como el partido del polaco Tyminski, el Movimiento por una Eslovaquia Democrática de Meciar y el Partido de Democracia Social en la Rumania de Iliescu. Hoy, el populismo tiene un espectro ideológico más amplio: puede fluctuar entre la derecha radical (como Jobbik en Hungría) y un populismo de centro en la República Checa u otro de izquierda en Eslovaquia. En España, el populismo tiene el rostro telegénico, académico y disruptivo de Podemos, y la vertiente nacionalista del independentismo catalán.

Según los politólogos estadounidenses, en su país la derecha monopolizó durante mucho tiempo el discurso populista, pero ha aparecido también en la izquierda. Todos hablaban en nombre de "la gente": "el hombre trabajador", "el hombre olvidado", *Jack the Plumber*", "la silenciosa mayoría", "el 99 por ciento". Desde la izquierda, los movimientos populistas procuraban construir instituciones cooperativas para que una autoridad popular gobernase la vida económica, cultural y política (por ejemplo, el experimento de Occupy Wall Street). Pero también la derecha creyó defender al pueblo apelando al individualismo radical: el Tea Party criticó a Obama por ser "no americano", "elitista" y "socialista". La obvia paradoja es que, aunque los seguidores del Tea Party se declaraban parte de un movimiento popular, casi todos son republicanos, el partido tradicional de las élites. En la campaña de 2016, un meteorito populista de extrema derecha cayó sobre Estados Unidos y el mundo: Donald Trump. Y para pasmo universal Estados Unidos está ahora gobernado por un líder populista absolutamente decidido a fulminar las instituciones de la más antigua y sólida democracia del mundo. Nadie, en Estados Unidos, duda en llamar a Trump populista. *The Economist* se ha referido a él como el "Peronista del Potomac".

En América Latina no hemos dudado en llamar populista al populista, con el sentido real del término. Populista fue Eva Perón, que dijo: "Yo elegí ser 'Evita'… para que por mi intermedio el pueblo y sobre todo los trabajadores encontrasen siempre el camino de su líder". Populista fue Hugo Chávez, que en infinitas ocasiones alardeó de ser la encarnación del pueblo: "Aquí no hay nada más que amor: amor de Chávez al pueblo, amor del pueblo a Chávez". "Yo ya no soy Chávez, yo soy un pueblo, carajo", dijo al final de su vida. Las consecuencias históricas de ambos regímenes están a la vista. Pronto lo podrían estar también en Gran Bretaña y Estados Unidos. También en México.

En las librerías del mundo occidental proliferan ahora las obras sobre el populismo. Ya no hay equívocos. El populismo es el uso demagógico de la democracia para acabar con ella.

Reforma, 4 de junio de 2017

Decálogo del populismo

El populismo en Iberoamérica ha adoptado una desconcertante amalgama de posturas ideológicas. Izquierdas y derechas podrían reivindicar para sí la paternidad del populismo, todas al conjuro de la palabra mágica: "pueblo". Populista quintaesencial fue el general Juan Domingo Perón, quien había atestiguado directamente el ascenso del fascismo italiano y admiraba a Mussolini al grado de querer "erigirle un monumento en cada esquina". Populista posmoderno fue el comandante Hugo Chávez, quien veneraba a Castro hasta buscar convertir a Venezuela en una colonia experimental del "nuevo socialismo". Los extremos se tocan, son cara y cruz de un mismo fenómeno político cuya caracterización, por tanto, no debe intentarse por la vía de su contenido ideológico sino de su funcionamiento práctico. Propongo 10 rasgos específicos.

1) El populismo exalta al líder carismático. No hay populismo sin la figura del hombre providencial que resolverá, de una buena vez y para siempre, los problemas del pueblo:

> La entrega al carisma del profeta, del caudillo en la guerra o del gran demagogo —recuerda Max Weber— no ocurre porque lo mande la costumbre o la norma legal, sino porque los hombres creen en él. Y él mismo, si no es un mezquino advenedizo, efímero y presuntuoso, "vive para su obra". Pero es a su persona y a sus cualidades a las que se entrega el discipulado, el séquito, el partido.

2) El populista no sólo usa y abusa de la palabra: se apodera de ella. La palabra es el vehículo específico de su carisma. El populista se siente el intérprete supremo de la verdad general y también la agencia de noticias del pueblo. Habla con el público de manera constante, atiza sus pasiones, "alumbra el camino", y hace todo ello sin limitaciones ni intermediarios. Weber apunta que el caudillaje político surge primero en las ciudades-Estado del Mediterráneo en la figura del "demagogo". Aristóteles (*Política*, V) sostiene que la demagogia es la causa principal de "las revoluciones en las democracias", y advierte una convergencia entre el poder militar y el poder de la retórica que parece una prefiguración de Perón y Chávez: "En los tiempos antiguos, cuando el demagogo era también general, la democracia se transformaba en tiranía; la mayoría de los antiguos tiranos fueron demagogos". Más tarde se desarrolló la habilidad retórica y llegó la hora de los demagogos puros: "Ahora quienes dirigen al pueblo son los que saben hablar". Hace 25 siglos esa distorsión de la verdad pública (tan lejana a la democracia como la sofística de la filosofía) se desplegaba en el Ágora; en el siglo xx lo hace en el Ágora virtual de las ondas sonoras y visuales: de Mussolini (y de Goebbels), Perón aprendió la importancia política de la radio, que Evita y él utilizarían para hipnotizar a las masas. Chávez, por su parte, superó a su mentor Castro en utilizar hasta el paroxismo la oratoria televisiva.

3) El populismo fabrica la verdad. Los populistas llevan hasta sus últimas consecuencias el proverbio latino *vox populi, vox Dei.* Pero como Dios no se manifiesta todos los días y el pueblo no tiene una sola voz, el gobierno "popular" interpreta la voz del pueblo, eleva esa versión al rango de verdad oficial, y sueña con decretar la verdad única. Como es natural, los populistas abominan de la libertad de expresión. Confunden la crítica con la enemistad militante, por eso buscan desprestigiarla, controlarla, acallarla. En la Argentina peronista, los diarios oficiales y nacionalistas —incluido un órgano nazi— contaban con generosas franquicias, pero la prensa libre estuvo a un paso de desaparecer.

La situación venezolana, con la llamada "ley mordaza" pendiendo como una espada sobre la libertad de expresión, apunta en el mismo sentido; terminará aplastándola.

4) *El populista, en su variante latinoamericana, utiliza de modo discrecional los fondos públicos.* No tiene paciencia con las sutilezas de la economía y las finanzas. El erario es su patrimonio privado, que puede utilizar para enriquecerse o para embarcarse en proyectos que considere importantes o gloriosos, o para ambas cosas, sin tomar en cuenta los costos. El populista tiene un concepto mágico de la economía: para él, todo gasto es inversión. La ignorancia o incomprensión de los gobiernos populistas en materia económica se ha traducido en desastres descomunales de los que los países tardan decenios en recobrarse.

5) *El populista, una vez más en su variante latinoamericana, reparte directamente la riqueza.* Lo cual no es criticable en sí mismo (sobre todo en países pobres, donde hay argumentos sumamente serios para repartir en efectivo una parte del ingreso, al margen de las costosas burocracias estatales y previniendo efectos inflacionarios), pero el líder populista no reparte gratis: focaliza su ayuda, la cobra en obediencia. "¡Ustedes tienen el deber de pedir!", exclamaba Evita a sus beneficiarios. Se creó así una idea ficticia de la realidad económica y se entronizó una mentalidad becaria. Y al final, ¿quién pagaba la cuenta? No la propia Evita (que cobró sus servicios con creces y resguardó en Suiza sus cuentas multimillonarias) sino las reservas acumuladas en décadas, los propios obreros con sus donaciones "voluntarias" y, sobre todo, la posteridad endeudada, devorada por la inflación. En cuanto a Venezuela (cuyos caudillos han partido y repartido los beneficios del petróleo), la improductividad del asistencialismo (tal como Chávez lo practicó) sólo se sentirá en el futuro, cuando los precios se desplomen o el régimen lleve hasta sus últimas consecuencias su designio dictatorial.

6) *El populista alienta el odio de clases.* "Las revoluciones en las democracias —explica Aristóteles, citando 'multitud de casos'— son causadas sobre todo por la intemperancia de los demagogos." El contenido de

esa "intemperancia" fue el odio contra los ricos; "unas veces por su política de delaciones [...] y otras atacándolos como clase, [los demagogos] concitan contra ellos al pueblo". Los populistas latinoamericanos corresponden a la definición clásica, con un matiz: hostigan a "los ricos" (a quienes acusan a menudo de ser "antinacionales"), pero atraen a los "empresarios patrióticos" que apoyan al régimen. El populista no busca por fuerza abolir el mercado: supedita a sus agentes y los manipula a su favor.

7) El populista moviliza permanentemente a los grupos sociales. El populismo apela, organiza, enardece a las masas. La plaza pública es un teatro donde aparece "Su Majestad El Pueblo" para demostrar su fuerza y escuchar las invectivas contra "los malos" de dentro y fuera. "El pueblo", claro, no es la suma de voluntades individuales expresadas en un voto y representadas por un parlamento; ni siquiera la encarnación de la "voluntad general" de Rousseau, sino una masa selectiva y vociferante que caracterizó otro clásico (Marx, no Karl sino Groucho): "El poder para los que gritan '¡el poder para el pueblo!'"

8) El populismo fustiga por sistema al "enemigo exterior". Inmune a la crítica y alérgico a la autocrítica, necesitado de señalar chivos expiatorios para los fracasos, el régimen populista (más nacionalista que patriota) requiere desviar la atención interna hacia el adversario de fuera. La Argentina peronista reavivó las viejas (y explicables) pasiones antiestadounidenses que hervían en Iberoamérica desde la Guerra del 98, pero Fidel Castro convirtió esa pasión en la esencia de su régimen: un triste régimen definido por lo que odia, no por lo que ama, aspira o logra. Por su parte, Chávez llevó la retórica antiestadounidense a expresiones de bajeza que aun Castro habría considerado (tal vez) de mal gusto. Al mismo tiempo hizo representar en las calles de Caracas simulacros de defensa contra una invasión que sólo existía en su imaginación, pero que un sector importante de la población venezolana (adversa, en general, al modelo cubano) terminó por creer.

9) El populismo desprecia el orden legal. Hay en la cultura política iberoamericana un apego atávico a la "ley natural" y una desconfianza
a las leyes hechas por el hombre. Por eso, una vez en el poder (como
Chávez), el caudillo tiende a apoderarse del Congreso e inducir la
"justicia directa" ("popular", "bolivariana"), remedo de una *Fuenteovejuna* que, para los efectos prácticos, es la justicia que el propio líder
decreta. El Congreso y la Judicatura fueron un apéndice de Chávez,
igual que en la Argentina lo eran de Perón y Evita, quienes supri-
mieron la inmunidad parlamentaria y depuraron, a su conveniencia,
el Poder Judicial.

*10) El populismo mina, domina y, en último término, domestica o cance-
la las instituciones y libertades de la democracia.* El populismo abomina de
los límites a su poder, los considera aristocráticos, oligárquicos, con-
trarios a la "voluntad popular". En el límite de su carrera, Evita buscó la candidatura a la vicepresidencia de la República. Perón se negó
a apoyarla. De haber sobrevivido, ¿es impensable imaginarla traman-
do el derrocamiento de su marido? No por casualidad, en sus aciagos
tiempos de actriz radiofónica, había representado a Catalina la Grande. En cuanto a Chávez, llegó a declarar que su horizonte mínimo
sería el año 2020.

Reforma, 23 de octubre de 2005

Cuba: la profecía y la realidad

I

El novelista e historiador estadounidense Waldo Frank fue un partidario entusiasta de la Revolución cubana. Fascinado por América Latina, a lo largo de tres décadas había transferido a ella algunos de los temas centrales del profetismo hebreo. La imaginaba como una nueva Tierra Prometida donde todas las repúblicas de América reencontrarían su raíz política, "la visión democrática, judeocristiana, del hombre total". En enero de 1959, cerca de sus 70 años, quiso ver el cumplimiento de su visión en el triunfo de la Revolución cubana. En el otoño de ese mismo año, por voluntad expresa de Fidel Castro, el gobierno cubano firmó con él un contrato para escribir una "biografía de Cuba". Frank cobraría 5 000 dólares. Se titularía *Cuba, isla profética*.[1]

Frank retrataba vívidamente lo que a sus ojos era el renacimiento de Cuba: el reparto de la tierra, las campañas de alfabetización, el combate a las enfermedades y la mortalidad infantil, la desecación de pantanos, la introducción de nuevos plantíos, la apertura de playas al pueblo, la construcción de hoteles, granjas, industrias, viviendas. Lo fascinaba sobre todo "el abrazo" entre Fidel, el redentor, y el pueblo cubano: "La multitud tenía de algún modo la forma de Castro [...] uno podía advertir su sentimiento de posesión, como si tuviera real-

---

[1] Buenos Aires, Losada, 1961.

mente la isla en sus brazos, ¡la isla entera!"[2] Pero, a juicio de Frank, Fidel no era un dictador, sino "un artista del poder que sin piedad rechazaba, seleccionaba y finalmente le daba forma".[3] Ante semejante despliegue de creatividad y justicia, Frank opinaba que las elecciones eran un "retraso engorroso" y la libertad de prensa una "molestia".

La historia del libro no tuvo un final feliz para Waldo Frank. Incómodos con algunas críticas que deslizaba sobre la evidente acumulación de poder personal por parte de Castro, los cubanos se rehusaron a publicarlo. Cuando una pequeña casa editorial de extrema izquierda, Marzani & Munsell, lo dio a luz en Nueva York, las críticas de izquierda y derecha fueron feroces. Solitario y amargado, Waldo Frank murió en 1967.[4]

La visión redentora de Frank fue similar a la de varias generaciones de jóvenes latinoamericanos (y a la de muchos de sus maestros) inspirados por la hazaña del David cubano que desafió al Goliat yanqui. La adopción formal del comunismo no afectó este amplio apoyo inicial, pero el entusiasmo fue mermando poco a poco, debido a las noticias y los testimonios desconcertantes que llegaban de la isla: el proyecto de instalar misiles rusos, la creación de campos de trabajo en 1965, el alineamiento con los países de la órbita soviética en apoyo a la invasión rusa a Checoslovaquia en 1968, la represión de escritores críticos en 1971. En 1980 el éxodo a Miami de 125 000 cubanos dañó aún más la reputación del régimen. Pero la opinión pública en Latinoamérica tardó mucho en ver de frente el carácter dictatorial del gobierno cubano. Y en muchos casos no lo reconoció nunca, o lo relativizó (y lo relativiza aún ahora) realzando los logros sociales y educativos

---

[2] Rafael Rojas, *Traductores de la utopía. La Revolución cubana y la nueva izquierda de Nueva York*, México, Fondo de Cultura Económica, 2016.

[3] Michael A. Ogorzaly, Waldo Frank, *Prophet of Hispanic Regeneration*, Lewisburg, Bucknell University Press, 1994, p. 156.

[4] Rojas trata a detalle la relación entre Waldo Frank y la Revolución cubana en el capítulo "Naming the Hurricane".

del régimen y el oneroso embargo de los Estados Unidos. A esta última categoría pertenece el libro *Cuban Revelations: Behind the Scenes in Havana*, cuyo autor es Marc Frank, nieto de Waldo y actual corresponsal del *Financial Times* y Reuters en Cuba.

Inspirado por el ejemplo de su abuelo, Frank llegó a Cuba en 1984, nos cuenta él mismo, a la "tierna edad de 33 años [como] un incansable cruzado de la justicia social". Ahí ha vivido desde entonces. En 1995 se casó con una enfermera cubana, testigo y protagonista de la calidad de los servicios médicos cubanos. Con ellos viven las dos hijas de sus primeros matrimonios, de cuya formación escolar escribe: "Sus maestros eran un ejemplo de dedicación, profesionalismo y seriedad en tiempos difíciles. El currículo era más que adecuado. Había poca propaganda".

Cuban Revelations se ocupa principalmente de la economía cubana en los años que corren entre 1994 y 2014. Arranca con un breve, pero intenso, retrato de Fidel Castro en el ejercicio del poder absoluto: de 1994 a agosto de 2006, cuando una severa enfermedad limitó su participación en el gobierno. En 1993, con la desaparición de la Unión Soviética y la pérdida del subsidio (65 000 millones de dólares entre 1960 y 1990, 40% en préstamo y el resto como regalo), Cuba sufrió un colapso económico cuyos efectos no tenían precedente. Frank no deja de registrar algunos: huesos rotos operados sin anestesia, remate de los últimos y exiguos tesoros de las familias (libros, joyas), desaparición de los productos más necesarios (jabón, cerillos, toallas sanitarias) y el retorno de la prostitución abierta. Lo que siguió fue el "periodo especial en tiempos de paz", eufemismo que implicó un repliegue ideológico (el abandono parcial del marxismo-leninismo, el acento en el nacionalismo antiestadounidense y la figura de Martí) acompañado de ciertas concesiones económicas toleradas por Fidel, como la circulación de dólares o los permisos a algunas actividades (mercados campesinos, pequeños restaurantes) prohibidas desde la extinción total de toda empresa privada en 1968.

Lo que Frank no registra es la directa responsabilidad de Fidel Castro en la crisis de 1993. La desastrosa política de "rectificación" que instrumentó entre 1986 y 1990, como reacción a la perestroika de Gorbachov (que detestaba), expandió el racionamiento, prohibió los mercados campesinos, acotó el autoempleo y revivió el llamado guevarista al trabajo voluntario. Todas estas medidas fueron contrarias a las que pondría en marcha Raúl Castro. En opinión de Carmelo Mesa-Lago (experto ampliamente respetado en el estudio de la sociedad cubana, profesor emérito de la Universidad de Pittsburgh, cuya obra Frank no menciona), la "rectificación" fue quizás el error económico más grave y costoso en la trayectoria de Fidel porque impidió que Cuba realizara ajustes similares a los más recientes que habrían podido amortiguar el retiro del subsidio soviético y evitar el terrible sufrimiento del "periodo especial de paz".[5]

Lo más significativo para Frank fue la ausencia de agitación social. El único conato de violencia ocurrió en agosto de 1994: las manifestaciones conocidas como el Maleconazo. "Sin gases lacrimógenos, ni policía antimotines —escribe Frank—, la calma se restauró con la llegada (en camiones) de trabajadores armados con tubos." Y finalmente llegó Fidel para controlar la situación. Ese mismo verano (en parte para aliviar la presión interna, pero también para presionar al gobierno estadounidense a llegar a un acuerdo migratorio formal) Fidel permitió el éxodo masivo de cubanos que se conoció como "la crisis de los balseros". Frank califica la escena como "bastante espectacular". En realidad, fue mucho más: la desesperada irrupción del sector social más vulnerable de la población —los afrocubanos emigrados de Oriente— dispuesto a cruzar las 90 peligrosas millas que separan a la isla de Miami en balsas improvisadas, construidas con viejos neumáticos, planchas de madera y sábanas.

---

[5] Carmelo Mesa-Lago, *Economía y bienestar social en Cuba a comienzos del siglo XXI*, Madrid, Editorial Colibrí, 2003, pp. 28-30.

La voz de esos cubanos, a quienes al parecer movía menos la falta de libertad política que la aguda necesidad y el hambre, no se escucha en el libro de Frank. Por lo demás, en ninguna parte del libro documenta —o siquiera consigna y menos condena— el sistemático control del aparato estatal sobre la vida de los cubanos que pudo haber inhibido la libre manifestación de descontento en ese o en cualquier otro episodio. Lo que sí leemos es una larga conversación entre Frank y una joven estudiante de psicología a la que en noviembre de 2007 dio un "aventón". "¿Piensas que Fidel puede continuar?" La joven contestó: "Si tiene que venir otro, que sea exactamente como él, con sus mismas ideas, con su misma personalidad". Frank no piensa muy distinto: llama a Castro "el último revolucionario romántico" y llega al extremo de compararlo con Nelson Mandela (paralelo absurdo, dado el compromiso de Mandela con la democracia genuina, los votos y los derechos humanos).

Sin explicar cómo obtiene la cifra, Frank calcula en 30% la "zona gris" de los inconformes, pero aduce que el desencanto no radica en la aplicación dictatorial de la "ideología purista", que explícitamente encomia, o en el miedo a la represión o la delación. El descontento, afirma, tiene su origen en las penurias materiales. Algo anda mal, reconoce, cuando una botella de aceite comestible cuesta el equivalente a tres días de trabajo. Y, para explicarlo, propone una analogía según la cual Cuba es como una *company town* estadounidense cuya tienda funciona mal: "Tomaba horas de trabajo comprar medio kilo de arroz o frijoles, una cabeza de ajo, un pepino, un solo mango, algo de cebolla o unos tomates".

Uno esperaría de Frank algún pasaje concreto sobre el sufrimiento material (de una familia, de una persona) dentro de la *company town*. No lo hay. Para encontrar esas imágenes de extrema necesidad y desesperación la alternativa es consultar a Yusnaby Pérez, joven ingeniero desempleado cuyo blog (yusnaby.com) y cuentas de Twitter, Facebook e Instagram llegan a decenas de miles de personas. Armado con su teléfono celular operado desde España, Yusnaby se dedica a retratar hombres y mujeres que, bolsas en mano, vagan por las calles para "resolver" la subsistencia ("resolver" es un verbo esencial en la vida diaria en Cuba); el estante con botellas recicladas que contienen magras porciones racionadas de arroz, frijoles, chícharos; los ruinosos edificios de la vieja Habana; la madre soltera de cuatro escuálidos hijos que vive con 20 dólares al mes; los profesionistas jubilados que venden plátanos o encendedores en las calles; los jóvenes que escapan a Florida desafiando el riesgoso mar del Golfo. *Cuban Revelations* no expone esa dimensión de la vida cubana: la oculta.

El libro de Frank no hace referencia a la amplia y sólida bibliografía académica que existe sobre la Cuba de hoy. Se trata de un largo reportaje de investigación periodística basado sobre todo en documentos de política interna provenientes del hermético sistema político, así como en testimonios de gente común en diversos nichos de la sociedad. A partir de 2007 ha emprendido un viaje anual de 1 500 kilómetros desde La Habana hacia el este de la isla, con el objeto de observar los cambios en la vida económica a raíz de las reformas que comenzó a instituir Raúl Castro tras su inesperado arribo al poder en el verano de 2006, cuando Fidel Castro cayó víctima de una grave enfermedad intestinal que lo mantuvo cada vez más alejado de los asuntos que fueron de su absoluto dominio durante cerca de medio siglo.

Raúl nunca fue como Fidel ni tuvo su misma personalidad. Silencioso, pragmático, con una disciplina marcial y el apoyo de cuadros leales en el ejército y el partido, echó a andar una era de reformas midiendo la cobertura, la intensidad, los tiempos. Entre 2007 y 2009 operó cambios administrativos (cierre de los comedores gratuitos) o simbólicos, pero importantes para los cubanos (acceso a hoteles antes exclusivos para turistas). Lo significativo fue la instrumentación política interna y externa, que Frank reconstruye minuciosamente. A partir de un discurso de Raúl y un documento elaborado por una comisión académica, se invitó a los 800 000 miembros del Partido Comunista a debatir las taras de la economía cubana. Fue el banderazo a una prolongada discusión de cuatro años originada desde arriba y limitada, desde luego, al funcionamiento económico de la *company town*, no a su estructura política y, menos aún, a su razón de ser.

Las modestas reformas de los noventa (aunque revertidas por Fidel a principios del siglo XXI) habían propiciado una lenta recuperación. Pero Cuba emergió de aquella crisis gracias a la exorbitante ayuda del gobierno chavista. El apoyo anual combinado de petróleo subsidiado, inversiones y pago en efectivo (por los servicios médicos sobre todo) sobrepasaría el subsidio soviético: sólo en 2010 totalizó casi 13 000 millones de dólares. No es casual que en su periplo anual Frank advirtiera las primeras señales de reanimación inducidas por el dinero de Venezuela: hornos eléctricos chinos, luz, gas, bicicletas. Pero llegó el verano de 2008, con devastadores huracanes naturales (Gustav e Ike) y financieros (la crisis en Wall Street, el derrumbe de las economías, la caída del precio del petróleo), ante los cuales Raúl reaccionó avanzando un paso más en su peculiar "autocrítica", muy común en la tradición soviética: había que salvar a la Revolución corrigiendo los "vicios", los "errores" en que ella misma había incurrido. De pronto, los únicos periódicos de Cuba —*Granma* y *Juventud Rebelde*—, hasta hacía poco tiempo guardianes de la ortodoxia, entraron de lleno a la discusión pública fustigando a la burocracia. Según su propio diagnóstico, el gobierno de Raúl decretaba que el problema no era de estructura ni de modelo sino de "actitudes".

La estrategia de legitimación tuvo su contraparte en la política exterior. La Unión Europea, que había cortado sus lazos de cooperación con Cuba a raíz del encarcelamiento de disidentes en 2003, restableció relaciones. El papa Benedicto XVI visitó la isla en 2012 y concertó la liberación de presos políticos que partieron al exilio en España. También América Latina cerró filas. La exitosa operación tuvo el propósito de forzar un cambio en la política de Estados Unidos frente a Cuba.

A partir de 2010 Raúl introdujo una batería de reformas estructurales: racionalización de las empresas estatales, despido de empleados innecesarios; expansión del empleo no estatal (el llamado "cuentapropismo") y aliento a las cooperativas autónomas de producción agrícola y no agrícola; libre compraventa de autos y vivienda. En la segunda mitad de 2010 Raúl lamentó que Cuba fuese "el único país del mundo en que la gente puede vivir sin trabajar" y denunció "el enfoque excesivamente paternalista, idealista e igualitario que, en busca de la justicia social, instituyó la Revolución".

Frank ilustra a lo largo del libro lo absurdo de muchas prácticas burocráticas. A partir de ahí explica la instrumentación de las reformas, registra los avances que percibe y sugiere algunos obstáculos. Ese largo reportaje analítico es el contenido principal del libro. Había que comenzar a desmontar al monstruo de las 3700 empresas estatales que han manejado todos los ámbitos de la economía cubana (níquel, hoteles, tabaco, azúcar, agricultura, banca, transporte, comercio exterior, etc.) a través de un enjambre de uniones ligadas a ministerios y al Partido Comunista. Según un reporte oficial, 50% de estas empresas opera con pérdidas. Para encarar el problema, se ha planeado la creación de compañías *holding* más autónomas del gobierno. Frank no se pregunta quién las manejará, pero parece claro: los hijos de la *nomenklatura* política y militar. Paralelamente, el gobierno tuvo que reconocer la inflación en las plantillas laborales. Según cifras oficiales de 2011, alrededor de 1.8 millones de trabajadores eran superfluos. En el Ministerio de la Construcción, por ejemplo, 20000 empleados se ocupaban de la seguridad y sólo 8000 de poner ladrillos. Había que transferir a estas personas al sector no estatal de la economía, ya sea al "cuentapropismo" o a las cooperativas no agrícolas o de servicios.

No sin lamentar los daños estéticos infligidos por la pequeña irrupción capitalista sobre el paisaje de antiguas ciudades señoriales como Santiago de Cuba, Frank observa la extraordinaria profusión de quioscos, carritos de refrescos y golosinas, pequeños restaurantes familiares y vendedores callejeros voceando de todo en las calles y caminos de Cuba: tomates, cebollas, yuca, ajo. Una visita a una cooperativa de taxis le revela las tensiones de la transición: antes, a cambio de unos cuantos pesos, los empleados mataban el tiempo sin hacer nada y podían llevar a la familia a la playa con todos los gastos pagados. Ahora hay que trabajar. Pero es difícil acomodarse a las nuevas reglas e impuestos, más aún si —como se quejan los cooperativistas agrícolas con quienes habla— la burocracia opuesta a las reformas los acosa por temor a perder su trabajo.

Frank cree que en Cuba se ha operado ya un cambio de mentalidad que ha dejado atrás el antiguo sistema soviético y avanza de manera irreversible hacia una forma de economía mixta y descentralizada. Carmelo Mesa-Lago, que ha monitoreado de cerca las reformas de Raúl Castro, es menos optimista.[6] Son similares a las que él ha venido aconsejando al régimen desde hace cuatro décadas. En términos generales, lo animan tres hechos: apuntan en el sentido correcto, no tienen precedente bajo el régimen de la Revolución y (ya sin el peso ideológico de Fidel) parecen irreversibles. Pero analizadas, en particular, las reformas pecan de excesiva cautela y lentitud, y enfrentan obstáculos (legales, burocráticos, profesionales, crediticios) que limitan su impacto de manera severa.

Los usufructuarios de la tierra, por ejemplo (alrededor de 174 275, según cifras oficiales), no han podido aumentar significativamente la producción por varios motivos: limitación temporal de sus contratos (en 10 años el Estado puede o no renovarlos a discreción), obligatoriedad de vender parte de sus productos al Estado (que a su vez fija el precio de la cosecha), límite de inversión hasta 1% del tamaño de la parcela (aunque su dimensión máxima es de 67 hectáreas, esta disposición desincentiva obviamente el crecimiento de la producción).

[6] Carmelo Mesa-Lago, "Los cambios institucionales de las reformas socioeconómicas cubanas" en Richard Feinberg y Ted Piccone, *El cambio económico de Cuba en perspectiva comparada*, Institución Brookings/Centro de Estudio de la Economía Cubana/ Universidad de La Habana, 2014, pp. 49-69.

Otros obstáculos son la falta de experiencia y crédito, la prohibición de contratar empleados fuera de la familia y de vender con libertad productos básicos como carne, leche, arroz, frijoles, papas, naranjas. No es casual que los resultados de "cuentapropistas" y cooperativas hayan sido, hasta hoy, decepcionantes.

Al final de 2014 habían sido despedidos cerca de 600 000 empleados estatales (10% de la fuerza laboral, 36% de la meta oficial de 1.8 millones para el periodo 2014-2015). Pero la creación de empleos no estatales ha sido insuficiente para absorberlos. Los "cuentapropistas" autorizados pertenecen sobre todo al mundo de los oficios (payasos, mimos, cuidadores de baños, "desmochadores de palmas"), pero a los graduados universitarios (doctores, arquitectos, maestros) se les impide ejercer libremente su profesión: un arquitecto puede conducir un taxi, pero la práctica libre de la profesión para la cual fue entrenado le está vedada (lo cual es un desperdicio del capital humano formado por la propia Revolución). A juicio de Mesa-Lago, el gobierno cubano debería emular la experiencia vietnamita o china, donde la propiedad privada, la capacidad de contratación y, en general, las libertades económicas de empresas e individuos son mucho mayores.

¿Qué ocurriría en Cuba si Venezuela sufre un colapso económico o político? Sería muy grave, pero quizá no catastrófico, opina Mesa-Lago. Aunque nadie puede calcular con certeza la dimensión del subsidio de Venezuela a Cuba oculto tras los 15 000 millones de dólares que ha alcanzado la relación comercial, se sabe que Venezuela absorbe ahora 35% del déficit total de Cuba, cifra significativa, pero nada comparable con el 72% que absorbía la URSS. Aunque Venezuela satisface 40% de la demanda de petróleo cubano, Cuba refina ya parte del petróleo y ha diversificado sus socios comerciales lo suficiente como para prevenir un colapso similar al de los años noventa. El gobierno cubano ha atribuido sus problemas al embargo estadounidense. Mesa-Lago lo ha denunciado siempre y su dictamen general es terminante: "La causa fundamental de los problemas de Cuba es la política económica del último medio siglo".

Y aunque posibles cambios en la relación con Estados Unidos podrían mejorar el cuadro, nada le parece más importante (incluso para preservar los logros sociales) que el cambio de modelo económico.[7]

"La mayoría de los cubanos son disidentes, no 'disidentes'", escribe Frank. La disidencia respetable, la disidencia sin comillas, "busca cambiar las cosas mediante la reforma y evolución del sistema, no a través de una alianza abierta con el *establishment* político de Miami y Washington que quiere un cambio de régimen". La disidencia entre comillas le parece una "mezcla de almas valientes, agentes oficiales y charlatanes en busca de dinero y visas". Por eso celebra que los emisarios de la Unión Europea les nieguen audiencia. Las huelgas de hambre que practican, aunque han conducido a la muerte de alguno de ellos, le parecen una "táctica". Este despectivo tratamiento —para decirlo con franqueza— degrada la legitimidad, la autenticidad y el valor de los disidentes que —en el pasado y el presente— han arriesgado su libertad y hasta su vida en una protesta hondamente sentida y justificada. Sobre el misterioso accidente de carretera que en 2012 le quitó la vida a Oswaldo Payá (el principal líder disidente de la isla cuyo plan de paulatina democratización interna, llamado "Proyecto Varela", reunió 25 000 firmas y recibió un notable apoyo internacional), Frank emplea sólo una palabra: "Murió". Las "Damas de Blanco", que suelen marchar por la liberación de quienes "en opinión de ellas mismas" son presos políticos, le provocan cierta impaciente conmiseración. La intensa labor social, intelectual y militante de laicos ligados a la Iglesia no aparece en el libro.

Frank sostiene que en Cuba —sociedad mestiza— no hay un problema de racismo. Hace 14 años, en *Una nación para todos*, el historiador Alejandro de la Fuente demostró que, a partir de la crisis de los noventa, los prejuicios y las tensiones raciales repuntaron en la

---

[7] Carmelo Mesa-Lago, "Balance económico-social de 50 años de la Revolución en Cuba" en *América Latina Hoy*, núm. 52, Universidad de Salamanca, 2009.

mentalidad, las oportunidades profesionales, los medios, los círculos políticos, las encuestas, el humor popular y las pautas matrimoniales de Cuba.[8] Frank no lo cita, como tampoco hace referencia a las organizaciones opositoras como Arco Progresista o Unión Patriótica de Cuba, que reivindican derechos de la población afrocubana cada vez más enajenada de la dirigencia blanca.

La disidencia también se despliega en las redes. Pero, como es "disidencia", Frank no le da voz. Es el caso de Yoani Sánchez. Desde 2007 su blog Generación Y (traducido a 17 idiomas), su cuenta de Twitter (@yoanisanchez, que en enero de 2018 contaba con 764 000 seguidores) y su periódico digital *14ymedio* documentan casos de abuso, corrupción, ineficiencia, malos servicios, censura, etc., a la vez que exponen los afanes de los cubanos dedicados a "resolver" la subsistencia cotidiana por los vericuetos del mercado negro. Yoani es una discípula de Orwell en el trópico, una filóloga que desnuda el *doublespeak* de la gerontocracia cubana. Frank nunca ha hablado con ella y en su libro apenas la menciona.

Ningún cubano puede conectarse directamente con Yoani Sánchez, Yusnaby Pérez y otros blogs de la disidencia que, sin embargo, circulan de manera subrepticia mediante dispositivos USB que pasan de mano en mano. Varios de estos blogueros son vigilados, interrogados y aun encarcelados. Una policía especializada revisa en el aeropuerto la importación de computadoras, teléfonos móviles y tabletas. En los cibercafés oficiales (había 800 en 2013) los precios de acceso resultan exorbitantes para cualquier cubano (4.50 dólares la hora) y el personal burocrático anota la cartilla de identidad del usuario, su dirección, el contenido de la búsqueda.[9] Navegar en Facebook está prohibido.

---

[8] *Una nación para todos: raza, desigualdad y política en Cuba, 1900-2000*, Madrid, Editorial Colibrí, 2001.

[9] Frédéric Martel, *Smart. Internet(s): la investigación*, México, Taurus, 2014, 408 pp.; Emily Parker, *Now I Know Who my Comrades are: Voices from the Internet Underground*, Nueva York, Farrar, Straus and Giroux, 2014, pp. 120-181.

Frank no toca estos ángulos del problema. Lo que lo exaspera es la lentitud de las conexiones. El tema le sirve para poner en juego su habilidad retórica: "¿Cómo puede uno explicar que la nación seguramente más avanzada en el área en términos de educación, salud, paz social y defensa civil tenga las peores comunicaciones?" Una vez más, Frank sigue la simple pauta de aceptar la existencia de serios problemas que enseguida relativiza ostentando los logros del régimen, incluida una "paz social" impuesta por una dictadura (palabra que no está en su vocabulario). A su propia pregunta retórica, Frank responde: la explicación sobre la falta de libertad en internet está en el temor —justificado, a su juicio— de que la apertura de comunicación desate una ciberguerra, una suerte de Playa Girón en la red. Según Frank, los cubanos padecen el control oficial de las comunicaciones, pero no ignoran la incidencia del embargo estadounidense en el problema: "El cubano promedio culpa a ambos por tenerlos fuera del ciberespacio".

Esta paridad de responsabilidades en el drama cubano es una tesis central de Frank, no sólo en los problemas que atañen a la comunicación sino a la naturaleza misma del régimen: ¿el Partido Comunista cubano reprime a sus oponentes? Sin ninguna duda. ¿El embargo estadounidense está diseñado para que los cubanos sufran al punto de que en su desesperación —eso se espera— derroquen al gobierno? No hay duda alguna.

Los intentos de subversión de los Estados Unidos contra la naciente Revolución cubana inspiraron el desarrollo de los servicios de inteligencia y el Estado policial cubano (aunque los primeros pasos en esa dirección los tomó Cuba a través de Raúl Castro y su trato muy temprano con las autoridades soviéticas en la materia). Pero la represión desatada a lo largo de más de cinco décadas contra la amplia oposición política y social de la isla no puede considerarse un hecho equivalente. El inaceptable embargo estadounidense no justifica esas violaciones a los derechos humanos más elementales.

"La vida es un libro, simplemente hay que pasar la página y seguir adelante", dijo un oficial vietnamita aludiendo al trato con quienes, en su país, habían sido partidarios de los Estados Unidos. La frase impresionó tanto a Frank que la incluyó como epígrafe de sus conclusiones. Aplicada a Cuba equivale a una invitación a la amnesia. Convendría sobre todo a los hermanos Castro, cuyas decisiones a lo largo de 50 años de dictadura no han tenido otra sanción que su autocrítica, es decir, no han tenido sanción alguna.

De aplicarse la máxima, nadie recordaría que, antes de la Revolución, Cuba producía 80% de sus alimentos. Hoy importa esa misma proporción, por un valor de 2.5 mil millones de dólares. Si se "pasara la página", nadie se preguntaría por qué la producción industrial entre 1959 y 1989 cayó 45% y la azucarera 80 por ciento. Estas y otras cifras económicas no son resultado del embargo. Y, sin negar los avances considerables del régimen en materia de educación y salud, nadie se atrevería tampoco a recordar lo que incluso algunos historiadores marxistas han terminado por admitir: el hecho de que Cuba en los años cincuenta, a pesar de la dictadura de Batista y de las desigualdades sociales, regionales y étnicas de la época, mostraba índices claros y crecientes de progreso económico y social: tenía el tercer producto bruto per cápita más alto de la zona (superado por Venezuela y Uruguay), la mayor ingesta de proteínas (detrás de Argentina y Uruguay), y era uno de los países líderes en servicios médicos y educativos (si bien el régimen actual expandió ambos aspectos).[10] Pasar la página, en fin, significaría ignorar la inmensa responsabilidad personal de Fidel en la ruina de la economía cubana y en los efectos que su larga dictadura personal tuvieron sobre generaciones de cubanos.

Pero quizá la frase del oficial vietnamita deba aplicarse también al propio Frank, que en el prólogo de *Cuban Revelations* describe así a su

---

[10] Rafael Rojas, "Problemas de la nueva Cuba", *El País*, 26 de julio de 2008; Mesa-Lago, "Balance económico-social de 50 años de la Revolución en Cuba", *op. cit.*

abuelo: "Fue un hombre bendecido y condenado por el valor de ser distinto". En Cuba (donde se le silenció) y en Estados Unidos, Waldo Frank pagó caro su atrevimiento de defender a Castro y al mismo tiempo criticarlo por sus tendencias dictatoriales. En sus *Memorias*,[11] Waldo recuerda que, antes de embarcarse en el libro sobre Fidel, "podía escribir sobre el tema que quisiera, pequeño o grande […] hasta que mi defensa de Castro me privó de esa libertad. La corriente en mi contra fue amplia. Bajó la marea, y me encontré solo en la arena".

Frank no corre riesgos en Cuba, donde según él mismo confiesa ha seguido la regla de oro: "Sé bueno con ellos para que ellos sean buenos contigo". En su primer libro, *Cuba Looks to the Year 2000* (publicado en 1993), Frank defendió con firmeza el liderazgo político, económico y moral de Fidel Castro con todo y su proceso de "rectificación". En la introducción a esa obra aporta algunos datos biográficos que revelan su postura en aquellos años: "En enero de 1990 recorrí 20 estados en los Estados Unidos para hablar de Cuba. Tenía detrás de mí cinco años de experiencia y 1 000 artículos bajo el cinturón, como corresponsal para Latinoamérica (radicado en Cuba) del *People's Daily World*".[12] Tras haber sido un defensor de hierro del régimen soviético en Cuba, Frank es ahora un reformador convencido. Pero fuera de notar que, por algún motivo (como en la canción de Bob Dylan), "*the times they are a-changin'*", su análisis general de las reformas cubanas no incluye reflexión alguna sobre su antigua fe en el control estatal ni sobre el posterior tránsito de sus ideas.

Marc Frank nunca admite de manera explícita (mucho menos documenta) los costos terribles que han tenido que pagar generaciones de cubanos: aislados del mundo, sujetos a vigilancia y temerosos de ser reprimidos, limitados a la verdad oficial, imposibilitados de ejercer

---

[11] Buenos Aires, Editorial Sur, 1975.

[12] Marc Frank, *Cuba Looks to the Year 2000*, Nueva York, International Publishers Company, 1993, p. 3.

las libertades cívicas esenciales, de protestar con libertad o emigrar sin correr altos riesgos. Esa falla en el modo de abordar la larga historia pasada y presente del pueblo cubano (no sólo la de los disidentes) es, en sí misma, una revelación por omisión. En el caso de Cuba no se puede simplemente "pasar la página y seguir adelante".

II

Los libros de historia que se leen en las escuelas cubanas exaltan el papel redentor de la Revolución cubana y en general la reducen a la biografía de Fidel Castro. Alguna vez, quizá, los estudiantes cubanos tendrán acceso a otras versiones de la historia.[13] Si llega el día, *Visions of Power in Cuba: Revolution, Redemption, and Resistance, 1959-1971*, de la historiadora estadounidense de origen cubano Lillian Guerra, será una lectura obligada y pesarosa. Escrito, por momentos, en una cansada jerga académica que contrasta con el valor de sus hallazgos, el libro cuenta cómo se construyó la dictadura más larga de la historia latinoamericana.

No es una historia política convencional. Es una historia social del régimen político cubano en la década crucial de los años sesenta. A partir de una investigación de casi 20 años en archivos de Cuba y fondos del exilio (como la Cuban Exile Collection y la Cuban Revolution Collection de la Universidad de Yale), Guerra reconstruye el modo en que Fidel fue acotando las libertades civiles y las instituciones autónomas de la sociedad, hasta dominarla por entero.

Cuando los revolucionarios ascendieron al poder había en la isla un aparato de radio por cada seis personas y una televisión por cada 25. Sólo Estados Unidos la superaba. Circulaban 120 publicaciones perió-

---

[13] Rafael Rojas, *La máquina del olvido. Mito, historia y poder en Cuba*, México, Taurus, 2012.

dicas, como la revista política *Bohemia*, que en las tres primeras semanas de 1959 vendió un millón de ejemplares celebrando como una apoteosis el triunfo de la Revolución. Con esa impresionante cobertura —la mayoría favorable a la Revolución, Fidel multiplicó el efecto de sus discursos mientras un millón de personas lo aclamaban votando a mano alzada. Fue el primer líder de masas en gobernar por televisión.

Una de las revelaciones de Lillian Guerra es el uso político de la religión por parte de Fidel. "Hablan mal de mí —decía repetidamente— porque he dicho la verdad. Crucificaron a Cristo por decir la verdad [...] Quien condena a la Revolución traiciona a Cristo y se declara a sí mismo capaz de crucificar de nuevo al propio Cristo."

Aunque había sido educado por los jesuitas, Castro no creía en los dogmas religiosos. Sin embargo, afirmaba e imponía sus creencias como si fueran dogmas afines a los de la religión católica. A su alrededor comenzó a surgir una nueva fe, el "fidelismo": se organizaron misas revolucionarias, peregrinajes a los sitios sagrados en la Sierra Maestra y al monte Turquino (al que Fidel había ascendido), se publicaron representaciones de Fidel en escenas del Evangelio. Un viejo campesino, llamado Fidel Blanco, sostuvo en La Habana esta conversación con una periodista de la revista *Carteles*:

—¿Qué piensa de la Reforma Agraria?
—Que es una bendición de Dios.
—¿Quiere decir, de Fidel, de la Revolución?
—Quiero decir de Dios, a través de Fidel.

La nueva fe creó un amplísimo repertorio verbal para fustigar y aterrorizar a los "malos" cubanos ("traidores", "vendepatrias") y, al grito de "¡Fidel, sacude la mata!" o "¡Paredón!", actuar en consecuencia. Las ejecuciones de agentes batistianos llamadas "justicia revolucionaria" contaron con un inmenso apoyo popular. Pero tras ellas Fidel instauró lo que llamó el "terror revolucionario". Una de sus primeras víctimas fue el popular comandante revolucionario Huber Matos. Por criticar el ascenso evidente del Partido Socialista Popular (versión del Partido Comunista) en el régimen, Matos, quien nunca se sublevó, fue arrestado en octubre de 1959 y condenado a 20 años de prisión.

En términos políticos, Fidel actuó con igual celeridad: asumió el cargo de primer ministro, descartó la celebración de elecciones y el sistema republicano de división de poderes, instauró la "verdadera democracia" (votación a mano alzada en la Plaza de la Revolución, que capta una de las imágenes que rescata Guerra) y realizó las primeras purgas internas en el grupo que lo había secundado en la Revolución. En marzo de 1959 Raúl Castro tuvo contacto con Moscú para establecer un programa soviético de entrenamiento para el ejército cubano y la organización de una policía secreta que se conocería como la G2.

Con todo, hasta finales de 1959, la Revolución cubana parecía —al menos en sus fines declarados— una versión radical de la mexicana, una revolución nacionalista, "humanista", igualitaria y social. Pero la visita del premier soviético Anastás Mikoyán en febrero de 1960 y el convenio de cooperación (cinco millones de dólares, intercambio de azúcar por petróleo) firmado con la URSS fueron señales inequívocas del rumbo que tomaría el régimen. Lo que siguió fue la supresión de los medios de comunicación independientes, las instituciones civiles y la libertad de expresión, y la severa erosión del mercado.

De manera forzada o voluntaria, entre mayo y julio de 1960 desaparecieron los diarios de todas las tendencias (uno de ellos fundado en 1827). También las revistas. Un caso particularmente dramático fue el de *Bohemia*, cuyo director Miguel Ángel Quevedo se asiló en Venezuela para años después suicidarse, dejando un testimonio escrito de su experiencia. Sólo quedó *Revolución*, el diario oficial, que en 1965 se fundiría con el nuevo periódico *Granma*. La Universidad —institución clave para la libertad de crítica en las sociedades civiles latinoamericanas— perdió su autonomía; las organizaciones estudiantiles expulsaron a quienes habían reprochado a Mikoyán la represión en

Hungría (octubre de 1956) y exigieron la adhesión irrestricta a los principios revolucionarios; se confiscaron las estaciones de televisión y radio. La Iglesia católica fue neutralizada. Entre agosto y noviembre de ese año el gobierno expropió decenas de empresas y bienes de ciudadanos estadounidenses y, entre octubre y noviembre, 550 empresas nacionales y norteamericanas, 80% de la planta productiva. Los sindicatos dejaron de representar a los obreros para volverse garantes de la productividad en las empresas estatizadas.

Fidel proyectó la vida guerrillera a la sociedad civil, transformándola en una sociedad de milicianos de la fe. Parecía encabezar una nueva Iglesia militante integrada por frailes con uniforme verde olivo y botas (nunca se las quitaron) que creen que es posible convertir al mundo a la pureza radical por la vía de las armas. Lillian Guerra describe en detalle la actividad purificadora de esas organizaciones militantes, una selva de siglas creadas por Fidel a principio de los años sesenta para integrar verticalmente a la sociedad: mujeres, estudiantes, agricultores, obreros, burócratas, escritores, artistas, hasta niños, que marchaban rifle en mano.

Una de esas organizaciones fueron los Comités de Defensa de la Revolución (CDR), creados en septiembre de 1960 para que, en cada cuadra, los ciudadanos cuidaran la pureza revolucionaria de sus vecinos o denunciaran sus desviaciones. Fidel los definió como "la retaguardia civil de la vanguardia armada de las milicias y las Fuerzas Armadas Revolucionarias, en la lucha contra el enemigo interno y externo" y agregó: "Es imposible que los gusanos y los parásitos puedan moverse si el pueblo [...] los vigila por sí mismo".[14]

Entre 1962 y 1965 las ciudades cubanas fueron escenario de una lucha de clases entre los llamados "gusanos" y los "cederistas" (miembros de los CDR) que ejercieron lo que Guerra llama "dictadura en las bases". Los "gusanos" se rehusaban a integrarse a las instituciones

---

[14] Rafael Rojas, *Historia mínima de la Revolución cubana*, México, El Colegio de México, 2005.

revolucionarias, pero criticaban la invasión de Playa Girón y llamaban a los exiliados de Miami "criados de los gringos". Crearon su propio lenguaje. "Bolas": noticias o rumores; "radio bemba": informes de boca en boca. Además de la vigilancia ideológica, los cederistas absorbieron muchas funciones: movilizaban a la población para cortar caña, donar sangre, confiscar "tesoros" de los exiliados, vacunar niños, impartir el evangelio revolucionario en su cuadra. Por su eficacia para prevenir la crítica a la Revolución, Fidel los llamó "un millón de tapabocas". A quienes los CDR consideraban impuros el gobierno los sometía a tratamientos de electrochoques en hospitales psiquiátricos. En 1964 un tercio de los adultos cubanos era cederista. Para 1967 habían logrado erradicar —por la intimidación o el convencimiento— la causa o al menos la visibilidad de los "gusanos".

Fincada en el agravio histórico de Estados Unidos a Cuba (de cuya gravedad nunca fueron conscientes los gobiernos estadounidenses), la propaganda antiyanqui acompañó todo el proceso y subió de tono: "Qué tiene Fidel / que los yanquis no pueden con él". Luego de la fallida invasión de Playa Girón (financiada por la CIA), el prestigio histórico de Fidel y la Revolución alcanzó su clímax: el triunfo del David caribeño frente al Goliat imperial.

No obstante, en días anteriores a la invasión se había desatado en Escambray el alzamiento de miles de campesinos que se negaban a convertirse en obreros de las "granjas populares". Lillian Guerra sugiere que tenían apoyo de la CIA y documenta la violencia de la operación militar contra los "bandidos". Se llamó la "Limpia de Escambray": cerca de 3 000 muertos en ambos lados. En el verano de 1963 el gobierno llevó a cabo el envío masivo de todos los campesinos varones de Escambray a Pinar del Río, y de sus mujeres y niños a Miramar, en La Habana. Un total de 35 000 personas fueron reubicadas. Escambray se convirtió en una zona militar y un parque nacional. En 2005 Raúl Castro se refirió a aquellos hechos, por primera vez en 40 años, como una "guerra civil".

Paralelamente, y sin intervención de la CIA, los campesinos de Matanzas se levantaron también. "La ausencia total de latifundios y la armónica relación entre los empresarios agrícolas y sus trabajadores (educados y bien remunerados) —escribe Guerra— impedía que Matanzas fuese una provincia revolucionaria." Las guerrillas de Matanzas sobrevivieron en su mayor parte hasta principios de 1963. Hubo encarcelamientos masivos, "juzgados rurales", campañas de proselitismo revolucionario, militarización de los hijos. En 1963 la Segunda Reforma Agraria forzó la conversión del modelo capitalista de Matanzas —excepcionalmente igualitario— a la norma comunista.

En 1965 comenzó a ocurrir un fenómeno generacional que Guerra recrea de manera admirable. Al lado de las obedientes milicias revolucionarias había una sociedad difusa, variada, no regimentada aún, en la que destacaba la gente joven. Esta nueva generación había sido testigo en su infancia del triunfo de la Revolución y a mediados de los sesenta buscaba afirmarse (como en todo el mundo occidental, aun en la Europa del Este) usando sandalias y pelo largo, escuchando a los Beatles, practicando una irrestricta libertad sexual. Su rebeldía no era contestataria: era cultural y, para ellos, revolucionaria. Guerra narra la historia de sus revistas fugaces, sus reuniones y polémicas, sus críticas a lo que ahora (en la era de Raúl) se ha vuelto moneda corriente hasta en los medios oficiales cubanos: los abusos de la burocracia, la negligencia de los funcionarios, el despilfarro de recursos.

Fidel no tuvo paciencia con la generación joven y desde 1965 convirtió la idea guevarista del "hombre nuevo" en política de Estado. Las publicaciones juveniles (*El Sable, El Puente*) fueron clausuradas y muchos de sus miembros enviados a campos de trabajo donde se les "reeducaba". Fidel llegó al extremo de pedir a los jóvenes que denunciaran a sus padres si expresaban deseos de abandonar Cuba, pero no bastaba la persuasión: en 1968 envió a 10 000 voluntarios en edad escolar y "predelincuentes" a la Isla de Pinos, que rebautizó como la "Isla de la Juventud", donde el corte de caña sería la ocupación más prestigiosa.

También en 1965 Fidel creó las Unidades Militares de Ayuda a la Producción (UMAP), campos de trabajo forzado donde fueron a parar muchos de aquellos jóvenes "dementes", "gusanos", "antisociales". Abundaban entre éstos los testigos de Jehová, adventistas del séptimo día, grupos protestantes, bautistas, practicantes de las religiones afrocubanas. Pero el régimen dirigió su mayor inquina contra los homosexuales. En su obra *Antes que anochezca*, el gran escritor cubano Reinaldo Arenas ha dejado un testimonio desgarrador de su experiencia en esas "unidades", pero Lillian Guerra la complementa con testimonios invaluables, de primera mano. Aparte del trabajo forzado, la "higiene revolucionaria" en las UMAP sometió a los homosexuales a tratamientos pavlovianos para "curar su enfermedad". Se calcula que entre 1965 y 1968 pasaron 35 000 personas por esas unidades. La homofobia oficial llegó hasta los años ochenta.

Para Fidel las pequeñas empresas que quedaban representaban el germen del capitalismo que era preciso extirpar. En unos cuantos días de 1968 las delegaciones de los CDR expropiaron 58 000 pequeños negocios (incluyendo puestos ambulantes de comida, reparación de calzado, academias de música, salones de belleza, talleres de costura, lavanderías, peluquerías, bares, clubes nocturnos). Paradójicamente, la mayor parte de esos negocios había sido creada después de la Revolución. Muchos de aquellos empresarios "pequeñoburgueses" fueron obligados a realizar trabajos de labor intensiva en agricultura o construcción. Y, aunque nunca desaparecieron del todo, ese año se confiscó también la mayoría de las pequeñas parcelas campesinas.

Fidel tuvo siempre la manía de jugar el papel del único empresario, del empresario total, en una isla sin empresarios. No es casual que algunos críticos hayan hablado de la "isla finca" de Fidel.[15] Su padre había sido dueño de una inmensa hacienda. Él solo ordenó la cruza

---

[15] Emilio Ichikawa, *La heroicidad revolucionaria*, Washington, Center for a Free Cuba, 2001, p. 24.

de cebúes cubanos con vacas Holstein (que redujo 60% la inmensa riqueza ganadera de Cuba). Él solo decidió la destrucción del anillo de árboles frutales y cítricos que rodeaba La Habana para sembrar una variedad de café (que resultó un desastre). Y él solo decretó que, para Cuba, cosechar 10 millones de toneladas de caña era "cuestión de honor para la Revolución". La "zafra de los 10 millones" del año 1970 fue el momento límite del voluntarismo económico de Fidel Castro. Nunca como entonces reveló su manejo personal y patrimonial de la economía y su capacidad de movilizar a cientos de miles de personas de todos los sectores sociales y económicos para cumplir su objetivo. Un estudiante que había participado en aquel episodio declaró: "No trabajamos por Fidel o por su honor". Tras el fracaso Fidel lamentó que el "aprendizaje" haya salido caro a la Revolución y, ante el alza de ausentismo laboral en el campo y la ciudad (forma última del derecho de huelga), decretó una Ley contra la Vagancia y selló las fronteras de la isla: según Castro, ya no había ciudadanos que quisieran salir de Cuba. La emigración se detuvo hasta el masivo éxodo del puerto de Mariel, en 1980.

La señal definitiva de incorporación al bloque soviético fue el famoso Caso Padilla, versión tropical de los juicios de Moscú. Desde 1967 el poeta Heberto Padilla se había atrevido a criticar "nuestra versión en miniatura del estalinismo, nuestras UMAP", y en un libro de poemas había deslizado versos como éstos ("Sobre los héroes"):

Los héroes no dialogan,
pero planean con emoción
la vida fascinante de mañana.
Los héroes nos dirigen
y nos ponen delante del asombro del mundo.
Nos otorgan incluso
su parte de Inmortales.

[...]

Modifican a su modo el terror.

Y al final nos imponen

la furiosa esperanza.

En marzo de 1971 Padilla fue arrestado y, después de cinco meses de prisión y diarios interrogatorios, "confesó" sus crímenes contra la Revolución. Varios escritores de fama protestaron públicamente y Castro ordenó la censura de todos ellos en Cuba. La consigna pronunciada por Castro en 1961 era ya definitiva: "Dentro de la Revolución, todo; contra la Revolución, nada".

Lo sigue siendo hasta ahora. En Cuba, es verdad, la sociedad ha recobrado un cierto espacio: se tolera (con muchos límites) la actividad económica privada y la libertad de movimiento (aunque los cubanos no pueden subir a embarcaciones turísticas). Tampoco se persigue a la gente por su atuendo, sus gustos musicales, sus preferencias sexuales o creencias religiosas. Pero, igual que los Ford o Chevrolet que circulan por las calles de Cuba, así quedó congelada la vida política y las libertades civiles bajo la dictadura que Fidel construyó entre 1959 y 1971. En 1960 se acalló a la prensa, la radio, la televisión, las universidades, los movimientos estudiantiles, los sindicatos. Hoy se acalla cualquier manifestación de disidencia.

Hoy ya no se manda a los disidentes a campos de trabajo, pero en 2014 hubo en Cuba 8 899 arrestos políticos temporales, cuatro veces más que en 2010 y 40% más que en 2013.[16] En Cuba "tenemos un concepto distinto de los derechos humanos", dijo la canciller cubana Josefina Vidal a Roberta Jacobson —entonces subsecretaria de Estado para Asuntos del Hemisferio Occidental— en su primera reunión en La Habana, el 22 de enero de 2015.

---

[16] Jennifer Hernandez, "Human rights violations in Cuba" en *Cuba Facts*, núm. 64, febrero de 2015, Cuba Transition Project, Institute for Cuban & Cuban-American Studies, University of Miami.

Ésa es la Cuba con la que el presidente Barack Obama, en un gesto valeroso e inteligente aunque lleno de riesgos políticos, decidió normalizar relaciones diplomáticas a finales de 2014.

A la luz de la historia económica y social de Cuba se entienden mejor los avatares diplomáticos y políticos del diferendo con Estados Unidos, tema del libro *Back Channel to Cuba: The Hidden History of Negotiations between Washington and Havana*, de William M. LeoGrande y Peter Kornbluh. La impresionante investigación (archivos privados y públicos, documentos desclasificados, entrevistas con sobrevivientes) les llevó 10 años y su registro de fuentes ocupa 65 páginas. No es casual que haya aparecido meses antes del acuerdo entre Raúl Castro y Obama: parece su prolegómeno intelectual.

Del cruce de ambas historias queda claro que un acuerdo como aquél habría sido prácticamente imposible en el largo periodo de la Cuba alineada con la URSS y sus satélites. Siempre hubo canales traseros de comunicación, personajes e historias que parecen inspiradas en las películas de James Bond, buscando con afán un acercamiento. A veces sus intentos tuvieron algún éxito, sobre todo en temas migratorios y liberación de presos. Pero lo cierto es que antes y después de aquella etapa sólo se entreabrieron dos ventanas de oportunidad: en la primera administración de Clinton y en el remoto periodo de Kennedy.

Entre 1971 y la caída del Muro de Berlín, Cuba no sólo gozó de un subsidio generoso y un comercio exterior boyante y estable sino que desde 1972 —"año de la emulación soviética"— comenzó a adoptar la ideología y las instituciones de la URSS. La Constitución de 1975 decretó el régimen de partido único basado en la doctrina del marxismo-leninismo. Se reescribió la historia de acuerdo con el libreto soviético, se adoptó el "ateísmo científico", se establecieron programas culturales e intercambio de estudiantes. No obstante, sin dar aviso a Nixon ni a Ford, Henry Kissinger tendió algunos puentes que se cerraron súbitamente tras el anuncio del apoyo militar cubano al régimen de Agostinho Neto en Angola. En 1976, con un gabinete dividido entre "halcones" y "palomas", pero con la intervención de diversos asesores y personajes del exilio, la administración de Jimmy Carter quitó restricciones de viaje a Cuba, abrió oficinas de representación ("*interest sections*") en Washington y La Habana, cesó los vuelos de reconocimiento sobre la isla y obtuvo a cambio liberaciones de presos y un dique a la avalancha humana que había comenzado en 1980 desde Mariel. Por desgracia, los desacuerdos con respecto a la presencia cubana en Mozambique y Angola y la persistencia del embargo estadounidense (impuesto en 1962) impidieron que las decenas de conversaciones secretas que se llevaron a cabo en La Habana, Washington, Nueva York y hasta en Cuernavaca tuvieran éxito. Según los autores, Carter fue un presidente de la pos-Guerra Fría cuando ésta no había terminado.

Justo lo contrario a Ronald Reagan, su sucesor. En marzo de 1981 Alexander Haig declaró su deseo de "convertir la maldita isla en un estacionamiento". A lo largo de esos ocho años, el diferendo ya no incluía sólo a Angola sino sobre todo el apoyo que Castro prestaba al gobierno sandinista de Nicaragua y a la guerrilla centroamericana en El Salvador. En el clímax de su poder interno y del renovado prestigio de la Revolución socialista entre una nueva generación de jóvenes latinoamericanos, Castro asimiló sin mayor problema el endurecimiento de Estados Unidos, que registró a Cuba en la lista de Estados terroristas, apretó el embargo y abrió la estación Radio Martí. Aun en ese periodo los canales se mantuvieron abiertos y hubo avances en temas migratorios. Tras el fin de la guerra de Angola (donde triunfó la causa de Cuba y sus aliados), la caída del Muro de Berlín y las elecciones en Nicaragua y El Salvador (ambos reveses históricos para la política exterior cubana), George H. W. Bush exigió abiertamente el cambio de régimen.

En 1993, con 50% de inflación, una caída de 35% en el PIB y de 78% en el gasto por habitante, Cuba parecía estar a punto del colapso. La Ley Torricelli de 1992 —con exaltación— lo olfateó así desde el Congreso norteamericano: prohibía a cualquier empresa extranjera con subsidiarias en Estados Unidos realizar negocios con Cuba, a los ciudadanos estadounidenses viajar a la isla y a las familias cubano-americanas enviar dinero a sus parientes en Cuba.

El presidente Clinton decidió bajar el tono de agresión verbal y restablecer vuelos entre Miami y La Habana. Fidel, a su vez, aceptó la repatriación de cubanos con historia criminal que Cuba había enviado a Estados Unidos como parte del éxodo de Mariel. En agosto de 1994, al estallar la "crisis de los balseros", ante la llegada de embarcaciones, Clinton buscó la intermediación del presidente de México, Carlos Salinas de Gortari. En dos álgidas semanas se resolvió el grave conflicto. Sin el obstáculo de la URSS (ya desaparecida) ni guerras en África o Centroamérica, Castro no tenía más fichas que los presos (cuya libertad concedía a discreción), la amenaza de los migrantes potenciales y el embargo, que simbolizaba su último bastión ideológico: David contra Goliat. El Congreso, dominado por los republicanos, aprobó en 1996 la Ley Helms-Burton, que endureció el embargo. Durante la administración de George W. Bush la política frente al régimen castrista volvió a la pauta de su padre, pero para entonces Castro había encontrado, a su vez, a un acólito ideológico y político que se convirtió en el nuevo mecenas: Hugo Chávez. Hubo que esperar la segunda administración de Obama para que se entablaran nuevas negociaciones que desembocaron en el acuerdo —esperanzador, pero complejo e incierto— perfilado en las páginas finales del gran libro de LeoGrande y Kornbluh.

La otra oportunidad de arreglo se había abierto en la época de Kennedy. En agosto de 1961, después de la invasión de Playa Girón y la adopción formal del comunismo por parte del régimen de Castro, el Che Guevara envió al presidente Kennedy una caja de puros y un mensaje con cinco concesiones sorprendentes: pago de propiedades nacionalizadas, renuncia a la alianza con el Este, elecciones en un futuro (después de la consolidación revolucionaria), disposición a revisar su actividad en otros países de Latinoamérica y no atacar Guantánamo. Más tarde, habiendo negociado la liberación de 1 214 prisioneros de la invasión, Fidel reiteró a Tad Szulc, reportero de *The New York Times*, y a otros personeros (como James B. Donovan) su deseo de reanudar de alguna manera los vínculos. A pesar de la "crisis de los misiles" (y de los intentos de la CIA de asesinar a Castro) esa posibilidad existió: "Si les da una patada a los soviéticos podríamos convivir con él", decía una nota del National Security Council. Era una época fluida, de opciones abiertas, de relativo distanciamiento cubano con la URSS y los primeros indicios de crisis económica en Cuba. El acuerdo no parecía imposible. Así lo veían Lisa Howard (la activísima corresponsal de ABC News, cercana a Fidel) y Jean Daniel (editor de *Le Nouvel Observateur*), que en una reunión con Kennedy lo escuchó lamentar los numerosos "pecados" de su país con la isla y mostrar su disposición a negociar. "Quizá las cosas sean posibles con este hombre", dijo Castro a Daniel, el 20 de noviembre de 1963. Kennedy podía ser "el líder que finalmente comprenda la posibilidad de coexistencia entre capitalistas y socialistas en América", añadió Castro, quien se mostró "claramente feliz". Dos días más tarde, la bala que mató a Kennedy mató también, quizá, la posibilidad de un arreglo.

Ahora se presenta un nuevo momento plástico, por diversas razones: la crisis venezolana, la penuria económica cubana, la menor influencia (y los cambios internos) del electorado de origen cubano en Florida. Y los protagonistas centrales de la discordia han pasado a segundo plano. No hay duda de que la intransigencia de Fidel Castro fue un obstáculo permanente para la "normalización". Su fijación personal en la figura de David venciendo a Goliat, y su definición de la identidad cubana en términos negativos (permanecer eternamente opuesta a —y asediada por— Estados Unidos), se justificó en su momento y por largos años, no ahora. No menos intransigente fue el lado estadounidense que —como recuerdan LeoGrande y Kornbluh en sus conclusiones—, a pesar de avances sustanciales de parte de Cuba, incumplió sus promesas. Basta recordar que la administración de Carter —que fue la más anuente a la "normalización"— se negó a abrir una rendija en el embargo para vender a Cuba medicinas que comprobadamente era imposible conseguir en otro país. Ese extremo sigue vivo en el Partido Republicano que a principios de 2015 ostentaba la mayoría en el Senado estadounidense.

Las voces más sensatas de la oposición cubana dentro y fuera de la isla han dado su bienvenida al acuerdo. Conocen y padecen la política represiva del régimen y saben que costará mucho hacerle ceder un milímetro de poder. Pero confían en lo que Obama llamó el "empoderamiento de la gente" que resultará del mayor contacto con personas del exterior cuya sola presencia (además de sus remesas, ideas, información, y las empresas e inversiones que, dentro de las restricciones actuales, pudieran echar a andar) romperá la insularidad de Cuba. Piensan que este contacto desatará por sí solo una exigencia general de libertades frente a la cual el régimen —encabezado por una nueva y ya próxima generación— tendrá finalmente que transigir. La aparición de banderitas estadounidenses y cubanas en las ventanas de La Habana —tuiteadas por Yusnaby Pérez— parece un presagio de los cambios por venir.

Pero no hay que engañarse. El camino será pedregoso y el proyecto de reacercamiento puede fracasar. Hay señales preocupantes en ese sentido. En la III Cumbre de la Comunidad de Estados Latinoamericanos y Caribeños (Celac), que se celebró en Costa Rica a fines de enero de 2015, Raúl Castro contradijo la postura del restablecimiento de relaciones a pesar de las diferencias y optó por condicionar el acuerdo a cuatro puntos: la devolución de la base naval de Guantánamo, el cese de las transmisiones radiales y televisivas (Radio y TV Martí) hacia el territorio cubano, la eliminación del embargo y la "compensación al pueblo cubano por los daños humanos y económicos sufridos como resultado de la política estadounidense". La primera medida debería ocurrir pronto; la segunda toparía con la oposición republicana, pero sería obsoleta si hubiese libertad de expresión en la isla; la tercera (deseable, ciertamente) es remota, pero no imposible;

pero la cuarta demanda es totalmente imposible. Aferrarse a esa postura (sin la más mínima concesión de libertad política interna) es la actitud que uno habría esperado de Fidel, no de Raúl, sobre todo en vista de las grandes expectativas que ha provocado el solo anuncio del acercamiento con Estados Unidos. Es comprensible que las autoridades cubanas discutan estos temas en privado. Lo que no se entiende es su uso retórico en discursos públicos. Y, a menos que la intención de fondo sea, en efecto, abortar el arreglo, tampoco se entiende el apoyo cubano a las continuas medidas represivas del presidente venezolano Nicolás Maduro, que enrarecen el ambiente latinoamericano. ¿Será posible que, viendo mermado el comercio y el apoyo venezolano, Cuba aborte la oportunidad dorada de normalizar sus relaciones diplomáticas con Estados Unidos?

Sería lamentable, porque Obama dio un paso de verdad histórico, no sólo ante Cuba sino ante América Latina. El antiamericanismo —una de las más profundas y comprensibles pasiones políticas del continente— nació en la Guerra Hispano-Estadounidense en Cuba en 1898, llegó a su clímax en Cuba en 1959, y ha comenzado a desvanecerse con los acuerdos con Cuba en 2014. A la reunión de la OEA, llevada a cabo en abril de 2015 en Panamá, Obama llegó con una legitimidad moral mayor que cualquier presidente estadounidense en el siglo XX, incluido Roosevelt. Podría haberla usado para persuadir con firmeza a los países de América Latina sobre la necesidad de que Cuba honre los acuerdos sobre derechos humanos que firmó en 2008 y despenalice las libertades conculcadas, entre ellas la libertad de contratar internet. Porque sólo así, con el estante virtual lleno de los libros que no han circulado en la isla, los cubanos podrán decidir si la historia absolverá al viejo líder.

The New York Review of Books,
19 de marzo de 2015 y 2 de abril de 2015;
Letras Libres, abril de 2015

La destrucción de Venezuela

Durante 100 días que apenas conmovieron al mundo, los venezolanos desplegaron la mayor manifestación democrática del siglo XXI. Entre abril y julio de 2017 centenares de miles de personas recorrieron las ciudades del país para protestar contra el autogolpe de Estado del Tribunal Superior de Justicia (brazo ejecutor del presidente Nicolás Maduro) que desconoció a la Asamblea Nacional electa el 6 de diciembre de 2015, único poder independiente, de mayoría opositora, que queda en Venezuela. A pesar de la represión de la Guardia Nacional Bolivariana (muy difundida en redes sociales, y en la que hubo 120 muertos, cientos de heridos, presos y casos documentados de tortura), los manifestantes culminaron su protesta con un plebiscito en el que más de 7.5 millones de personas (40% del total de electores, 25% de la población) pidieron la renovación constitucional de los poderes públicos y rechazaron la convocatoria del Consejo Nacional Electoral (otro órgano obediente a Maduro) para votar una Asamblea Nacional Constituyente paralela, al gusto del Ejecutivo.

Su esfuerzo fue en vano. Tras una votación a todas luces fraudulenta,[1] la Asamblea espuria se estableció. Con todos los poderes en sus manos, en el marco de las más severas limitaciones a la libertad de expresión, con una oposición dividida y desmoralizada (a la que, como

---

[1] El *software* de Smartmatic, la compañía que proveyó el soporte para la elección, dio este dictamen.

puntilla, el gobierno ha prohibido participar en las próximas elecciones presidenciales), Maduro está cerca de realizar el sueño del hombre que llamó su mesías, Hugo Chávez: eternizar la "Revolución bolivariana".

En los barrios pobres de Caracas, las redes sociales recogieron otro drama: mujeres que pelean por una barra de mantequilla; madres sin leche que comprar, dando inútilmente las tetas a sus niños; gente buscando comida en la basura; anaqueles vacíos de alimentos y medicinas; hospitales sin camillas, insumos, medicamentos o condiciones mínimas de higiene; médicos del Hospital Universitario de Maracaibo operando a una paciente con la luz de un celular; madres que dan a luz fuera del sanatorio. Al concluir el ciclo de protestas, se volvió peligroso subir imágenes a las redes. La Asamblea paralela —cuyos miembros han incitado al odio durante 20 años— aprobó una "ley contra el odio" que sancionará con prisión de hasta 20 años a quien lo "fomente, promueva o incite".

Las imágenes de la penuria coinciden con las estadísticas. El de Venezuela es "un colapso sin precedentes", al menos en el mundo occidental, escribe Ricardo Hausmann, antiguo ministro venezolano de Planificación y actual director del Center for International Development en la Universidad de Harvard. En su estudio reciente *Background and Recent Economic Trends*,[2] Hausmann demuestra que el descenso del PIB y el PIB per cápita entre 2013 y 2017 (35% y 40%, respectivamente) es más agudo que en la depresión estadounidense de 1929 a 1933, y aun en la rusa, la cubana o la albana posteriores a la caída del Muro de Berlín. La dimensión de la crisis se aprecia en los indicadores sociales. En mayo de 2017 el salario mínimo (cuyo valor ha caído 75% en cinco años) podía comprar sólo 11.6% de la canasta de bienes básicos, cinco veces menos que en la vecina Colombia. Más grave aún, durante el mismo periodo, ese salario mínimo (medido en unidades

---

[2] *Background and Recent Economic Trends*, el informe de julio del Harvard's Center for International Development.

calóricas de los alimentos más baratos que puede comprar) cayó 86 por ciento.[3] En 2016, de acuerdo con una encuesta de 6 500 hogares, 74% de la población perdió cerca de nueve kilos en promedio. Según el organismo venezolano de la salud, la mortalidad de los pacientes atendidos en hospitales se multiplicó 10 veces en el país y la de los recién nacidos en hospitales creció 100 por ciento. Mientras enfermedades largamente erradicadas como la malaria y aun la difteria han reaparecido, aumentan los males emergentes como chikunguña, zika y dengue. Para colmo, Caracas es la ciudad más peligrosa del mundo.

Se trata de una crisis humanitaria de enormes proporciones, documentada detalladamente en hogares y hospitales por instituciones civiles venezolanas e internacionales.[4] Según Feliciano Reyna, activista de Codevida, una de esas organizaciones, la información servirá en el futuro para procesar al gobierno de Maduro en el Tribunal Internacional de La Haya. "Lo que está pasando es deliberado", sostiene Reyna, apuntando a la negativa del gobierno a establecer un canal neutral para la entrada de alimentos y medicinas. A sabiendas de que el salario mínimo mensual equivale a menos de 10 dólares, apenas suficiente para comprar cinco kilos de carne y nada más, en sus apariciones públicas (y a veces bailando salsa) Maduro ha sugerido la cría de conejos como remedio. Pero su solución para paliar el hambre es aún más ingeniosa, porque liga la alimentación con la política.

Cerca de 70% de la población depende de las bolsas de alimentos importados llamadas CLAP, siglas del Comité Local de Abastecimiento y Producción encargado de distribuirlas conforme a un sistema de tarjetas.[5] En las elecciones para la Asamblea paralela, el gobierno discurrió

---

[3] El salario mínimo mensual en diciembre ascendió a casi dos dólares.

[4] Entre ellas la Organización Mundial de la Salud, el alto comisionado estadounidense de Derechos Humanos, Cáritas Venezuela, Médicos por la Salud y el Observatorio Venezolano de la Salud.

[5] Un paquete típico de CLAP contiene pequeñas porciones de pasta, arroz, leche en polvo y atún enlatado.

una renovación de las tarjetas que coincidía en tiempo y espacio con los sitios de la votación, logrando el efecto deseado de intimidar al votante que sentía que podía perder su tarjeta si no votaba por los candidatos oficiales.

La paradoja es que esto le ocurre a la nación con las mayores reservas petroleras del mundo. Pero es justo ahí, en el petróleo, donde se localiza el epicentro del terremoto infligido por el régimen a PDVSA, la empresa petrolera del Estado venezolano que concentra 96% de las exportaciones del país. *El colapso y la caída del sector petrolero venezolano* ofrece un detallado diagnóstico del caso.[6] Sus autores, Ramón Espinasa y Carlos Sucre, especialistas afiliados a la Universidad de Georgetown, parten de 1998, cuando tras un largo proceso de profesionalización administrativa y técnica, actuando con autonomía gerencial y remitiendo por ley sus utilidades al Banco Central, PDVSA producía 3.4 millones de barriles diarios (MMbd) con una planta de 40 000 trabajadores y empleados. Las proyecciones para la primera década del siglo XXI eran de 4.4 MMbd, pero, al llegar al poder, Hugo Chávez tenía otros planes.

Desde el principio, Chávez intervino en la empresa designando personal por motivos políticos, no técnicos, y comenzó a suministrar petróleo subsidiado a países del Caribe políticamente afines con el régimen. En diciembre de 2002 el personal de PDVSA estalló una huelga que derivó en la pérdida de autonomía de gestión, el desmantelamiento de los sistemas de control financiero y el despido de 17 500 empleados, dos terceras partes de ellos técnicos y profesionales. En los años siguientes PDVSA desvirtuó aún más su sentido, convirtiéndose en un superministerio que distribuía alimentos, construía viviendas, administraba las empresas nacionalizadas y expropiadas (incluidas las vinculadas al petróleo) que después de 2007 abarcarían el grueso de la infraestructura productiva: siderúrgicas, cementeras, bancos, telefó-

---

[6] Concluido en agosto de 2017, este ensayo permanece por el momento inédito.

nicas, supermercados, fabricantes de alimentos, semillas, fertilizantes, almacenes. En total, el régimen nacionalizó 1 400 empresas.

Durante el periodo de Chávez (1999-2013) la producción de PDVSA cayó de 3.7 a 2.7 MMbd con una planta de 120 000 personas, el triple de 1998. Pero en la etapa de Maduro, con la misma planta, la producción anda ya por debajo de los dos millones de barriles diarios y disminuye mes a mes.[7] Esta caída cercana a 40% permaneció parcialmente oculta por el llamado "superciclo" de los precios entre 2002 y 2014 (en julio de 2008 el barril llegó a los 147 dólares), pero también fueron desaprovechados por el régimen. En 2008 el ministro de Economía Alí Rodríguez Araque sostenía que el barril llegaría a los 250 dólares. Esta fe en el alto precio del petróleo era una apuesta desorbitada que el régimen perdió. Los efectos del colapso habrían sido menores si el gobierno hubiera invertido de manera productiva y ahorrado al menos una parte de sus ingresos, como dictaban las reglas originales de PDVSA. (Según estudios, ese ahorro pudo ser de 233 000 millones de dólares.)[8] No sólo no lo hizo, sino que sextuplicó su deuda externa, lo que convirtió al país en el más endeudado del mundo: 172 000 millones de dólares que representan 152% del PIB.

Además de esa deuda, ¿cuánto dinero ingresó en realidad a Venezuela por la venta de petróleo entre 1998 y 2017? Sin subsidios internos y externos, el ingreso total habría sido de 1.01 billones de dólares. Si se toma en cuenta que la gasolina prácticamente se regala en Venezuela (provocando un jugoso negocio de contrabando) y si se restan las ventas subsidiadas a Cuba y los países del Caribe más las que amortizan la deuda con China, el ingreso neto del periodo fue de 635 000

---

[7] La producción de petróleo por parte de PDVSA es actualmente de sólo 800 000 barriles diarios (mbd). El resto viene de empresas externas con quienes PDVSA mantiene acuerdos. Véase Francisco Monaldi, *Venezuela's oil: Massive resources, dismal performance*, Center for Energy Studies, Rice University's Baker Institute, mayo de 2017.

[8] Francisco Toro, "Venezuelan collapse has nothing to do with falling oil prices": https://www.ft.com/content/f35bb0d4-36ad-3f72-9ebb-133b601344b6.

millones de dólares.[9] ¿Dónde quedaron todos esos ingresos (suma del ingreso neto y la deuda) que en conjunto rondan los 800 000 millones? La pregunta torturará a generaciones de venezolanos.

Un exministro de Chávez, Jorge Giordani, ha proporcionado parte de la respuesta: estima que 300 000 millones de dólares simplemente fueron robados. Otra parte se despilfarró en proyectos faraónicos e inconclusos, opacas entidades públicas, expropiaciones costosas e improductivas, importaciones masivas que compensaban la falta de producción interna o meramente suntuarias (500 000 autos sólo en 2006), crecimiento desbordado del empleo público, subsidios de toda clase, etc. Entre 1998 y 2013 —dato clave— el consumo creció 60%, pero la producción sólo aumentó 14 por ciento. La conclusión es clara: el verdadero drama de Venezuela no proviene de la caída del precio del petróleo sino del derrumbe histórico de la producción de PDVSA, cuyo patrón de deterioro y desmantelamiento se transfirió intacto a las empresas nacionalizadas y expropiadas. Un ejemplo entre cientos: en 2007 Venezuela exportaba 85% del cemento que producía; hoy lo importa. Algo similar ocurre en otros ramos: acero, teléfonos, supermercados, granjas de toda índole, productoras de semillas, fertilizantes, ganadería, pesca, transporte, construcción.

En una decisión al mismo tiempo asesina y suicida, en lugar de revertir el estatismo de la Revolución bolivariana para compensar la caída de ingresos petroleros, Maduro optó por imprimir billetes (la inflación acumulada fue en 2017 de 2 616%) y seguir atendiendo la deuda (cuyo monto con respecto a las exportaciones es también el más alto del mundo, además del más caro), estrangulando las importaciones per cápita de bienes y servicios, que entre 2013 y 2017 cayeron 75.6% (otro desplome sin precedentes a escala mundial desde 1960). El peso mayor de esta contracción ha recaído sobre los sectores manufacturero, de construcción, comercio y transporte, pero el

---

[9] Espinasa y Sucre, p. 76.

ahogo al sector privado es generalizado y ha provocado la desinversión y el éxodo masivo: entre 1996 y 2016 el número de empresas privadas descendió de 12 000 a 4 000.

En la versión oficial, la crisis se debe a una "guerra económica" incitada por el Imperio yanqui. Pero Estados Unidos ha sido siempre el principal comprador de petróleo venezolano y prácticamente el único que ahora paga en divisas: 477 000 millones de dólares de 1998 a la fecha. No hay culpables externos del fracaso. El único responsable ha sido el régimen chavista, que en la era de Chávez recibió una lluvia de recursos (inédita en la historia latinoamericana y sólo comparable con los productores del Medio Oriente)[10] y los despilfarró en una fiesta interminable. Maduro no es el desdichado heredero de Chávez. Su gobierno es la conclusión natural del chavismo, la cruda después de la fiesta. En palabras de Feliciano Reyna, el régimen no es más que "un proyecto militarista, exorbitantemente corrupto, cuyo objetivo es el control político de la población venezolana a la que se está infligiendo un inmenso daño".

★ ★ ★

Nada de esto estaba en el horizonte a fines de 2007 cuando comencé a visitar con frecuencia Venezuela. Caracas era la nueva meca de la izquierda europea, latinoamericana y estadounidense que a lo largo del siglo XX había puesto sus esperanzas utópicas en la URSS, China, Cuba, Yugoslavia, Nicaragua y ahora ponía su fe en la Revolución bolivariana. Medios de prestigio[11] publicaban reportajes favorables a Chávez. Algunos mencionaban el riesgo del culto a la personalidad, pero sucumbían a él. En sus apariciones públicas —escribió Alma Guillermoprieto, de modo sucinto— Chávez "es indudablemente fascinante

---

[10] Francisco Monaldi, *op. cit.*

[11] La BBC, *The Guardian*, *The New Yorker*, entre otros.

y por momentos entrañable". A pesar de las limitaciones crecientes a la libertad de expresión y la reciente expropiación de Radio Caracas Televisión (la antigua estación independiente), autores reconocidos como Tariq Ali y Noam Chomsky declaraban que Venezuela era el país más democrático de América Latina. Siendo ellos mismos indulgentes con Cuba, no objetaban la deriva de Venezuela hacia el modelo cubano. Celebraban, con razón, el descenso en los niveles de pobreza que el régimen había logrado con su política redistributiva, pero no veían el daño que el gobierno causaba a PDVSA y a toda la planta productiva que Chávez estaba en vías de destruir, sentando desde entonces las bases del inmenso menoscabo que hoy padece la población, en particular la más pobre. Esta buena prensa internacional desdeñó las voces críticas (maestros y estudiantes de universidades públicas, antiguos guerrilleros, periodistas, empresarios, líderes religiosos y sindicales, académicos, militares retirados) que advertían lo que vendría. Una de esas voces era la de Ramón Espinasa, que a mediados de 2008 me advirtió:

El derrumbe viene aun si el precio no baja de manera sustancial, porque la inercia de gastar más y más es indetenible. La situación actual es esa: los precios caerán hasta cierto nivel, el gobierno no podrá parar el gasto y la producción no se recuperará: su caída es inexorable. De modo que es cuestión de tiempo: la tormenta perfecta viene.

Pero todavía quedaban cuatro años de bonanza, y Chávez los usaría para gastar más que nunca, llevando los déficits públicos a 10 por ciento. Luego del colapso de los precios y con Maduro en la presidencia, entre 2013 y 2015 los déficits llegaron a 20 por ciento.[12]

Chávez era el alma de la fiesta. Basado en su inmensa popularidad, convocó a un referéndum que se llevaría a cabo el 2 de diciembre

---

[12] Francisco Monaldi, *op. cit.*

de 2007, en el que proponía decenas de modificaciones constitucionales para consolidar el Estado socialista venezolano: reelegirse de forma
indefinida, acotar la propiedad privada, introducir una "nueva geome-
tría política" (un *gerrymandering*, en el término estadounidense), consolidar alrededor suyo un ejército paralelo, suprimir la autonomía del
Banco Central, manejar desde la presidencia (de modo directo y discrecional) las reservas internacionales, establecer un "poder popular" basado
en comunas. Era sí o NO a todo, pero para su sorpresa los votantes dije-
ron NO. "Disfruten su victoria de mierda", dijo, prometiendo sacar adelante su proyecto por la vía de decretos. Punto por punto, a lo largo de
nueve años, su gobierno y el de su sucesor han cumplido esa promesa.

Se trataba de crear un país federado con Cuba. Desde su juventud
Chávez había vivido intoxicado por la versión heroica de la historia
(su clásico era *El papel del individuo en la historia*, de Plejánov) aplicada a
Venezuela, y a sí mismo. Se sentía el heredero histórico de Bolívar. Pero
su meca era Cuba y su "padre espiritual", Castro. Tras un viaje a la isla,
antes de ser electo presidente, declaró su admiración: "Fidel es como el
todo". En una conferencia de 1999 en la Universidad de La Habana,
Chávez profetizó: "Venezuela va […] hacia el mismo mar hacia donde
va el pueblo cubano, mar de felicidad, de verdadera justicia social, de
paz". Al enfermar Castro en 2006, contra la opinión de sus asesores más experimentados, Chávez aceleró su proyecto revolucionario.

Para Cuba, que desde 1959 había codiciado el acceso preferen-
cial al petróleo venezolano, la sociedad con Chávez resultó de un
beneficio económico inobjetable. En su mejor momento, en 2013,
Venezuela tenía 44% del intercambio comercial de bienes de Cuba,
financiaba 45% del déficit de dicho comercio, compraba alrededor de
7 000 millones de dólares en servicios profesionales cubanos (lo cual
encubría un fuerte subsidio), suministraba 65% de las necesidades de
petróleo de la isla, así como crudo para refinar en la planta de Cien-
fuegos construida con inversiones de Caracas; en su totalidad, la relación económica con Venezuela representaba alrededor de 15% del PIB

de Cuba.[13] Aconsejado por Castro, en una especie de transferencia de la estructura educativa y de salud cubana, en 2003 Chávez instituyó las "misiones" educativas y de salud, confiándolas a 40 000 cubanos que atendían directamente a la población pobre. Los críticos señalaban el abandono de la estructura hospitalaria (centenares de hospitales y miles de puestos de atención ambulantes), el reparto demagógico de títulos, la competencia desleal a los productores y, desde luego, el carácter político de la operación porque, con las misiones, Chávez cobraba su munificencia con sometimiento. Ahora las misiones son un membrete, pero permanece intacto el aparato de inteligencia cubano.

Para convertirse en el líder del socialismo del siglo XXI, para heredar a Castro y ser él mismo "como un todo", Chávez necesitaba permanecer en el poder hasta 2030, en el 200 aniversario de la muerte de Bolívar. Pero se trataba de una apuesta más, y la perdió. Afectado de cáncer, tras largos y misteriosos tratamientos en La Habana, Chávez murió en Caracas el 5 de marzo de 2013, poco antes del derrumbe de los precios petroleros que arrastraría también el proyecto confiado al hombre elegido por él para heredarlo, Nicolás Maduro.

★ ★ ★

Patria o muerte, novela de Alberto Barrera Tyszka,[14] es el perfecto testimonio del gozne entre el chavismo y el madurismo. Transcurre mientras el comandante agoniza. Su título proviene del saludo obligatorio instituido por Chávez a las fuerzas armadas en 2007: "Patria, socialismo o muerte". Durante 15 años —rasgo esencial del populismo— nadie en Venezuela hablaba más que de Chávez: su última ocurrencia, declaración o medida. Su enfermedad alimentó aún más esa omnipresencia.

---

[13] Carmelo Mesa-Lago, "Cuba vivirá una grave crisis si termina la ayuda venezolana", *El País*, 9 de diciembre de 2015.

[14] Alberto Barrera Tyszka, *Patria o muerte*, Barcelona, Tusquets, 2016.

Desde la incertidumbre de aquellos meses, los atribulados personajes de la novela apenas tienen vida interior. Uno de ellos, el oncólogo retirado Miguel Sanabria, "creía que la política los había intoxicado y que todos, de alguna manera, estaban contaminados, condenados a la intensidad de tomar partido, de vivir en la urgencia de estar a favor o en contra de un gobierno". En cambio, para su hermano Antonio, "la Revolución era una droga dura, una suerte de estimulante ideológico, una manera de regresar a la juventud".

Autor de una excelente biografía de Chávez y experimentado guionista, Barrera ha escrito su novela con el suspenso y ritmo de una serie televisiva. Miguel recibe de su sobrino Vladimir (hijo de Antonio, que ha acompañado a Chávez en La Habana) una caja con un teléfono que debe resguardar sin ver el video que contiene. Pero más que el terror de ser descubierto por los cubanos, la tortura para Miguel es el diálogo de sordos con Antonio. El contrapunto entre los hermanos representa la polarización de Venezuela, producto del odio ideológico (y casi teológico) sembrado a toda hora por Chávez y sus voceros en los medios e internet. Miguel pone frente a Antonio un cúmulo de datos objetivos: los alimentos que se pudren en los puertos, las ligas de los políticos con el narco, la resurrección del viejo militarismo. Nada lo convence. Los males son herencia del capitalismo, obra de los gringos y la oligarquía. La conciliación es imposible porque para Antonio la Revolución es impermeable a la crítica, una fe cuyas promesas siempre podrán cumplirse en un futuro prorrogable. Descreer de esa fe era ser un "escuálido", epíteto acuñado por Chávez para descalificar a sus críticos. Miguel era un "escuálido".

Cuba es el *Big Brother* del libro: "En un acto de sorprendente sumisión —dice el narrador— el gobierno había cedido a funcionarios cubanos el manejo del sistema nacional de identificación, así como la administración y el control de los registros mercantiles y de las notarías públicas. Se decía [...] que en casi todos los ministerios, incluyendo la Fuerza Armada, se contaba también con la presencia de asesores cubanos".

Así lo comprobaría otro personaje, Fredy Lecuna, un periodista casado que toma riesgos inverosímiles para escribir una novela sobre la agonía de Chávez, sólo para terminar escribiendo el libro que los espías cubanos (que lo han seguido de principio a fin) le ordenan y pagan.

Las mejores páginas exploran los sentimientos colectivos de gratitud hacia Chávez. Una mujer humilde le explica a Madeleine, una académica estadounidense experta en Max Weber, que ha ido a Venezuela a estudiar *in situ* el carisma:

> Chávez me cambió la vida [...] pero de acá, de la cabeza. Me cambió la forma de pensar, de mirar, de mirarme a mí misma. ¿Que qué me ha dado? Tú dices, ¿en concreto? Cómo te digo. Es que nosotros no teníamos nada, no éramos nadie; o mejor dicho: nosotros sentíamos que no éramos nadie, que no teníamos valor, que no importábamos. Y eso fue lo que cambió Chávez. Eso fue lo que nos dio.

El comandante era uno de ellos, hablaba con ellos y por ellos. "Chávez me enseñó a ser yo y a no tener vergüenza." En esa reivindicación —a veces más simbólica que real— estaba el vínculo más genuino de Chávez con la gente, y la prueba de que la desigualdad y la pobreza son una llaga que las clases medias y altas venezolanas (y de Latinoamérica) nunca imaginaron.

Pero el vínculo tenía también una evidente intención política: apelaba a la religiosidad natural de un pueblo proclive a la fe, la magia y la santería, para manipularlo. Chávez había llevado a extremos escatológicos su identificación con Bolívar al grado de abrir su sarcófago, descubrir sus huesos, ordenar un retrato a partir del ADN, y revelar a un Bolívar no criollo sino mulato, como Chávez. Pero, en su agonía, la identificación con el prócer histórico era insuficiente. Había que apuntar más alto.

Madeleine lograría ver a Chávez de lejos, en la última visita del líder a Sabaneta, su pueblo natal. Ahí comprobaría que el carisma es inseparable de lo que Barrera llama "los *carismados*", que escuchan arrobados a un Chávez moribundo en quien ven al redentor reencarnado: "Dame vida, Cristo, dame tu corona, dame tu cruz, dame tus espinas, yo sangro, pero dame vida, no me lleves todavía porque tengo muchas cosas por hacer".

Finalmente, el oncólogo Sanabria se atreve a ver las imágenes del celular que resguarda. Son imágenes de Chávez llorando, pidiendo que no lo dejen morir. ¿Por qué la secrecía?, le pregunta Madeleine. "Porque los dioses no tienen cuerpo. Los dioses no gritan de dolor, no sangran por el culo, no lloran. Los dioses no suplican que los salven. Los dioses nunca agonizan."

★ ★ ★

El encargado de que el dios no muriera nunca ha sido Nicolás Maduro. "Sacerdote del chavismo", lo llama el periodista venezolano Roger Santodomingo, autor de una breve biografía —más bien un reportaje— publicada en 2013 a partir de un par de entrevistas realizadas años antes.[15] Nacido en 1962, Maduro recordaba a detalle las escenas de "brutalidad policiaca" que presenció de niño. De joven —además de roquero y beisbolista— mantuvo vínculos con organizaciones de izquierda gracias a las cuales en 1986 pasó meses en Cuba estudiando marxismo-leninismo. Por algún tiempo fue chofer de Metrobús. Aunque en 1993 visitó a Chávez en la prisión, no pertenecía al círculo cercano y pasó casi inadvertido como diputado de la Asamblea. Su vertiginoso ascenso ocurrió a partir de 2006, cuando Chávez lo nombró ministro de Relaciones Exteriores. Rodeado de figuras mayores de las que procuraba liberarse o de militares coetáneos de los que desconfiaba, Chávez necesitaba acercarse a los

---

[15] Roger Santodomingo, *De verde a Maduro. El sucesor de Hugo Chávez*, Bogotá, Debate, 2013.

jóvenes y terminó por reconocer en Maduro a su devoto incondicional. En su gestión diplomática —desplegada en los años de bonanza petrolera— consolidó las alianzas del régimen con los países sudamericanos afines, Nicaragua, Bolivia, Ecuador, Argentina. Pero fue la intimidad con Chávez durante su enfermedad lo que impulsó su carrera hasta la presidencia.

Maduro tuvo un mesías anterior a Chávez. Era Sai Baba, hasta cuyo *ashram* Prashanti Nilayam o "Morada de Paz" en la India peregrinó con su esposa Cilia Flores tras "una travesía aérea —precisó— de veinte horas de ida y veinte de vuelta". Su apego a Sai Baba —que fue gran amigo, admirador y beneficiario del dictador ugandés Idi Amin— explica su uso frecuente de una túnica color naranja, su saludo a la usanza india con las manos juntas frente al rostro y la supersticiosa convicción de una fuerza superior que lo protege. Sin renunciar a esa devoción, Maduro la transfirió a Chávez. Siendo ya vicepresidente y ministro de Relaciones Exteriores, se volvió su vocero, su apóstol. Y, tras su muerte, en el San Pedro de la iglesia chavista. Con tal manto de santidad, se entiende por qué las revelaciones de la BBC sobre la pedofilia y corrupción de Sai Baba no lo inquietaron, como tampoco la brutalidad policiaca multiplicada de su régimen contra los jóvenes.

"Yo soy Chávez", dijo Maduro, poco antes de la muerte del comandante. Pero, aunque hablara como Chávez, no era Chávez. El régimen ha perdido cualquier aura religiosa. Es una dictadura que ha declarado una guerra de desgaste y empobrecimiento contra su propio pueblo, forzando su sumisión o su exilio (cerca de dos millones de venezolanos han emigrado en 20 años), en espera de ganar una nueva apuesta: el alza del precio del petróleo. Y ni siquiera necesita de Maduro. En las elecciones de 2018 (que quizá intente adelantar y en las que ha prohibido la participación opositora) el régimen podría presentar otro candidato. Como en una mafia, hay un presidente pero varios jefes.

★ ★ ★

A lo largo de la historia venezolana, llena de guerras civiles y tiranías, los militares han intervenido para introducir cambios radicales. Ocurrió en 1945, cuando entregaron el poder a los civiles y abrieron paso a un breve ensayo de democracia (1945-1948) que prefiguró la Cuarta República (1959-1999), régimen que a la distancia tuvo más aciertos que errores, pero cuyo orden se derrumbó para dar paso a la República bolivariana que hoy está en quiebra.

Ahora, incluso esa salida es improbable. "Los militares —me explica Miguel Henrique Otero, director de *El Nacional*, antiguo periódico que sobrevive con precariedad— están divididos en diversos grupos, unos manejan las empresas públicas, otros tienen vínculos con el narco, otros están en cargos públicos. En 2002 había 70 generales en Venezuela, ahora son 1 200, más que en la OTAN. La tropa gana poco, y en ella cunde la violencia y la deserción. En el ejército no parece haber ya incentivos morales o, si los hay en los mandos medios, quienes los abrigan viven atemorizados por el espionaje cubano. Venezuela se ha vuelto un protectorado de Cuba." Recientemente, hay que agregar, un militar de la Guardia Nacional Bolivariana, represor de los manifestantes en las protestas de 2017, fue nombrado director de PDVSA.

Aunque el régimen parece tener todo bajo control, el costo humano y material de su propio fracaso puede sepultarlo. "Si la economía se queda como está nos morimos", afirma Hausmann. No exagera: si la producción petrolera no se recupera, aun con un eventual ascenso de los precios, Venezuela está condenada a la hiperinflación, de la cual ninguna nación (o sólo Zimbabue) ha salido viva. Y aunque el libreto cubano (control mediante la escasez) se siga aplicando al pie de la letra, en condiciones extremas de hambre y enfermedad no puede descartarse un estallido social de enormes proporciones.

¿Hay una salida posible? Venezuela podría recuperarse con un cambio de régimen económico que, permitiendo de inmediato la ayuda humanitaria mundial para alimentos y medicinas, negociase una quita sustancial al monto de la deuda, una amplia moratoria al pago de la misma, y con los recursos resultantes comenzara a abrir la compuerta de las importaciones para revivir la producción interna. Y, para ser creíble, este cambio económico tendría que acompañarse con un cambio de régimen político que garantice elecciones libres, libere a todos los presos políticos y reconozca a la Asamblea Nacional como la única legítima.

Maduro se negará a esta vía (su único propósito es permanecer en el poder a toda costa), pero el abismo en que ha caído Venezuela es tan grande que con certeza contaría con una solidaridad casi universal. Por desgracia, Estados Unidos, que podría propiciar ese desenlace, pasa ahora por una alucinación colectiva entre carismático y *carismados* no muy distinta a la del chavismo. A pesar de la solidaridad de los principales países latinoamericanos y europeos, Venezuela está tan sola como la mujer que languidece en uno de los dantescos hospitales de Venezuela: "Un país tan rico, teníamos todo y lo destruyeron. Y lo que falta".

The New York Review of Books,
8 de marzo de 2018;
Letras Libres, marzo de 2018

El narcisismo de Podemos

Para "entender Podemos" no hay que verlo como lo que dice ser, sino como lo que es. No es un núcleo de pensamiento crítico, sino un núcleo de narcisismo universitario (típicamente latinoamericano) como el que ha estudiado desde hace 40 años el mexicano Gabriel Zaid. En *De los libros al poder* escribe: la universidad otorga credenciales de saber para escalar en la pirámide del poder. A veces, ese asalto al poder ha sido pacífico, otras no. En América Latina, a partir de la construcción imaginaria de la universidad como nueva iglesia, varias generaciones de universitarios buscaron imponer a la realidad la maqueta ideal de la sociedad perfecta.

La guerrilla latinoamericana (en Perú, Centroamérica) no fue campesina, ni obrera ni popular: la encabezaron profesores y estudiantes. Si la realidad no se ajustaba a sus teorías, peor para la realidad. Para nuestros países, el costo histórico de la guerrilla universitaria ha sido inmenso.

Podemos es la versión española de la caracterización de Zaid. La confirmación está en el texto "Entender Podemos", publicado por Pablo Iglesias en la revista inglesa *New Left Review* (julio-agosto de 2015). Se trata de una vaporosa teoría de la historia universal que desemboca en... Podemos. Ante la "derrota de la izquierda en el siglo xx —informaba Iglesias—, el pensamiento crítico quedó reducido al trabajo de universitarios". Sólo en el claustro universitario podía surgir la "producción teórica" que hiciera posible una "izquierda realista". Al sobrevenir la crisis financiera global, el "vaciamiento" de las soberanías estatales europeas y la indignación social por los casos de corrupción en las élites políticas, España tuvo la fortuna de contar con "el conocido grupo de docentes e investigadores de la Universidad Complutense de Madrid", que integraría Podemos.

El objetivo de ese "núcleo" de "pensamiento crítico" era "agregar" las nuevas demandas derivadas de la crisis en torno a un "liderazgo mediático" capaz de "dicotomizar" el espacio público. ¿Cómo lograrlo? Volteando a "las experiencias acontecidas en América Latina", ricas en "instrumentos teóricos para interpretar la realidad española". De hecho —imaginaba Iglesias—, Europa toda se hallaba en un "proceso de latinoamericanización, entendido como la apertura de una estructura política". Por un lado, había que absorber la obra del filósofo Ernesto Laclau (principal teórico del populismo en Latinoamérica). Por otro, había que "pensar políticamente en clave televisiva", objetivo que se logró con los programas *La Tuerka* y *Fort Apache*, nuevos "partidos" que trasladaron la política del Parlamento a la televisión. Esos programas —revelaba Iglesias— fueron la escuela que "nos formó para el asesoramiento en comunicación política que desarrollamos paralelamente en España y América Latina". Pero para superar "ciertos estilos" (que Iglesias, enemigo del castellano, pero amigo del oxímoron, llamaba "movimientistas paralizantes") se requería algo más: "Usar mi protagonismo mediático". Era necesario "identificar al pueblo de la televisión con un nosotros nuevo". Así fue como la "representación de las víctimas de la crisis" encarnó en su propia persona: "el fenómeno televisivo", el "tertuliano-referente", "el significante", "Pablo Iglesias/ el profesor de la coleta".

Para los huérfanos de "pensamiento crítico", estas ideas seminales no son fácilmente comprensibles. Por eso, en beneficio de los legos, a mediados de 2014 el tertuliano/referente y significante concedió en Venezuela una entrevista para un programa de televisión donde se le ve escuchando a Hugo Chávez: "La revolución avanza, la patria avanza —decía el comandante en 2012—. Esto sólo es posible en socialismo, sólo es posible con un gobierno que coloque en primer lugar al hombre, al humano, a la mujer, a la niña, al niño". Visiblemente conmovido, Iglesias reacciona en "clave televisiva":

> Cuántas verdades nos ha dicho este hombre... Lo que está ocurriendo aquí es una demostración de que sí hay alternativa, de que la única manera de gobernar no es gobernar para una minoría de privilegiados y contra las mayorías sociales. Ese es el ejemplo de América Latina... una alternativa para los ciudadanos europeos.

El mensaje era el mismo para el lector de la *New Left Review* y el "pueblo de la televisión": el futuro de España y de Europa era y debía ser (historia y norma, poder y deber, hermanados) la Revolución bolivariana encabezada por su respectivo caudillo mediático.

Para refutar a Iglesias, alguien señaló lo mucho que Laclau debe a Carl Schmitt, teórico del nazismo, experto en la "dicotomización", que veía la historia como el escenario de dos fuerzas: "amigo" y "enemigo". (Traducción para España: por un lado "el pueblo", representado por Podemos, representado por Iglesias; por otro el "no pueblo", representado por todas las otras formaciones políticas.) Pero a estas alturas esos reparos intelectuales son lo de menos. Ahora, la mejor refutación de la teoría de Podemos está en la espantosa realidad en la que viven "el hombre, el humano, la mujer, la niña, el niño" en la Venezuela creada por el chavismo, una devastación sin precedente en América Latina, comparable a la provocada en Zimbabue por Robert Mugabe.

El profesor Iglesias, por supuesto, no admitirá nunca esa realidad. Y se entiende: Podemos tiene intereses creados en creer lo que cree o dice creer. Esos siete millones de euros no se cobraron en vano. Lo que no está claro es el sentido de esa operación de "asesoramiento en comunicación pública". ¿Cobraron por un servicio prestado al chavismo o cobraron por el honor de ser asesorados por Hugo Chávez, el mayor experto mundial en "dicotomizar" a la sociedad, "pensar políticamente en clave televisiva" y construir un "liderazgo mediático"?

Sobre el peso relativo de la teoría y la práctica en su doble rol de secretario general y politólogo, Iglesias confiesa: "Sin el segundo, el primero no habría sido posible". Lo cual supone que la universidad prepara a las personas para la vida. ¿Es así? Zaid llegó a la conclusión de que la mitología universitaria es responsable de ese y otros equívocos, que impiden un progreso que sirva a la vida. Cualquier profesionista responsable sabe que la experiencia práctica, con sus errores inevitables, es la verdadera maestra. No obstante, en una extraña vuelta al platonismo, hay quien piensa que la teoría prepara para la práctica y en cierta medida la supera. Y que para ser político nada mejor que ser politólogo.

Los líderes de Podemos han escalado el poder con credenciales del saber. Son capitalistas curriculares. Son guerrilleros de salón. Desde los peligrosos cañaverales de la Complutense, construyeron teorías contra el poder democrático financiados por el poder revolucionario. Del ciudadano español depende desenmascarar su inanidad teórica, su inexperiencia práctica, su vasta mentira, su mala fe.

El País, 25 de abril de 2016

El mesías tropical

Desayuno con el Peje

Conocí a Andrés Manuel López Obrador, el famoso y controvertido jefe de gobierno del Distrito Federal, una mañana (casi una madrugada) de agosto de 2003. Tempranero como un gallo, rijoso símbolo con el que le gusta compararse, elusivo como el pejelagarto, típico pez de las aguas de Tabasco, del que proviene su sobrenombre, López Obrador convocaba diariamente a los medios a una conferencia a las seis de la mañana para informarles sobre la marcha de su gestión, pero también para sortear ingeniosamente las preguntas comprometedoras y lanzar certeros picotazos sobre el presidente Vicente Fox. El desayuno tendría lugar en sus oficinas, situadas en los altos del antiguo ayuntamiento. En el pequeño anexo a su despacho, mientras observaba sus objetos de culto personal (una imagen de Juárez, una foto de Salvador Allende, otra de Rosario Ibarra de Piedra, una más del propio López Obrador conversando con el Subcomandante Marcos, la escultura en madera de un indígena), pensaba que su presencia cotidiana en aquel espacio casi teocrático de México revelaba su sagacidad política: entendía la gravitación histórica del lugar y por eso no salía de él. En cambio Fox despachaba exclusivamente en la residencia oficial de Los Pinos y sólo llegaba al Zócalo de vez en cuando.

Jovial, directo y sencillo, con una sonrisa maliciosa pegada al rostro, era difícil no simpatizar con López Obrador. Nos acompañaba un hombre de sus confianzas, José Agustín Ortiz Pinchetti, veterano luchador democrático. López Obrador comenzó a hablar de historia. En los años ochenta, en un receso involuntario de su agitada vida política, había escrito dos libros sobre Tabasco en el siglo XIX. "Están muy basados en don Daniel", reconoció, y la alusión al mayor historiador liberal del siglo XX me llevó a recordar la opinión que alguna vez me confió el propio Cosío Villegas sobre el general Lázaro Cárdenas: "Yo siempre lo admiré por su instinto popular". Le dije que advertía en él la misma cualidad, y que bien usada podría enfilarlo a la presidencia. López Obrador lo tomó como la constatación de algo evidente: "El pueblo no se equivoca". Yo tenía curiosidad de saber si era cierto que no tenía pasaporte. "Es extraño —me dijo— que me reclamen eso. El presidente Venustiano Carranza nunca cruzó la frontera." "Es verdad —le expliqué—, pero Carranza fue presidente entre 1916 y 1920, los tiempos han cambiado mucho." Traje a cuento el caso de Plutarco Elías Calles, que antes de ocupar la presidencia, y para preparar la serie de reformas económicas que llevó a cabo (entre ellas la fundación del Banco de México), había viajado por Europa. ¿Por qué no seguir sus pasos y luego entrevistarse con la prensa liberal en Nueva York? No fui convincente. Años atrás había pasado unos días en Estados Unidos, y con su esposa (Rocío Beltrán, fallecida en 2003) solía visitar Cuba. Eso era todo: "Hay que concentrarse en México —me dijo—. Para mí la mejor política exterior es la buena política interior".

Era obvio que el mundo lo tenía sin cuidado. Su mundo era México. Y el mundo de su mundo era Tabasco. Nacido el 13 de noviembre de 1953 en el pequeño pueblo de Tepetitán, en el seno de una esforzada familia de clase media dedicada a diversos ramos del comercio, nieto de campesinos veracruzanos y tabasqueños, y de un inmigrante santanderino que había llegado a "hacer las Américas", López Obrador vivió una niñez tropical, libre y feliz. Sus biografías oficiosas contendrían datos interesantes sobre su carácter temprano. "Fue un niño muy vivaracho —recordaba su padre—, pero tenía una enfermedad:

no se le podía decir nada ni regañarlo, porque se trababa." Según parece, le decían "piedra", porque pegaba duro: "Se peleaba con alguien, le ganaba, y salía con esa sonrisita burlona de 'te gané'". Era malo para las matemáticas y muy bueno para el beisbol, aunque "cuando perdía su equipo, terminaba enfurecido". Tepetitán tenía unas cuantas calles, pero los López Obrador vivían a sus anchas: "No teníamos barreras —recuerda uno de sus hermanos—, teníamos el pueblo entero, era nuestro". Si la familia salía, era para viajar en automóvil a las playas de Veracruz y Tampico. En los años sesenta se mudaron a Villahermosa, capital del estado; en los setenta, Andrés Manuel estudió ciencias políticas en la UNAM y se hospedó en la Casa del Estudiante Tabasqueño. A partir de 1977, hasta 1996, pasaría la mayor parte del tiempo en su patria chica.

Había dos maneras de animar la conversación con López Obrador: hablar de beisbol o hablar de Tabasco. Opté por la segunda. El desayuno tabasqueño (pescado frito, plátano con arroz), el prehistórico pejelagarto disecado sobre un estante, el manoteo enfático y hasta la pronunciación del personaje (que, como es común en aquella zona del Golfo de México, convierte las "eses" en "jotas"), todo conspiraba para llevar la plática a Tabasco: cuna de la cultura madre de Mesoamérica, la olmeca; puerta de la Conquista (allí desembarcó Cortés y conoció a la Malinche). La historia de Tabasco lo apasionaba tanto o más que la historia de México. Con evidente gusto me refirió su buena impresión de los dos grandes jefes del siglo XX en Tabasco (Tomás Garrido Canabal y Carlos Madrazo). Y con mayor placer aún recordó su amistad con el poeta Carlos Pellicer ("el tabasqueño más grande del siglo XX") y reconoció la obra de Andrés Iduarte ("nuestro mejor escritor").

Yo recordaba que Tabasco —caso no único, pero sí excepcional entre las 32 entidades federativas de México— no había dado un solo presidente a México y quise plantearle la cuestión, pero López Obrador abrió sin querer una posible pista: "A los tabasqueños se nos dificulta mucho acostumbrarnos al Altiplano —me dijo—, es otra cultura; también a mí me ha costado trabajo adaptarme". Para explicarse mejor, me leyó en voz alta un párrafo extraído de uno de los libros que escribió sobre su estado:

> En Tabasco la naturaleza tiene un papel relevante en el ejercicio del poder público. En consonancia con nuestro medio, los tabasqueños no sabemos disimular. Aquí todo aflora y se sale de cauce. En esta porción del territorio nacional, la más tropical de México, los ríos se desbordan, el cielo es proclive a la tempestad, los verdes se amotinan y el calor de la primavera o la ardiente canícula enciende las pasiones y brota con facilidad la ruda franqueza.

"De aquí parte —dijo— mi teoría sobre el 'poder tropical': el tabasqueño debe controlar sus pasiones." Me había dado una clave biográfica que yo tardaría en descifrar. "Quizá en el futuro —le dije, al despedirme— tenga usted que hacer una adaptación aún mayor: pasar del Altiplano a la aldea global."

Lejos de Cárdenas

Era difícil que un hombre sin mundo entendiera el mundo y el lugar de su país en el mundo. Era difícil que un hombre encerrado en su mundo viera la necesidad de reformarlo en un sentido a la vez realista y moderno. En el concepto de López Obrador, todo lo que México requería para su futuro estaba en su pasado. "La cosa es simple —me dijo meses más tarde, en una segunda y última conversación formal—: hay que ser como Lázaro Cárdenas en lo social y como Benito Juárez en lo político." Me propuse observar desde entonces los actos de su gobierno (anteriores y posteriores), para ver si confirmaban o desmentían su declarada fidelidad a aquellos dos modelos históricos.

Lázaro Cárdenas fue un presidente popular, pero no populista. De temple suave, pacífico y moderado, tan silencioso y ajeno a la retórica

178

que lo apodaban *la Esfinge*, en los años treinta repartió 18 millones de hectáreas entre un millón de campesinos. Cárdenas fue un constructor interesado en los detalles prácticos, quiso que los campesinos llegaran a ser autónomos y prósperos mediante la organización ejidal colectiva o a través de la pequeña propiedad, ambas apoyadas por la banca oficial.

López Obrador se manifestaba cada vez más como un gobernante popular y populista. De temple rudo, combativo y apasionado, orador incendiario, su vía para emular a Cárdenas consistió en ofrecer un abanico de provisiones gratuitas, entre ellas el reparto de vales intercambiables por alimentos, equivalentes a 700 pesos mensuales, a todas las personas mayores de 70 años. Estos programas, sobre todo el de apoyo a los "adultos mayores" (del cual no existe padrón), le granjeaban una gran simpatía, pero no atacaban de fondo los problemas. "Andrés y su equipo no conocían la complejidad de la problemática social de la ciudad", me dijo Clara Jusidman, su amiga de muchos años y su jefa en los años ochenta, en el Instituto Federal del Consumidor. En el gobierno perredista de Cuauhtémoc Cárdenas (1997-1999), Jusidman y su equipo habían establecido las bases de una amplia y laboriosa red de "facilitadores" que procuraba atender diversas necesidades relacionadas con la ruptura del tejido social en el Distrito Federal. "Todo eso se desmanteló —lamentaba Jusidman—, se privilegiaron medidas sociales de relativa simplicidad, pero con efectos masivos, como fue la entrega de ayudas económicas a los adultos mayores, a las madres solteras y a las familias con personas discapacitadas; o el montaje de 16 escuelas preparatorias y de una universidad sin requisitos de ingreso y con muy poco tiempo de planeación." Claramente, el criterio que las sustentaba era más político e ideológico que práctico y técnico. Lo mismo ocurrió en otros ámbitos. A un costo que nunca se aclaró, en tiempos de López Obrador se construyeron los segundos pisos del Anillo Periférico, pero se relegaron necesidades mucho más urgentes que la fluidez vial para los automovilistas: el transporte público, el abasto de agua, la inseguridad, el empleo. Entre 2000 y 2004, el crecimiento del PIB en el Distrito Federal fue inferior al crecimiento promedio acumulado en el resto de las entidades. Y el empleo formal entre 2000 y 2005 creció menos que en el resto del país.

La gestión de Lázaro Cárdenas coincidió con el ascenso del nazismo europeo. Se enmarcó en una época en que, para amplios sectores intelectuales y políticos de Occidente, el socialismo soviético constituía una alternativa al capitalismo occidental. Por eso, en tiempos de Cárdenas la educación oficial en México era "socialista". Con todo, Cárdenas no atizó el odio de clases ni era proclive a las ideologías que lo propugnaban. De hecho, tras la expropiación petrolera, Cárdenas fue el precursor de la industrialización en México y para ello fundó el Instituto Politécnico Nacional.

En sus dichos y sus hechos, López Obrador ha seguido pautas muy distintas. A partir de las ruidosas querellas legales en las que se vio involucrado en 2004 y 2005, el jefe de gobierno recurrió a una retórica de polarización social que Cárdenas no habría avalado. Su vocabulario político se impregnó del conflicto entre las clases. Sus enemigos eran los enemigos del pueblo: "los de arriba", los ricos, los "camajanes", los "machucones", los "finolis", los "exquisitos", los "picudos". La palabra "dinero" era necesariamente sinónimo de abuso, de inmoralidad, de ausencia de decoro, de impureza. "Vamos a establecer —profetizó— una nueva convivencia social, más humana, más igualitaria, tenemos que frenar […] a esa corriente según la cual el dinero siempre triunfa sobre la moral y la dignidad de nuestro pueblo." Su argumento central era el tema del Fobaproa, operación de rescate bancario que evitó el colapso del sistema financiero (y la consiguiente pérdida para los cuentahabientes), pero que sin lugar a dudas tuvo irregularidades y abusos en verdad flagrantes. Si bien el peso de la operación sobre las finanzas públicas era y es muy oneroso, López Obrador lo utilizaba para concentrar el odio en la figura de los empresarios.

Con López Obrador, la teoría de la conspiración se volvió política de Estado: toda crítica era parte de un "complot" para desbancarlo. El

27 de junio de 2004, cerca de 700000 personas de diversas clases sociales, alarmadas por la ola de secuestros y asaltos en la ciudad, marcharon a lo largo del Paseo de la Reforma. Horas más tarde, en vez de considerar la pertinencia objetiva de los reclamos, López Obrador se lanzó al palenque y declaró: "Sigo pensando que metieron la mano [...] para manipular este asunto, y señalo tres cosas: una, la politiquería de 'las derechas'; dos, el oportunismo del gobierno federal [...] las declaraciones del ciudadano presidente [...] Y también el amarillismo en algunos medios de comunicación". Para remachar, agregó que seguramente los propios secuestradores habían desfilado ese día. Al poco tiempo, aparecieron unas historietas que representaban a los manifestantes como jóvenes de clase alta y pelo rubio, encantados de acudir a la manifestación para "estrenar" ropa nueva y tomarse una foto con sus amigos. "Eran unos pirrurris", dijo el Peje, refiriéndose con desdén a los marchistas. Que la referencia a la piel de los manifestantes fuera racista, y las víctimas de la delincuencia fueran mayoritariamente pobres, no lo inmutaba. Para él, la delincuencia es una función de la desigualdad y la pobreza.

El proyecto nacional de Lázaro Cárdenas se enmarcó siempre en los paradigmas de la Revolución mexicana: por eso marginó a los comunistas prosoviéticos de la CTM, asiló a Trotsky, y dejó el poder en manos del moderado Ávila Camacho, no del radical Múgica. López Obrador repetiría incansablemente que su proyecto era "de izquierda". Nunca sentiría la necesidad de explicar el significado de esa palabra en el mundo posterior a la caída del imperio soviético, un mundo en el que China es la estrella ascendente de la economía de mercado. Pero es natural: el mundo no es interesante para López Obrador.

Ajeno a Juárez

López Obrador había afirmado, en innumerables ocasiones, que admiraba a Benito Juárez sobre todos los seres en la tierra. Pero su identificación política con Juárez era, sencillamente, insostenible. Fuera de una apelación formal a la "austeridad republicana" de aquel legendario presidente, o la repetición escolar de algunas de sus frases, López Obrador tenía poco en común con su héroe.

La "austeridad republicana" de los gobiernos juaristas (1858-1872) debía hallar su contraparte en un manejo impecable de las finanzas públicas. No fue el caso. La opacidad en las cuentas públicas del gobierno del Distrito Federal era ya entonces (y sigue siendo, hasta la fecha) la zona más turbia en su desempeño. Fox había sacado adelante una Ley de Transparencia que abría a cualquier ciudadano las cuentas públicas del gobierno federal. Muchos gobiernos estatales hicieron lo mismo, pero el del Distrito Federal frenó y limitó la idea, aduciendo que era muy onerosa, y, cuando no tuvo más remedio que aceptarla, durante mucho tiempo se negó a dar oficinas al nuevo organismo. Finalmente, inconforme con el consejo nombrado, modificó la ley para disolverlo y nombrar otro.

López Obrador decía admirar a Juárez por haber integrado su gabinete con los mejores mexicanos, pero de su propio gabinete no podía predicar lo mismo. Un video que se trasmitió en 2004 por la televisión abierta mostraba a su secretario de Finanzas del gobierno del Distrito Federal apostando cuantiosas sumas en una habitación reservada a clientes VIP en Las Vegas. A los pocos días, un nuevo video mostraba a su principal operador político tomando fajos de dinero de manos de un empresario consentido por los anteriores gobiernos del PRD. Aunque ambos funcionarios fueron separados de sus cargos y sometidos a juicio, la estrategia política de López Obrador no consistió en honrar su lema de gobierno (la "honestidad valiente") sino en relativizar los hechos, desmarcarse de toda responsabilidad, y por primera vez declararse víctima de un "complot" orquestado por "las fuerzas oscuras", por "los de arriba".

La generación de Juárez produjo en 1857 una admirable constitución de corte liberal clásico que limitó el poder presidencial, instituyó la división de poderes y consignó las más amplias libertades y garantías individuales. Aquellos legisladores y juristas creyeron en el imperio de la ley y lo respetaron escrupulosamente. El presidente Juárez tenía adversarios de peso en la Suprema Corte y el Congreso, pero jamás utilizó contra ellos las más mínimas triquiñuelas, ni afectó o anuló su esfera autónoma. En cambio López Obrador, aunque rindiera homenaje retórico a Juárez, mostró muy pronto que no comulgaba con los preceptos esenciales de la democracia liberal.

Al despuntar su sexenio, había ocurrido un linchamiento en el pueblo indígena de Magdalena Petlacalco. López Obrador dio a entender que había normas tradicionales más altas que la ley: "El caso hay que verlo en lo que es la historia de México, es un asunto que viene de lejos, es la cultura, son las creencias, es la manera comunitaria en que actúan los pueblos originarios [...] No nos metamos con las creencias de la gente". En un problema similar (una sublevación indígena en Chiapas en 1869), Juárez no dudó en enviar a la fuerza pública y aplicar la ley.

En octubre de 2003 una sentencia judicial dictada por un tribunal de circuito obligaba al gobierno del Distrito Federal a pagar una suma (en verdad absurda) por la expropiación de unos terrenos. López Obrador declaró, con tonos extrañamente evangélicos: "Ley que no es justa no sirve. La ley es para el hombre, no el hombre para la ley. Una ley que no imparte justicia no tiene sentido", y agregó: "La Corte no puede estar por encima de la soberanía del pueblo. La jurisprudencia tiene que ver, precisamente, con el sentimiento popular. O sea que si una ley no recoge el sentir de la gente, no puede tener una función eficaz [...] La Corte no es una junta de notables ni un poder casi divino".

Si la ley era injusta, había caminos institucionales para cambiarla. Si el juez, como era el caso, había dado una sentencia excesiva, existían instancias jurídicas para combatirla. Los abogados del gobierno del Distrito Federal (los había, excelentes) hicieron uso de esas instancias y, al cabo del tiempo, lograron reducir sustancialmente la cantidad que se reclamaba. Pero el tema no era legal sino político. Al litigar el asunto en los medios y negar la autoridad de la Suprema Corte de Justicia, el Peje había dado una primera muestra de su idea de la justicia, y su imagen condicionada de la división de poderes. Un paisano suyo explicó el fundamento de su actitud: "Tiene un concepto marxista del derecho, para él es un arma de la burguesía para dominar al proletariado".

En mayo de 2004 otro proceso judicial comenzaría a ocupar las planas de los diarios y el espacio de los noticieros. El gobierno del Distrito Federal se había negado a respetar una orden de suspensión dictada por un juez dentro de un juicio de amparo. El juez turnó el asunto a la Procuraduría para su consignación. Ante la posibilidad real de verse privado del fuero por la Cámara de Diputados y ser sometido a juicio (proyecto que tanto el PAN como el PRI alentaban con la peregrina idea de inhabilitarlo como candidato a la presidencia), López Obrador pasó de nuevo a la ofensiva, dobló las apuestas, declaró que no emplearía abogados ni se defendería y que —como admirador de Gandhi y Mandela— prefería ir a la cárcel en vez de acatar una orden que consideraba injusta. La responsabilidad directa recaía sobre un subordinado que había firmado la documentación, pero López Obrador se negó a involucrarlo y así liberarse legítimamente del problema. En términos legales, el caso era discutible. Para los defensores de López Obrador era inexistente o nimio; para sus críticos tenía un valor de principio, no debía permitirse el desacato a una sentencia judicial. López Obrador declaró que el poder judicial actuaba en connivencia con las "fuerzas oscuras" y dijo que lo reformaría al llegar a la presidencia. Su "ruda franqueza" tabasqueña necesitaba de enemigos, y los encontró en la Suprema Corte.

Años atrás, al tomar posesión, el Peje había delineado su concepto de la verdadera democracia, no la democracia liberal sino la "democracia popular": "El gobierno es el pueblo organizado o, para decirlo de otra manera, el mejor gobierno es cuando el pueblo se organiza.

La democracia es cuando el pueblo se organiza y se gobierna a sí mismo". Pero esa democracia requería la presencia cotidiana de un líder social que midiera "el pulso a la gente", que "metiéndose abajo" escuchara y canalizara —sin intermediaciones burocráticas o institucionales— las demandas de "la gente". Ésa era, a su juicio, la función del jefe de gobierno.

¿A qué tradición correspondían estas ideas?

La nación —había escrito hacia 1837 el pensador conservador Lucas Alamán al carismático dictador Antonio López de Santa Anna— le ha confiado a usted un poder tal como el que se constituyó en la primera formación de las sociedades, superior al que pueden dar las formas de elección después de convenidas, porque procede de la manifestación directa de la voluntad popular, que es el origen presunto de toda autoridad pública.

Precisamente contra esa concepción "directa" del poder —de raíz medieval y monárquica—, la generación de Juárez concibió una constitución liberal en la que la "voluntad popular" se expresaba en votos individuales y el poder presidencial permanecía acotado por los otros poderes.

Curiosamente, a fines de 2004 López Obrador se hizo fotografiar con un ejemplar de la biografía de santo Tomás de Aquino, en cuya *Suma teológica* la división de poderes no es siquiera imaginable. En esa visión orgánica del poder público (muy arraigada en la cultura política de los países hispánicos), la soberanía popular emana de Dios hacia el pueblo, y quien debe interpretarla correctamente es la autoridad elegida por Dios. (Por eso "no había que meterse con las creencias de la gente".) ¿Y quién interpreta el divino poder de la "soberanía popular"? El líder social que se autodesignaba "el rayo de esperanza": López Obrador.

En ningún momento quedó más clara esta inspiración divina que sentía encarnar el jefe de gobierno como en la fervorosa concentración del Zócalo, el día del desafuero. Ni en los tiempos dorados del PRI se había visto algo similar, porque en el viejo sistema político mexicano la gente acudía al Zócalo para apoyar al detentador temporal de la investidura presidencial. Ahora no, ahora acudía a mostrar su apego solidario al "hombre providencial". Un grupo de ancianas portaban un letrero que decía "Que Dios te cuide, rayito de esperanza".

"La doble valla metálica que corta por la mitad a la multitud y dentro de la cual camina solitario el Jefe hacia la gran tribuna de la plaza." ¿Qué recordaba la escena? Adolfo Gilly, historiador respetado y viejo militante de izquierda, señalaría tiempo después que la inspiración de aquella "coreografía y escenografía", de aquel "método de centralización personal de la organización en la figura del Jefe", provenía "de los años treinta, en la figura y las ideas del tabasqueño Tomás Garrido Canabal".

Tenía razón. La clave para comprender mejor la formación, la imaginería, el estilo y sobre todo la actitud política de Andrés Manuel López Obrador no estaba en la historia de México, en Cárdenas o Juárez. La clave —como él mismo me había dado a entrever en aquel desayuno de agosto de 2003— estaba en la historia de Tabasco, la tierra del "poder tropical".

UN "FERVIENTE DESEO DE GOBERNAR"

"Ese estado pantanoso y aislado, puritano e impío", escribió Graham Greene en *Caminos sin ley* (1939), libro de viaje complementario a *El poder y la gloria* (1940). A Graham Greene, que recorrió Tabasco en 1938, tres años después de terminada la era de Garrido, lo intrigaba la "oscura neurosis personal" de aquel "dictador incorruptible". Su sombra seguía rondando.

Ahí estaban las "escuelas racionalistas", instituciones de disciplina casi militar donde los niños eran adoctrinados "científicamente", aprendían las virtudes de la razón, la técnica agrícola y los ejercicios físicos. Greene se impresionó con los carteles que vio en las escuelas: una mujer crucificada a la que un fraile le besa los pies, un cura borracho bebiendo vino en la Eucaristía, otro tomando dinero de manos indigentes. Su confesor en Orizaba se lo había advertido: "*A very evil land*", y Greene, converso al catolicismo, creyó constatarlo a cada paso: "Supongo que siempre ha existido odio en México —apuntó—, pero ahora el odio es la enseñanza oficial: ha superado al amor en el plan de estudios [...] Uno se niega a creer que logrará algo bueno: y es que ese odio envenena los pozos de humanidad". Ahí estaba también la huella de una existencia puritana (las luces se apagaban todavía a las 21:30, la venta y el consumo de alcohol estaban prohibidos) y el recuerdo de una sociedad regimentada: cooperativas de distribución agrícola controladas por el gobierno, "ligas de resistencia" obligatorias para cada gremio de trabajadores o empleados, y, sobresaliendo entre todas, los llamados "camisas rojas", contingentes estudiantiles de ambos sexos uniformados con colores rojinegros, recorriendo las calles con disciplina fascista y sirviendo como tropas de adoctrinamiento y choque para la intensa campaña "contra Dios y la religión". En escenas filmadas por el gobierno de Garrido para fines de propaganda se veía cómo los "camisas rojas" (precursores de los "guardias rojos" chinos) empuñaban la piqueta para destruir, piedra por piedra, la catedral de Villahermosa; arrojaban a las llamas imágenes piadosas de los templos destruidos y los objetos de culto que la gente guardaba en sus casas, y escenificaban tumultuosos "autos de fe" donde los niños, maestros, jóvenes y viejos se turnaban para destruir con la piqueta grandes esculturas de Cristo crucificado.

A juicio de López Obrador, el mérito de Garrido fue convertir a Tabasco "en la meca política del país". El uso de la metáfora religiosa no era casual. Tabasco, en efecto, creció a través de los siglos con una población alimentada por la madre naturaleza, pero literalmente dejada de la mano de Dios: sin la presencia de los misioneros que evangelizaron a la mayor parte del país, casi sin templos ni parroquias (el obispado, muy tardío, es de 1880), y con una cuota de sacerdotes pequeñísima frente al promedio nacional. Tampoco las instituciones de enseñanza —colegios o seminarios, comunes también en el resto de la República— se arraigaron en el lugar (el Instituto Juárez, único plantel de enseñanza superior, no se fundó hasta 1879). Además de su aislamiento geográfico, Tabasco resentía su marginalidad espiritual, y esperaba su oportunidad para afirmarse en la historia nacional, para convertirse en su Meca. Esa oportunidad arribó con la Revolución mexicana.

Había llegado de fuera, traída por los generales del norte y del Altiplano. El primero que puso su sello en Tabasco fue el general Francisco J. Múgica, antiguo seminarista de la seráfica ciudad de Zamora que, en un movimiento muy típico de los revolucionarios de la época, se había rebelado contra su formación católica llevando el jacobinismo a extremos de profanación sólo vistos en la Revolución francesa o antes, en la Inglaterra isabelina. Al llegar a Tabasco en 1916, Múgica ocupó con sus tropas la catedral, cambió el nombre de la capital de San Juan Bautista a Villahermosa, y dio inicio a un reparto agrario. Múgica estaba orgulloso de la naturalidad con que los tabasqueños parecían adoptar su radicalismo antirreligioso: "Hay que tabasqueñizar a México", llegó a decir. Según Andrés Manuel López Obrador, Múgica —tutor de Garrido— fue "el más idealista de los revolucionarios".

En su libro *Entre la historia y la esperanza* (1995), López Obrador describe este proceso como un historiador oficial, sin mayor distancia crítica. Gracias a Garrido —recuerda—, Álvaro Obregón había dicho: "Tabasco es el baluarte de la Revolución". Debido a su falta de tradición religiosa —escribió—, Tabasco tenía "condiciones ideales" para la política anticlerical. Aunque entrecomilló la "obsesión" de Garrido por destruir de raíz "el virus religioso", su recuento de aquella gestión era neutro o francamente positivo, como cuando refería la "extraordinaria" labor educativa, la organización de las Ligas de Resistencia obreras y campesinas, las ferias y los conciertos. Si bien le objetaba que, "en sentido estricto, no fuera socialista" y que "sin ser un dictador, fuese un caudillo autoritario", lo consideraba "un visionario de gran sensibilidad que supo combinar armónicamente economía y política". Para López Obrador, su verdadero error fue táctico y posterior a su gubernatura: "Querer trasladar la política anticlerical del trópico al altiplano […] Eran otras las condiciones". (En 1935, siendo ya ministro de Agricultura en el gobierno de Cárdenas, Garrido ordenó una matanza de católicos en la Ciudad de México, hecho que le valió su dimisión y exilio a Costa Rica.) "Don Tomás", en definitiva, era objeto de su admiración: "Era muy hábil, muy eficaz, muy sensible […] Tenía un instinto certero […] tenía otra cosa que también es fundamental […] era un hombre con aplomo".

López Obrador admiraba al político en Garrido, pero no veía que el político era inseparable del teólogo. El celo antirreligioso de Garrido Canabal era en sí mismo "religioso", un reverso torcido y cruel del celo que furiosamente combatía. Esa dialéctica está en el centro de la novela de Greene. Al describir al teniente garridista, puritano y ateo, Greene percibe "algo sacerdotal en su andar decidido y vigilante, parecía un teólogo que volvía sobre los errores de su pasado para destruirlos nuevamente […] Hay místicos que dicen haber conocido directamente a Dios. Él también era un místico y lo que había conocido es el vacío". El espacio de ese vacío, el espacio de la fe, no se llenó en Tabasco con un humanismo laico. Se llenó, sobre todo, con una fe agresiva y militante. En la Meca tabasqueña no se enseñaba la ciencia: se la predicaba. En términos históricos y culturales, en el Tabasco de entonces no había Ilustración: había una religiosidad invertida, y había iconoclasia.

Esa paradójica inserción de Garrido en la sociología religiosa es un dato crucial: se daría también —aunque con un perfil distinto— en Andrés Manuel López Obrador. Según algunas versiones, su religión, como la de más de 20% de los tabasqueños, era evangélica. Según su propio testimonio, es católico, aunque no practicante. Una biografía oficiosa consigna que, siendo adolescente en Macuspana, fue monaguillo y recorría los pueblos pobres con los curas. La familia creyó que tenía vocación sacerdotal. Su amistad posterior con el poeta Carlos Pellicer (hermano espiritual de Neruda, hombre de izquierda, cantor de la naturaleza, de la América hispana y de la religiosidad cristiana) fue, seguramente, otro momento de inspiración. ¿Frecuentó en algún periodo posterior a los jesuitas postconciliares? En todo caso, su religiosidad fue buscando cauces propios, políticos, pero habría de tener una inspiración garridista: puritana, dogmática, autoritaria, proclive al odio y, sobre todas las cosas, redentorista.

Gilly tenía razón, pero no sólo la coreografía, la escenografía, el culto a la personalidad que rodeaban a López Obrador provenían del Tabasco de Garrido Canabal. También la propensión al liderazgo religioso en la política. En la era de Garrido (que duró 14 años: un salvador, como se sabe, necesita tiempo), el diario oficial se llamaba *Redención*, se publicaban poemas religiosamente ateos, se escribían nuevos "credos" y loas al salvador: "Ese hombre es Garrido / el hombre de acción / que al pueblo oprimido / trajo redención".

Hacia mediados de 2004 el tema del liderazgo religioso comenzó a aparecer explícitamente en las entrevistas de López Obrador. Él no buscaba el poder, sino la oportunidad de servir al prójimo. Su desapego de los bienes terrenales, su pureza, no eran sólo virtudes personales sino argumentos de autoridad política indisputable, pruebas de que él tenía la razón, que sus adversarios estaban equivocados o actuaban de mala fe. Para entonces ya se refería a su persona en términos inconfundiblemente mesiánicos: "Yo estoy convocando a un movimiento de conciencia, un movimiento espiritual, mucha gente que me ve, gente humilde, lo que me dice es que está orando […] Yo soy muy demócrata y muy místico, estoy en manos de la gente".

El otro gran líder de Tabasco (mitad cacique, mitad caudillo) había sido Carlos Madrazo. López Obrador se refirió a él también en *Entre la historia y la esperanza* y en entrevistas posteriores. Becado desde joven por Garrido —fundador de los "camisas rojas", impulsor de la "educación socialista"—, se incorporó en los años treinta a las filas del PRI (entonces el Partido Nacional Revolucionario). En 1958 alcanzó su sueño, llegó a Tabasco con "el ferviente deseo de gobernar": "Tengo recuerdos de él cuando llegaba a mi pueblo —rememoraba López Obrador—. Había cierta veneración por los hombres del poder. Cuando Madrazo visitaba Tepetitán se ponían arcos de triunfo con palmas, las calles se adornaban […] lo recibían las mujeres más bellas del pueblo".

Madrazo presidió una nueva etapa de crecimiento económico, obra pública y concentración de poder. A los ojos de López Obrador, Madrazo era admirable, pero imperfecto: "No era un idealista, no actuaba motivado por las necesidades de la gente […] del pueblo raso, de los de abajo". Sin embargo, en los años sesenta, siendo presidente nacional del PRI, había intentado una audaz reforma democrática, la celebración de elecciones internas en el partido. El sistema no lo toleró y Madrazo dimitió. Durante el movimiento estudiantil del 68, pudo haber fundado una corriente política de oposición. López Obrador recuerda cuánto se reprochaba a sí mismo su indefinición. En junio de 1969, meses antes del periodo preelectoral, el avión comercial en que viajaban Madrazo y su esposa se estrelló en la sierra de Monterrey. Dejaban huérfanos a sus hijos, entre ellos a Roberto, que desde 1994 se volvería el principal enemigo político de López Obrador. "Yo tengo razones suficientes para sostener que fue un asesinato político, iba a lanzarse como candidato independiente", sostenía López Obrador.

Carlos Madrazo era su modelo político. Los adjetivos que le dedicaba en su libro eran caudalosos como el Usumacinta: avispado, ejecutivo, eficiente, de mucho carácter, todo él era nervio y acción, apasionado, abierto, desbordante, caliente, auténtico. Al hablar de Madrazo estaba hablando de sí mismo.

Finalmente, junto a Garrido y Madrazo, en el libro *Entre la historia y la esperanza* aparecía un tercer personaje. Era el sucesor natural de ambos. Como ellos, gustaba de sentir "la veneración por los hombres del poder", y compartía con ellos "el ferviente deseo de gobernar". Heredaría sus virtudes y corregiría sus defectos; él era un idealista de izquierda; nunca se reprocharía su indefinición porque se había atrevido a salir del espacio institucional; no se identificaba con "los de arriba", él sólo quería el poder para servir a "los de abajo". Él sí sabría cómo purificar a la Revolución. En él terminaba la historia y comenzaba la esperanza. Era, naturalmente, Andrés Manuel López Obrador.

El "rayo de esperanza"

Su trayectoria de líder social y activista político, recogida en ese libro y en varias biografías subsiguientes, es notable por su tenacidad y eficacia. Su carrera había comenzado en 1976, como director de campaña de Carlos Pellicer, cuando el viejo poeta lanzó su candidatura como senador del PRI (y de los indígenas chontales, decía él) por Tabasco. Quizás fue suya la idea de no gastarse en publicidad todo el dinero que el PRI les dio para la campaña, sino comprar máquinas de coser y regalarlas a las comunidades pobres, como se hizo. Pellicer moriría en 1977, pero recomendaría a su discípulo con el gobernador Leandro Rovirosa, que al advertir de inmediato la "emoción social" de aquel joven impetuoso, le encomienda la dirección del centro que atendía a los indígenas de Tabasco, los "chontales". "Andrés lo tomó como si se hubiera tratado de una misión —recordaba su esposa—. Muchas veces, en lugar de ir al cine o a un parque conmigo, yo lo acompañaba a reuniones o a asambleas para aprovechar el poco tiempo que teníamos para vernos." Gracias al súbito y fugaz boom petrolero de esos años, el gobierno pudo apoyarlo para financiar la construcción de obras sanitarias, pisos de concreto, letrinas y viviendas para los indígenas. Los "camellones chontales" creados por López Obrador (islotes de tierra firme ganados al agua, inspirados en técnicas de los aztecas) serían sus primeras "obras públicas", visibles y útiles.

En 1982 tomó posesión un nuevo gobernador, Enrique González Pedrero. Brillante maestro de la UNAM, hombre de izquierda y teórico de la política, González Pedrero y su esposa, la escritora Julieta Campos, reconocieron la vocación social del fogoso líder, y el gobernador le encomendó la dirección del PRI estatal. López Obrador puso en marcha una reforma democrática interna no muy distinta de la que Carlos Madrazo había intentado en su momento. Se dice que, al advertir en el proyecto ecos de la organización territorial del Partido Comunista Cubano, González Pedrero le advirtió "esto no es Cuba", pero el líder persistió en su plan. Igual que con Madrazo, los jefes políticos locales se rebelaron y, de manera intempestiva, el gobernador le exigió la renuncia, ofreciéndole la Oficialía mayor. López Obrador declinó y emigró con su familia a México. Del exilio lo sacó la siguiente elección estatal. Todavía dentro del PRI, buscó la candidatura a la presidencia municipal de Macuspana y, al serle denegada, la fraguó con una coalición de partidos de izquierda.

Su trayectoria correría en paralelo a la de Cuauhtémoc Cárdenas que, sintiéndose verosímilmente despojado del triunfo legítimo en las elecciones presidenciales de 1988, optaría por fundar el PRD. Su hombre en Tabasco fue López Obrador. Recorriendo los pueblos, pernoctando en las comunidades, editando un periódico combativo —*Corre la voz*—, López Obrador edificó exitosamente al PRD tabasqueño. Su primera gran campanada fueron las elecciones intermedias de 1991. El PRI reclamó, como siempre, el triunfo completo, pero López Obrador había construido una poderosa base social y, para protestar por el fraude, encabezó un "éxodo por la democracia" (de obvias resonancias bíblicas) a la Ciudad de México. Una multitud de campesinos recorrió el país, del Trópico al Altiplano, y acampó en el Zócalo (la zona teocrática). El gobierno de Salinas de Gortari no tuvo más remedio que ceder a la presión. López Obrador regresó a Tabasco con una buena cosecha: tres municipios reconocidos para el PRD y la inminente renuncia del gobernador. De aquel movimiento, López Obrador extrajo una experiencia clave, que le confió a un amigo: "Diálogo verdaderamente sustantivo para el avance de la democracia es el que se acompaña de la movilización ciudadana".

En 1992 López Obrador amplía su radio de acción: organiza exitosas movilizaciones y marchas en defensa de trabajadores transitorios despedidos por Pemex. "La empresa —recuerda en su libro— tuvo que acceder a pagar las prestaciones básicas de miles de transitorios, no sólo en Tabasco sino en todas las zonas petroleras del país." Dos años más tarde, va tras la huella de Garrido y Madrazo: se lanza a la gubernatura de Tabasco. Su contrincante es nada menos que Roberto Madrazo que, a diferencia de su padre, ha seguido una trayectoria de ortodoxia partidista y ha operado de manera turbia en no pocos procesos electorales. En su campaña, López Obrador ofrece 32 compromisos muy similares a los que aplicará en el gobierno del Distrito Federal. Visita todos los municipios, conoce a cientos de miles de ciudadanos. "La gente estaba prendida", recuerda. Las elecciones son disputadas, y por una diferencia de apenas 20 000 votos se declara el triunfo de Madrazo. López Obrador busca deliberadamente una proyección nacional y organiza una "caravana por la democracia" hacia la Ciudad de México. En Tabasco, la protesta incluye nuevas tomas de las instalaciones petroleras. Sus simpatizantes se posesionan de la plaza de armas en Villahermosa, se declaran en desobediencia civil e instalan un gobierno paralelo.

A principios de 1995, decidido a abrir de verdad el sistema político, el presidente Zedillo pacta con todas las fuerzas —incluido el PRD— una reforma que consolidaría la autonomía del Instituto Federal Electoral y echaría a andar la transición democrática. Zedillo no acude a la toma de protesta de Madrazo, que habita un "búnker" en Villahermosa. Ante el peligro inminente de una represión, López Obrador disuelve el plantón en Villahermosa, pero al poco tiempo convierte su derrota en victoria al exhibir, en un segundo "éxodo" de campesinos tabasqueños al Zócalo de México, las cajas con documentos que contenían pruebas del fraude electoral en Tabasco.

En el horizonte se dibuja la oportunidad de incidir, no ya en la política de Tabasco, sino en la nacional. En 1996 moviliza a las organizaciones indígenas de La Chontalpa para tomar 50 pozos petroleros. Protestan por el daño ecológico causado por la empresa y apoyan a productores con carteras vencidas. La fuerza pública encarcela a 200 seguidores. López Obrador cumple ya 20 años como líder social, siempre en ascenso: "Este país no avanza con procesos electorales —le confía entonces a su paisano, Arturo Núñez—, avanza con movilizaciones sociales". Había arribado a su teoría de la movilización permanente. El problema, claro, era que la movilización y algunas formas de resistencia (como la negativa a pagar la luz) podían entrar en conflicto con el Estado de derecho. Pero el derecho para López Obrador —apunta el propio Núñez— no era (ni es) más que una "superestructura" creada por los burgueses para oprimir al trabajador. El 10 de noviembre de 1995 escribió la última línea de su libro, con una profecía:

Hemos aprendido que se puede gobernar desde abajo y con la gente; desde las comunidades y las colonias; desde las carreteras y las plazas públicas; que no hace falta tener asesores ni secretarías ni guaruras; que lo indispensable es poseer autoridad moral y autoridad política; y tenemos la convicción de que mientras no haya ambiciones de dinero y no estemos pensando nada más en los puestos públicos, seremos políticamente indestructibles.

Gobernar es una palabra que le gusta a López Obrador. La usa como sinónimo de mando. Gobernaba sin ser gobernador. Y seguiría su incontenible ascenso hasta volverse "el rayo de esperanza": la presidencia nacional del PRD en 1996 (muy exitosa en lo electoral, pero no en el avance de la democracia interna del partido), la jefatura del gobierno del Distrito Federal en 2000 y, a fines de 2005, la candidatura a la presidencia de la República por el PRD.

"TABASCO EN SANGRE MADURA"

En términos sociológicos, su misión "providencial" proviene del redentorismo garridista. Pero ¿cuál es el resorte psicológico de su actitud? Sus hagiografías refieren el episodio de una excursión con el poeta Pellicer y unos amigos, en el que la traicionera corriente de un río en Tabasco puso al joven Andrés Manuel en trance de muerte. Según esa versión, López Obrador habría interpretado su salvación como un llamado a cumplir con una misión trascendental. Pero otras publicaciones consignan un hecho anterior, íntimo, que tuvo lugar en Tabasco.

Graham Greene había escrito que Tabasco "era como África viéndose a sí misma en un espejo a través del Atlántico". Extrañamente, Andrés Iduarte —"el mejor escritor de Tabasco" según López Obrador— tenía una línea similar: "Tabasco es un país de nombres griegos y alma africana". En su obra *Un niño en la Revolución mexicana*, uno de los textos clásicos del género, Iduarte se refiere con insistencia a los rostros de la violencia en Tabasco: "El desprecio a la muerte, presente en todo mexicano, adquiere en Tabasco un diapasón subido [...] El tabasqueño peleaba y mataba sin saber que hacía algo malo [...] Lo malo no es que maten [en Tabasco], lo malo es que crean que matar es algo natural".

"Estábamos envenenados de una hombría bárbara", apuntaba Iduarte, recordando cómo los muchachos "usaban una pistola encajada en el pantalón, bajo la blusa" y se liaban "con brutalidad", en "verdaderas batallas [...] con rifles de salón bajo los platanares". ¿Cómo explicarlo? Era el "ambiente de Tabasco, cargado de pasiones tempestuosas", era el "individualismo tropicalmente vital, impetuoso, desorbitado", era la voz de la selva a cuya escucha los hombres se "agujereaban a tiros por la más leve ofensa". Iduarte hablaba por experiencia propia. Hombre culto y gentil, escribía su memoria en 1937, fuera del país. Autor de una obra literaria e histórica vastísima, Iduarte llegaría a ser profesor emérito de la Universidad de Columbia en Nueva York, pero viviría casi todo el resto de su vida en destierro voluntario. Presa de la "pasión tropical", el caballeroso Iduarte había matado a un hombre.

Andrés Manuel López Obrador vivió también una dolorosa experiencia con la muerte. En su edición del 9 de julio de 1969, los periódicos *Rumbo Nuevo*, *Diario de Tabasco* y *Diario Presente* consignaban la muerte de su hermano, José Ramón López Obrador. Los hechos habían ocurrido a las 16:00 del día anterior, en el almacén de telas Novedades Andrés, propiedad de la familia en Villahermosa. De la declaración que rindió Andrés Manuel López Obrador ante el agente del ministerio público (recogida parcialmente en la prensa), se desprendía que los dos hermanos habían tenido una discusión. Tomando un arma, José Ramón había querido convencer a su hermano de "espantar" a un empleado de una zapatería cercana. Andrés Manuel habría intentado disuadirlo, pero José Ramón lo tildaba de miedoso. De pronto, al darle la espalda a su hermano, Andrés Manuel escuchó un disparo. Trató de auxiliarlo y quiso llevarlo rápidamente con un médico, pero al poco tiempo José Ramón dejó de existir. Versiones distintas consignaban que a Andrés Manuel, accidentalmente, se le había escapado un tiro. La declaración ministerial desapareció de los archivos.

Cabe conjeturar que la muerte de su hermano no pudo menos que pesar profundamente en la vida de Andrés Manuel. Tal vez de allí proviene su conciencia de los peligros de la "pasión tropical", de esa "ruda franqueza", tempestuosa, desbordante, que sin embargo aflora en él saliéndose de cauce con mucha frecuencia. Y quizás también de allí provenga su actitud mesiánica. Él no había sido culpable de los hechos, pero tal vez pensaría que podía haberlos evitado. En un cuadro así parece difícil liberarse de la culpa. Y la culpa, a su vez, busca liberarse a través de una agresividad vehemente, tan temeraria como para tomar pozos petroleros. O mediante vastas mutaciones espirituales. López Obrador pudo haber encontrado su forma de expiación llenando su existencia con una misión redentora. Dedicaría la vida al servicio de los chontales, de los tabasqueños, de los mexicanos, del "pueblo".

"Tabasco en sangre madura", había escrito Carlos Pellicer. Andrés Iduarte y Andrés Manuel López Obrador sabían con cuánta verdad.

PERSONALIDAD "MANÁ"

Ése es "el hombre de acción que a todas sus huestes trae redención". La versión actual de Garrido Canabal que desde el poder purificará y organizará a la sociedad, mostrándole el camino de la verdadera convivencia, liberándola de sus opresores. En sus ratos de ocio lee cuentos sobre Pancho Villa, y —dato curioso— recomienda la lectura de *El poder y la gloria.* Lo inquietante no es su ideología: la opinión liberal en México podría ver con naturalidad y con buenos ojos la llegada al poder de una izquierda democrática, responsable y moderna, como ocurrió en Brasil y Chile. Tampoco preocupa demasiado su programa: da la espalda a las ineludibles realidades del mundo globalizado e incluye planes extravagantes e irrealizables, pero contiene también ideas innovadoras, socialmente necesarias. Lo que preocupa de López Obrador es López Obrador. No representa a la izquierda moderna que, a mi juicio, sería la alternativa ideal frente a un PAN ultramontano, sin autoridad política, y un PRI anquilosado, sin autoridad moral. Representa a la izquierda autoritaria. "No es un pragmático —comenta Gustavo Rosario Torres, perspicaz tabasqueño, psicólogo de tabasqueños—, el altiplano no lo atempera, le gana la 'pasión tropical'." Pero la suya no es una simple pasión política, sino una pasión nimbada por una misión providencial que no podrá dejar de ser esencialmente disruptiva, intolerante.

En una entrevista de televisión, al preguntársele por su religión, contestó que era "católico, fundamentalmente cristiano, porque me apasiona la vida y la obra de Jesús; fue perseguido en su tiempo, espiado por los poderosos de su época, y lo crucificaron". López Obrador no era cristiano porque admirara la doctrina de amor de los Evangelios, porque creyera en el perdón, la misericordia, la "paz en la tierra a los hombres de buena voluntad". Él era "fundamentalmente cristiano" porque admiraba a Jesús en la justa medida en que la vida de Jesús se parecía a la suya propia: comprometida con los pobres hasta ser perseguido por los poderosos. La doble referencia a "su época" y "su tiempo" implicaba necesariamente la referencia tácita a nuestra época y a nuestro tiempo, donde otro rebelde, oriundo no de Belén sino de Tepetitán, había sido perseguido y espiado por los poderosos, y estuvo a punto de ser crucificado en el calvario del desafuero. No había sombra de cinismo en esta declaración: había candor, el candor de un líder mesiánico que, para serlo cabalmente, y para convocar la fe, tiene que ser el primero en creer en su propio llamado. No se cree Jesús, pero sí algo parecido.

Hay diversos escenarios para la mañana del 3 de julio de 2006, pero son tres los que, en mi opinión, tienen mayor posibilidad. El menos probable es la derrota de López Obrador por un margen amplio, digamos más de 7%: en ese caso, el tabasqueño esperaría una nueva oportunidad en 2012. Si el margen fuera menor que 7%, López Obrador repetirá su experiencia en Tabasco: desconocerá los resultados, aducirá fraude, hablará de complot, fustigará a los ricos, redoblará sus apuestas, invocará la resistencia civil, llamará a movilizaciones en todo el país para convocar a nuevos comicios y hasta intentará formar un gobierno paralelo. Si Madrazo se suma a las protestas, la situación sería caótica: aunque, en teoría, ese endurecimiento le daría una posición más fuerte para negociar un pacto de gobernabilidad, las fuerzas desatadas en el proceso podrían resultar incontenibles. En caso de darse la convergencia, ésta tendería a desacreditar la movilización del PRD, aunque no necesariamente a detenerla, porque para ello haría falta también negociar con López Obrador y el PRD.[1] La tercera posibilidad —que es alta en este momento—, es el triunfo de López Obrador en las

---

[1] El segundo escenario se cumplió parcialmente: López Obrador fue derrotado con un margen de apenas 0.58%, adujo fraude, movilizó a sus partidarios, bloqueó el Paseo de la Reforma e intentó formar un "gobierno legítimo". Más tarde señaló que dicho bloqueo sirvió para calmar los ánimos y evitar "violencia y muerte" (*Proceso*, 20 de marzo de 2012).

elecciones. En ese caso, la democracia en México también enfrentará una prueba histórica, aunque en otros términos.

Hace 30 años, en su ensayo "El 18 Brumario de Luis Echeverría" (*Vuelta*, diciembre de 1976), Gabriel Zaid recordaba los estudios de Jung sobre la "personalidad maná": "El inconsciente colectivo puede arrastrar a un hombre al desequilibrio, exigiéndole cumplir expectativas mesiánicas". Para compensar su responsabilidad en el crimen del 68, Echeverría asumió una personalidad mesiánica. Pero para acotarlo —además del límite infranqueable de los seis años—, el sistema político mexicano tenía sus propios valladares internos, como la fuerza de los sindicatos.

Ahora, mucho más que en la época de Echeverría, la dialéctica descrita por Jung está operando. El "inconsciente colectivo" de muchos mexicanos está arrastrando a López Obrador al desequilibrio, exigiéndole cumplir expectativas mesiánicas: "Acá Andrés Manuel es como una creencia, nosotros pedimos en la iglesia para él", dijo una mujer de la comunidad Pentecostés, durante la gira de 2006 por Tabasco. "Yo que soy católica también pido que gane", dijo otra. "México necesitaba un Mesías y ya llegó López Obrador", decía una pancarta en el pueblo natal de Juárez. Pero él ha sido el primero en alentar esas expectativas y en creer que puede cumplirlas. "Ungido", más que electo, por el pueblo, podría tener la tentación revolucionaria y autocrática de disolver de un golpe o poco a poco las instituciones democráticas, incluyendo la no reelección. Ésta parece ser, por cierto, la preocupación de Cuauhtémoc Cárdenas, líder histórico de la izquierda mexicana, hombre tan ajeno a la explotación de la religiosidad popular para fines políticos como lo fue su padre, que por ese motivo rompió con Garrido Canabal. En una charla, Cárdenas me dio a entender que no descarta la perpetuación de su antiguo discípulo en el poder. Quizá tenga razón. Un proyecto mesiánico aborrece los límites y necesita tiempo: no cabe en el breve periodo de un sexenio.

Pero México no es Venezuela. Si bien ya no existen los antiguos valladares del sistema que autolimitaban un poco los excesos del poder absoluto, ahora contamos con otros, nuevos, pero más sólidos: la división de poderes, la independencia del Poder Judicial, la libertad de opinión en la prensa y los medios, el Banco de México, el IFE.[2] México es, además, un país sumamente descentralizado en términos políticos y diversificado en su economía. El federalismo es una realidad tangible: los gobernadores y los estados tienen un margen notable de autonomía y fuerza propia frente al centro. Adicionalmente, dos protagonistas históricos, la Iglesia y el ejército, representarán un límite a las pretensiones de poder absoluto, o a un intento de desestabilización revolucionaria: la Iglesia se ha pronunciado ya por el respeto irrestricto al voto, y el ejército es institucional. Por sobre todas las cosas, México cuenta con una ciudadanía moderna y alerta. Los instintos dominantes del mexicano son pacíficos y conservadores: teme a la violencia porque en su historia la ha padecido en demasía.

Costó casi un siglo transitar pacíficamente a la democracia. El mexicano lo sabe y lo valora. De optar por la movilización interminable, potencialmente revolucionaria, López Obrador jugará con un fuego que acabará por devorarlo. Y de llegar al poder, el "hombre maná", que se ha propuesto purificar, de una vez por todas, la existencia de México, descubrirá tarde o temprano que los países no se purifican: en todo caso se mejoran. Descubrirá que el mundo existe fuera de Tabasco y que México es parte del mundo. Descubrirá que, para gobernar democráticamente a México, no sólo tendrá que pasar del trópico al Altiplano sino del Altiplano a la aldea global. En uno u otro caso, la desilusión de las expectativas mesiánicas sobrevendrá inevitablemente. En cambio la democracia y la fe sobrevivirán, cada una en su esfera propia. Pero en el trance, México habrá perdido años irrecuperables.

Letras Libres, junio de 2006

---

[2] Desde 2014, Instituto Nacional Electoral (INE).

México, en la antesala del populismo

México se ha librado, hasta ahora, de caer en un régimen populista. La adulteración de la democracia en nuestro país ocurrió por caminos distintos al populismo. "Termina la era de los caudillos, comienza la de las instituciones", proclamó Plutarco Elías Calles en 1928. Esas "instituciones" fueron una, el PRI, partido-gobierno-máquina electoral de represión, corrupción y cooptación que, no obstante, evitó la reaparición del caudillismo. Y aunque mantuvo al país en un estado de adolescencia política, el PRI impidió los liderazgos populistas, claramente encarnados, en su tiempo, por Juan Domingo y Evita Perón.

Lázaro Cárdenas fue un presidente revolucionario que buscó cumplir al pie de la letra los artículos centrales de la Constitución de 1917. Eso lo convirtió en un presidente popular, no en un populista. Llegado su límite dejó el poder y, a diferencia de los populistas típicos, jamás utilizó la palabra como medio específico de dominación (le apodaban *la Esfinge de Jiquilpan*). Cuando un presidente llevaba demasiado lejos el culto a su personalidad (Miguel Alemán) y acariciaba el sueño de la reelección (el propio Alemán, Echeverría, Salinas), el sistema tenía límites temporales intocables (de seis años) para acotar sus delirios y aspiraciones. La razón histórica de fondo es clara: el carisma no residía en el presidente sino en la Silla Presidencial. En otras palabras, el presidente era un monarca sexenal absoluto, pero su poder estaba en la institución que representaba, no en su persona.

Luis Echeverría, sin tener dotes mayores (o menores) para el discurso público, intentó concentrar personalmente el poder a la manera de un populista, pero cuando quiso crear una base sindical propia por encima de las instituciones vigentes —es decir, del PRI— el poderoso líder obrero Fidel Velázquez lo rebasó temporalmente por la izquierda, amagó con la huelga nacional y lo puso en su lugar. José López Portillo era, él sí, campeón de oratoria y cautivaba a las masas, pero lo hacía más por vanagloria que por ambición. Aunque ambos dieron un uso populista a los recursos públicos y no dejaron de fustigar a enemigos reales o fingidos (al "no pueblo"), su poder era institucional, no personal, y cesaba a los seis años. Y no cabe hablar en esos casos de un "populismo institucional", porque la supeditación de la persona a la institución priva al populismo de su significado. La esencia del populismo está en el vínculo directo (hipnótico, mediático) del líder que arenga al "pueblo" contra el "no pueblo" merced a su irrepetible persona, no a su impersonal investidura. En suma, el antiguo sistema político, con todos sus defectos, atajó la regresión caudillista y la deriva populista.

★ ★ ★

El año 2000 marcó el fin del sistema político mexicano. Con el advenimiento de la democracia y las elecciones libres, hubo alternancia en el Poder Ejecutivo, pluralidad en el Legislativo, autonomía del Judicial, mayor libertad de expresión. Al mismo tiempo, apareció en la escena pública un líder claramente populista, Andrés Manuel López Obrador. Contendió para la presidencia de la República en 2006 (perdiendo con un margen estrechísimo), lo intentó nuevamente en 2012 (y fue derrotado con un margen mayor) y lo intenta nuevamente (quizá con éxito) en 2018.

AMLO (como se le conoce) siempre se ha considerado un liberal en la tradición mexicana, un juarista. ¿Es posible ser liberal y populista? ¿O republicano y populista? ¿O demócrata y populista? No es posible.

En "El mesías tropical" (*Letras Libres*, junio de 2006) expuse en detalle las razones por las que AMLO no pertenece a esas corrientes de pensamiento, de acción, de convicción. No es liberal porque su tema es el poder, no la limitación del poder. La libertad no aparece nunca en su horizonte político y moral. No es republicano porque ha hablado con desdén de la división de poderes y aun de las instituciones públicas autónomas, que en su conjunto limitan el poder personal, discrecional y arbitrario. Para él, la ley humana no es la norma suprema. Su concepto, por momentos, ha colindado con el marxismo: la ley es un arma de los ricos para dominar a los pobres. Y finalmente, López Obrador no es demócrata porque tiene un concepto revolucionario —en el sentido rousseauniano— del pueblo, como una Voluntad general que privilegia las movilizaciones masivas sobre la modesta, secreta y silenciosa acción de votar. En una democracia representativa, el "pueblo" es la suma de voluntades individuales expresadas en el voto. Para López Obrador, el "pueblo" es la plaza pública que se llena al conjuro de su llamado. "Este país —ha repetido muchas veces— no avanza con procesos electorales, avanza con movilizaciones sociales." Los liberales del siglo XIX pensaban lo contrario: este país avanza con procesos electorales y reformas. Los liberales, republicanos y demócratas de ahora pensamos lo mismo.

El caudillaje político de AMLO parecería corresponder al de los grandes jefes de la Revolución mexicana, con quienes expresamente se identifica. Pero tampoco ahí encaja. No es un demócrata liberal puro como Madero, un anarquista campesino como Zapata o un ranchero justiciero como Villa. AMLO no aconseja la vía armada, pero su receta para México no es institucional como la de Calles y Cárdenas, cuya obsesión —vale repetir— fue poner fin (una vez más, como en el siglo XIX) a la era de los caudillos y dar inicio a la era de las instituciones.

En el siglo XXI, con el advenimiento de la democracia, la institución presidencial ha dejado su aura tradicional y monárquica. El poder ha quedado disperso espacialmente (en los 32 estados) y limitado funcionalmente por el Legislativo y el Judicial. Hay, además, una mayor libertad de expresión. Pero esa misma acotación institucional del poder ha abierto (como en el caso venezolano) el flanco del populismo, que puede instaurarse con la legitimidad de los votos. El caudillo López Obrador puede aprovechar la dispersión del poder para afirmarse personalmente con "el pueblo", por encima de las leyes y las frágiles instituciones.

★ ★ ★

AMLO no es un populista más: es un populista nimbado de santa ira. Cuando en 2012 comenzó a hablar de "la república amorosa" y más tarde, al ser derrotado, reapareció su beligerancia, no pensé que su actitud fuera incoherente. Amor e iracundia son rasgos de todo redentor, hasta del redentor de los Evangelios, con quien López Obrador, en un arrebato místico ante las cámaras, llegó a equipararse: "Fue perseguido en su tiempo, espiado por los poderosos de su época, y lo crucificaron". Justamente ahí ha estado mi reparo mayor hacia el personaje. Su mesianismo me parece incompatible con la democracia.

Se dirá que en el hipotético caso de llegar al poder respetaría los contrapesos republicanos, las libertades, las instituciones y las leyes, pero toda su biografía apunta a lo contrario. Y todos los rasgos de su personalidad. ¿Cómo caracterizar a una persona que a cada pregunta crítica que se le hace responde con una intimidatoria serie de negaciones "no, no, no" que cancelan el diálogo? ¿Cómo se llama el síndrome de quien oye pero no escucha, y que frente a cada dato objetivo que se le propone contesta con la hipotética existencia de "otros datos"? ¿Cómo interpretar a quien, sin límite o recato, practica el elogio de su inusitada pureza moral, como si todos los demás, meros mortales, fuésemos seres caídos, pecadores, inferiores? ¿Cómo conceptuar a quien ve el vasto mundo dominado por fuerzas malignas que conspiran "en lo oscurito" contra las virtudes teologales de la fe y la esperanza que él, y sólo él, representa? ¿Cómo debe catalogarse a una persona que, relevando al falible prójimo de emitir un juicio, se refiere a su propio trabajo político (por más esforzado, por más ameritado que sea) como un "apostolado"? ¿Quién puede creer que, con la sola impregnación de su presencia, puede desterrar la corrupción? ¿O que con su taumaturgia pueda multiplicar los panes y los empleos? ¿O con su sola imantación logre traer a México la paz y la concordia?

AMLO se ve a sí mismo —y muchos mexicanos lo ven también— como un redentor político. Como el camino, la verdad y la vida del pueblo. Bajo esa óptica todo cae en su lugar. Los redentores no pierden, no pueden perder. Si pierden, el mundo que los rodea pierde con ellos, se condena. Lucharán toda su vida por alcanzar el poder. Alcanzándolo, en nombre del pueblo, en comunión con el pueblo, lo querrán todo, sin divisiones, desviaciones ni disidencias. Y a la postre buscarán perpetuarse. Hasta el último aliento. No son ambiciosos vulgares. Encarnan la salvación.

III

FASCISTA AMERICANO

Samuel Huntington, el profeta de Trump

Tras el ataque brutal de Al Qaeda (que en algún sentido presagió en su famoso libro *Clash of Civilizations and the Remaking of the World Order*), el profeta Samuel Huntington escucha voces, ve visiones y anticipa un nuevo peligro: su provocador ensayo "The Hispanic Challenge" (*Foreign Policy*, marzo–abril, 2004) descubre que los mexicanos han "establecido cabezas de playa" por todo el territorio estadounidense, en particular en los dominios de México anteriores a la Guerra de 1847. Esa invasión —que parecería planeada—, esta "reconquista", constituye, a su juicio, el mayor peligro para la identidad histórica, cultural y lingüística, y para los sistemas políticos, legales, comerciales y educativos, y aun para la integridad territorial de Estados Unidos. ¿Clarividencia histórica? No: moros con tranchete.

Hay muchas razones para preocuparse por el problema migratorio. En México es una vergüenza nacional. Como los irlandeses en el siglo XIX, la mayor parte de los mexicanos que emigran lo hace porque no tiene opción. Su drama no es resultado de la hambruna o la sequía sino de varios factores, entre los que destaca la antigua incapacidad de los gobiernos de México para entenderlos y apoyarlos. Si bien envían cada año más de 10 000 millones de dólares a sus familias, en sus idas y venidas corren peligros de muerte, y su estancia en territorio estadounidense transcurre en un estado de continua zozobra y desgarramiento familiar. Para Estados Unidos, la migración mexicana no sólo genera beneficios económicos, sino costos y distorsiones sociales de toda índole —en el aparato educativo, en los servicios de salud— que es imposible negar o menospreciar. Los cinco factores diferenciales que Huntington advierte en esta ola migratoria con respecto a las del pasado son, en términos generales, ciertos: la *contigüidad* entre nuestros países —abismalmente desiguales— explica la *enorme escala* del fenómeno; la condición de *ilegalidad* en la que viven millones de migrantes tampoco tiene precedentes. Lo más preocupante, en efecto, es la *persistencia*: "La actual oleada no muestra signo alguno de remitir y es probable que las condiciones que originan que un gran componente de dicha oleada sea mexicano persistan en ausencia de una gran guerra o recesión". Se pueden objetar algunos datos (la *concentración regional* en el suroeste es quizá menos marcada de lo que él dice, hay mexicanos a todo lo largo y ancho de Estados Unidos, aun en ciudades pequeñas y hasta en Alaska), pero el problema es de veras alarmante: ningún país puede cruzarse de brazos ante la incontenible presencia ilegal de otro pueblo en sus entrañas. En términos cuantitativos, la situación es similar a la de Europa con respecto a la inmigración ilegal proveniente de África y Asia. Pero en sus aspectos cualitativos es muy distinta. En *Clash of Civilizations*, el propio Huntington reconocía las afinidades y convergencias axiológicas entre las "variantes de la civilización occidental" en América. Ahora, de pronto, ha cambiado de opinión. A fin de cuentas, ocurre lo mismo que en aquel célebre libro: una frase genial se infla hasta convertirse en artículo y después en libro. Aunque señale conflictos reales, falla como diagnóstico. Y tomada al pie de la letra, justifica acciones políticas muy peligrosas.

Huntington teme la invasión silenciosa del país vecino, que no conoce. Comencemos por la historia. "Los mexicanos y mexicanoestadounidenses —afirma— pueden reclamar, y de hecho reclaman, derechos históricos sobre territorio estadounidense." La pregunta obvia es: ¿quién y cuándo ha hecho ese reclamo al que Huntington se refiere? A ningún personaje del siglo XX (político, intelectual) se le ocurrió jamás semejante absurdo. Durante las primeras décadas del siglo, el sentimiento prevaleciente era más bien el inverso: un temor —no infundado, al menos hasta 1927— a una nueva invasión yanqui. Huntington sostiene que "no hemos olvidado" la Guerra de 1847, y por eso inventa que nuestro designio es convertir California en un nuevo Quebec o, más precisamente, en "Mexifornia" o la República del Norte (como "predice", ¡para 2080!, uno de los autores a quienes Huntington concede autoridad). Aquí la distinción que importa atañe a la memoria. Los libros de texto en México consignan las peripecias de aquella malhadada guerra, pero su recuerdo no es una memoria viva, una herida abierta: ocurrió hace mucho tiempo, afectó una región poco poblada, no derivó en expulsiones masivas (como en el caso palestino). Menos aún implicó un exterminio (como las posteriores guerras indias). Fue sin duda una guerra injusta (condenada por Lincoln y Thoreau, lamentada por Ulysses S. Grant, que intervino en ella), pero se ha congelado en una liturgia cívica: la conmemoración del sacrificio de los "Niños Héroes" que "murieron por la patria". Basado en una serie de apreciaciones subjetivas (las porras en un juego de *soccer*) y declaraciones de políticos demagogos, sin dar un solo ejemplo serio o fehaciente, Huntington alimenta la especie de que los mexicanos (así, en general, con la típica generalización que tanto le gusta) abrigan un agravio histórico que los migrantes, movidos por el subconsciente colectivo, están a punto de cobrar. La realidad es otra. Sólo una parte de la élite política e intelectual (de derecha hispanista, de izquierda marxista) ha sido antiestadounidense. El pueblo, sencillamente, no lo es. Y aun en las élites, la globalización y la caída del Muro de Berlín atenuaron de manera considerable ese sentimiento, que se ha vuelto casi una pose. En el punto álgido de la impopular guerra en Irak, no hubo en México concentraciones mayores, grafitis antiyanquis en los muros ni protestas masivas. Los jóvenes de clase media —para bien o para mal— participan de la cultura popular estadounidense, aprenden inglés a través de la música pop, quieren una vida material mejor y no desesperan de la recién conquistada democracia. Pueden no amar a los estadounidenses, pero ¿qué pueblo ama de verdad a otro? Los más humildes intentan irse "del otro lado" para ayudar a sus familias y construirse un mejor futuro. Aunque entren por el desierto de Arizona y no por la Isla Ellis, su sueño americano no es distinto del de los irlandeses, polacos, judíos o italianos del siglo XIX, los *uprooted* que estudió Oscar Handlin, ese otro profesor de Harvard que supo ver con simpatía la dura vida de los migrantes. También ellos mantuvieron por generaciones sus ligas con la patria original o espiritual. No fundaron Estados Unidos: lo construyeron.

El caso mexicano es diferente —aduce Huntington— porque aquellos cinco factores (contigüidad, enormidad, ilegalidad, persistencia, concentración) reforzarán la cultura mexicana a expensas de la matriz cultural y religiosa (blanca y protestante) de Angloamérica. Aunque su mayor preocupación es la derrota del idioma inglés, él mismo admite que "la evidencia de la apropiación de la lengua inglesa por parte de los inmigrantes es restringida y ambigua", por lo cual su alegato se queda a menudo en el nivel de la conjetura. Y aun de la conjetura que lo contradice, como cuando revela que, hasta hace unos años, 88% de la población de origen mexicano en Los Ángeles hablaba fluidamente el inglés. "Podría suponerse —agrega— que con la rápida expansión de la comunidad inmigrante, la gente de origen mexicano tiene, en 2000, menos estímulos para adquirir un uso fluido del inglés, que en 1970." En otras palabras, como los datos no apoyan su teoría, el profeta se desliza hacia el terreno de las suposiciones que sustentan sus temores. Huntington menosprecia la fuerza del inglés como idioma de la globalidad, pero acierta en un punto: llevada a la práctica en el ámbito educativo, la retórica multicultural de algunos políticos hispanos podría relegar el inglés en escuelas estadounidenses, con lo cual los propios inmigrantes se empobrecerían. El asunto parece ser de grados y matices: en algunos sitios el español puede ser la segunda lengua, sin necesidad de desplazar al inglés. La habilidad lingüística no es, por fuerza, un juego de suma cero. Las sociedades políglotas solamente han resultado conflictivas allí donde el Estado y sus instituciones son débiles y están en disputa; de lo contrario, la experiencia políglota —Bélgica, España, Canadá— no ha significado sino mayor dinamismo y pluralidad.

¿Son tan distintos e inasimilables los valores culturales de México? Veamos. Los mexicanos santifican las fiestas, los judíos celebran Purim y Pésaj; los mexicanos se casan entre sí, los judíos también; los mexicanos se aferran a su idioma, los judíos europeos por varias generaciones hablaron el yidis (el *mame loshn*, el "idioma materno"); los mexicanos gravitan sobre el núcleo familiar o la figura de la madre, igual que los judíos; los mexicanos no son protestantes, tampoco los judíos, y ninguno de ellos necesita serlo para tener una ética de trabajo (véase el desarrollo ejemplar de la ciudad de Monterrey). Huntington no ha escrito un ensayo sobre "The Jewish Challenge", quizá porque la diferencia cuantitativa entre las dos inmigraciones es enorme, pero en términos estrictamente culturales su análisis no se sostiene. Y si cabe trazar similitudes entre los mexicanos y los judíos, ¿qué decir de los italiano o los irlandeses? La obsesión de Huntington por preservar una identidad desemboca en la idea de la pureza, y ya hemos visto esa película: serbios, hutus y tutsis, etarras, KKK. Fanáticos de la identidad. Huntington llega al extremo de sostener que "la división cultural" entre hispanos y anglos podría reemplazar la división racial entre negros y blancos como "la más grave división en la sociedad estadounidense". Aquí resuenan las vergonzosas antropologías racistas de fines del siglo XIX. Volver a utilizarlas es por lo menos un acto de ignorancia, sobre todo en Estados Unidos, cuyo aporte mejor a la civilización occidental está en su capacidad extraordinaria para integrar creativamente poblaciones y culturas de todo el planeta, en un clima de libertad y tolerancia.

A propósito de Huntington, Julio Hubard me recordaba una célebre ópera estadounidense, escrita por un judío, con personajes negros, que hablan en caló: "*Bess... you is my woman now*". Y preguntaba: ¿Hay que recordar a Huntington ese capítulo? Los descendientes de aquellos negros, arrancados de su tierra, despojados de su cultura, su libertad y hasta de su elemental dignidad humana, crearon la explosión de música popular más grande, saludable, novedosa y más emulada de la historia. Una forma cultural dominante, llevada a cabo por una raza dominada. Los mexicanos entienden bien las ventajas de la mezcla porque, desde hace siglos, su cultura es inclusiva. El mestizaje es el genio particular de México, país donde lo indio y lo español, con sus múltiples variantes, se han mezclado con patrones de convivencia, nunca justos, pero vastamente mejores que los de "la otra America". En *El espejo de Próspero*, Richard Morse lo demostró con creces. Por eso, salvo excepciones, México no ha tenido guerras raciales.

California no es Bosnia-Herzegovina. La cultura mexicana no amenaza a la estadounidense. Los mexicanos no son el "enemigo interno": simplemente son muchos y muy pronto serán más. Buscarán mezclarse con la cultura estadounidense (con las culturas estadounidenses: africana, asiática, europea, sudamericana, judía, sajona) y asimilarse a ella en los aspectos esenciales: el idioma, la economía, la política, la obediencia a las leyes y, a mediano plazo, el matrimonio. Mantendrán diferencias en otros aspectos: añorarán por una o dos generaciones su tierra de origen; se aferrarán sabiamente a su cocina, tan rica y variada como la hindú o la china; seguirán profesando el catolicismo y celebrarán las fiestas del calendario cívico y religioso. Serán parecidos y distintos. Se asimilarán y no se asimilarán. ¿Dónde está el problema? Ya quisieran Francia y Alemania a este tipo de migrantes. ¿Los ha visto Huntington alguna vez? ¿Ha hablado con ellos? Ahí está la inmensa mayoría, en los restaurantes de Manhattan, las calles de Queens o los domingos en Central Park. Silenciosos, obedientes, cautelosos, pacíficos (sobre todo pacíficos): trabajan bien y arduamente, honradamente, para enviar dinero a sus familias, y sueñan (en español o inglés, qué más da) con un futuro mejor para sus hijos.

No sé si el libro que dará a la luz en mayo incluye alguna encuesta seria y amplia con los propios migrantes. No me extrañaría esa omisión. Es verdad que el problema pandilleril puede usarse como argumento disuasorio, pero no es un fenómeno exclusivo de *spicks* (como despectivamente se suele nombrar a quienes tienen una herencia visiblemente latinoamericana), ni de negros, blancos u orientales.

Y sin embargo, a pesar de sus premisas racistas, como el caso de *Clash of Civilizations*, Huntington acierta en prender la alarma sobre la dimensión *cuantitativa* del problema. La migración debe detenerse en algún momento e incluso revertirse. México tiene una responsabilidad mayor en el complejísimo asunto, pero Estados Unidos necesitaría también instrumentar una especie de Plan Marshall en apoyo directo a las regiones deprimidas de México, que son las que emiten a los migrantes. Esa convergencia entre los dos países requerirá humildad y honestidad del lado mexicano, generosidad y realismo del estadounidense. Eso está muy lejos de la agenda actual, pero si el ensayo de Huntington sirve para propiciarla habrá valido la pena. Es difícil que se lea con esos ojos: los rancios devotos de la supremacía blanca y anglosajona ya deben estar pensando en unos Estados Unidos *Mexikanisch-rein*.

Posdata

Uno de los aspectos que más preocupa a Samuel Huntington en el libro de inminente aparición, *Who Are We? The Cultural Core of American National Identity*,[1] es la supuesta falta de identificación del mexicano con la ética de trabajo (enraizada en el individualismo protestante), que para él es el núcleo mismo de la identidad estadouni-

---

[1] *Who Are We: The Challenges to America's National Identity*, Nueva York, Simon & Schuster, 2004.

dense. Huntington basa sus temores en meras opiniones: una lectura tendenciosa de un párrafo de Carlos Fuentes sobre la dicotomía protestante y católica (que a su juicio "destaca por su perspicacia reflexiva" y su "elocuencia tocquevilliana"); los textos del filósofo mexicano Armando Cíntora (que cree ver en el meollo de la identidad mexicana expresiones como "mañana se lo tengo", "ahí se va" o "el valemadrismo"); o las ocurrencias de Lionel Sosa, un exitoso empresario para quien "la falta de iniciativa, independencia y ambición" son consustanciales a los mexicanos (de quienes desciende). Podía haber apilado muchas más opiniones semejantes, pero la realidad es otra. Por una parte, en México —seguramente para su sorpresa— el protestantismo ha ganado adeptos. En Chiapas, estado con alta población indígena, 22% de la población es protestante. Hoy México es católico en 90%, pero, si la tendencia continúa, en menos de 30 años la población católica disminuirá a 75 por ciento. Por otra parte, si bien los mexicanos migrantes no son cuáqueros, trabajan como si lo fueran.

Según el testimonio de Pete Hamill, neoyorquino prototípico, aunque supongo que sospechoso por su ascendencia irlandesa,

Nueva York necesitaba a los mexicanos desesperadamente para recuperar la ética del trabajo. Ahora se les ve por doquier: trabajando de albañiles, de conductores de bicicletas para entregar pizzas en medio de una tormenta de nieve; en las tiendas de abarrotes, de cocineros en restaurantes coreanos, limpiando departamentos, cuidando niños en el parque, recogiendo basura por la noche. Había 80 trabajadores mexicanos en el World Trade Center cuando se desplomó.

Los testimonios positivos sobre la laboriosidad de los migrantes mexicanos abundan (en el libro de Huntington no hay uno solo), pero lo decisivo está en las cifras. Además de su número (uno de cada cuatro trabajadores inmigrantes nacidos en el extranjero es mexicano), lo primero que sorprende es la variedad de empleos en los que se contratan: producción, transporte público o de materiales (29%), construcción, extracción y mantenimiento (18.9%), granjas, pesca, silvicultura (6.5%), ventas y oficina (12.3%), administración de servicios (25.3%), ocupaciones profesionales y afines (8.0%). A esta disposición por trabajar en lo que sea y en donde sea (hasta en climas muy fríos, desconocidos en México) hay que agregar la dureza específica de algunos trabajos. Los migrantes nacidos en México representan 3.4% de la fuerza de trabajo total en Estados Unidos (que es de 130 millones de personas), pero este porcentaje fue mayor en cinco industrias: la agrícola, caza y pesca (13%), la construcción (7%), la hotelera y restaurantera (7%), la manufactura (5.2%) y el comercio al por mayor (4.5%).

En ese contexto, apenas sorprende que el migrante no pueda dedicar tiempo a la educación. Esta condición afecta también a las segundas y terceras generaciones y Huntington se permite advertir que "poco se ha progresado en la educación y asimilación de los mexicano-estadounidenses". Aunque el problema es real, tiene poco que ver con un supuesto desdén de los mexicanos con respecto a la educación. De hecho, el nivel de escolaridad de los que emigran es superior a la media nacional. Emigran para trabajar, y en el trabajo adquieren habilidades nada despreciables. En todo caso, sus descendientes podrán ir a la universidad. Sería interesante averiguar cuántas generaciones tuvieron que pasar para que un descendiente de Ebenezer Huntington y Elizabeth Strong (casados en 1806) llegara a ser profesor de Harvard. Sería interesante saber a qué se dedicaron sus ancestros. Huntington admira con razón el férreo individualismo estadounidense, pero no tiene ojos para ver, ni sensibilidad para reconocer, el arrojo que supone la durísima aventura personal de los migrantes. Quizá no sean protestantes, pero su opción existencial de alguna manera lo es: son individualistas que dejan atrás familia y costumbres, y enfrentan el desarraigo para ganarse —no "mañana", hoy— una vida mejor.

"Los inmigrantes lucharon y murieron en las guerras estadounidenses", escribe Huntington, para quien el caso del general Ricardo

219

Sánchez, de origen mexicano, es excepcional. No lo es. En abril de 2003 había 6994 inmigrantes nacidos en México en el servicio activo repartidos entre el ejército (2667), la aviación (907), los infantes de marina (1102) y la armada (2318). Valdría la pena averiguar cuántos soldados nacidos en Estados Unidos, pero de origen mexicano, pelean en este momento en Irak. Tal vez el profesor Huntington se lleve una sorpresa como la que yo me llevé, luego de ver, en la portada de *The New York Times* del 21 de abril de 2004, una fotografía en donde varios infantes de marina presentaron sus respetos en los funerales del cabo Daniel R. Amaya en su base a las afueras de Falluja. Amaya —fusilero de 22 años, radicado de Odessa, Texas— había sido muerto el 11 de abril bajo fuego enemigo en la provincia de Al Ambar. En el sitio de internet su fotografía no revela rasgos mexicanos, pero su apellido paterno (su padre, Tom Amaya, vive en El Paso) probablemente sí lo sea, igual que el de otros muchos soldados caídos. Sólo para la letra "A", además de Amaya, encontré a Andrade, Anguiano, Acosta (dos personas), Arriaga, Avilés. Entre los 678 miembros de las fuerzas armadas estadounidenses muertos en Irak, hay por lo menos 82 con apellido paterno hispano (el materno, que en teoría podría ampliar el número, no se consigna). Quizá algunos puedan ser filipinos, pero a juzgar por las fotos y el lugar de nacimiento (Texas, California) muchos son mexicano-norteamericanos. La cifra representa 12 por ciento. ¿Le parecerá al profesor Huntington un porcentaje aceptable de identificación nacional, de lealtad y patriotismo?

Letras Libres, abril de 2004, y *Reforma*, 2 de mayo de 2004

Bitácora de la vergüenza

Los abajo firmantes, hispanos que ocupamos puestos en la academia de los Estados Unidos, así como intelectuales, artistas y científicos de México, América Latina y España, nos negamos a guardar silencio frente a las alarmantes declaraciones del candidato a la presidencia de los Estados Unidos, Donald Trump.

Desde el anuncio de su candidatura, ha acusado a los inmigrantes mexicanos de ser criminales, violadores y traficantes de drogas, ha prometido deportar a 11 millones de ellos y ha hablado de construir un gran muro a todo lo largo de la frontera con México. Su discurso de odio apela a las más bajas pasiones, como la xenofobia, el machismo, la intolerancia política y el dogmatismo religioso. Todo lo cual inevitablemente recuerda campañas que en el pasado se han dirigido contra otros grupos étnicos, y cuya consecuencia fue la muerte de millones de personas. De hecho, las agresiones físicas contra los hispanos y los llamados a prohibir el uso público del español han comenzado ya.

Los ataques verbales del señor Trump no se basan en estadísticas y hechos comprobados sino en su muy personal e infundada opinión. No sólo desdeña a los inmigrantes hispanos (después podrían seguir otros grupos étnicos) sino que exhibe una peligrosa actitud contra sus oponentes, a quienes tacha de estúpidos o débiles. A los entrevistadores los ha acusado de tener motivos turbios y expulsó de una rueda de

221

prensa a un prominente periodista hispano que le planteó una pregunta incómoda. Trump ha lanzado comentarios soeces sobre las mujeres. Sus guardaespaldas y seguidores atacan a manifestantes pacíficos.

La expulsión de los inmigrantes mexicanos sería catastrófica para estados como California, Arizona, Nuevo México y Texas, donde la mayor parte del trabajo manual es mexicano. En California, por ejemplo, esos inmigrantes cosechan 200 tipos de productos agrícolas, sirven en hoteles y restaurantes, recogen la basura; ejercen, en suma, oficios que los americanos locales se rehúsan a desempeñar. California es el principal fabricante de vino y de muchos productos agropecuarios en el país. Es también el primer destinatario de turismo. Estos sectores generan 70 000 millones de dólares anuales, pero sin los trabajadores mexicanos la economía del estado se iría a la ruina. Algo similar ocurriría en el resto del país.

Muchos de los firmantes somos inmigrantes hispanos que hemos sido bien acogidos en esta gran nación y contribuido en diversos campos con nuestro trabajo al conocimiento, los avances de las ciencias, la prosperidad, el entretenimiento y el bienestar de todos los habitantes de los Estados Unidos de América. La conducta del señor Trump es indigna de un candidato a la presidencia del país más poderoso del mundo. Condenamos esa actitud y esperamos que el pueblo estadounidense cese de tolerar sus absurdas posturas.

Blog de la redacción de *Letras Libres*, 4 de noviembre de 2015

El asco del otro

Hace un par de meses, el historiador cubano americano Carmelo Mesa-Lago y yo redactamos una carta de protesta contra Donald Trump. Recabamos 67 firmas de apoyo: científicos, artistas, intelectuales, académicos hispanos e hispanoamericanos. Apareció resumida en medios mexicanos y se difundió por algunas cadenas estadounidenses como Time, CNN, Univision y Fusion.

Nos quedamos cortos. Muchos analistas hablan de Trump como un populista de derecha, y sin duda lo es. Otros lo describen como un fascista. Aunque parece excesivo (Trump no ha detallado sus grandes planes militares), en su actitud se advierten, en efecto, elementos del fascismo italiano: el culto al líder, la emotividad irracional, los desplantes incendiarios, la obsesión por las teorías conspirativas, el miedo a lo distinto visto como una amenaza, la apelación a un pasado de grandeza mítica y la promesa de restaurarlo.

Pero también esos analistas se han quedado cortos. Tras un atentado de ISIS, Trump propuso, en esencia, perseguir a los musulmanes. Y, pasando del prejuicio racial y religioso al físico, se burló públicamente de la condición minusválida de un periodista del *New York Times*. Lo cual me hace recordar las prédicas de los nazis contra todo lo que —por razones de color, sangre o "imperfección"— quedara fuera del círculo supuestamente superior de los arios. Hasta la conocida fobia de Trump a estrechar manos (el otro como portador de microbios) es un dato significativo sobre su obsesión con la "pureza". Trump es un asco de persona dominado por el asco a las personas.

En esta época de perplejidad global en que han reaparecido las guerras religiosas y raciales que creíamos extintas, Estados Unidos (con sus casi 250 años de democracia) incuba el huevo de la serpiente: un populista de extrema derecha —que además es megalómano, narcisista, paranoico, y tiene ciertos tics nazi-fascistas— puede convertirse en candidato a la presidencia por el Partido Republicano. Y dado el caso, no es imposible que llegue a la Casa Blanca. No exterminaría a los mexicanos, pero ha prometido expulsar "gentilmente" a los indocumentados y construir un "hermoso muro" (pagado por México).

Trump es un peligro real e inminente. La canciller mexicana dice que "no le quita el sueño". A mí sí.

Reforma, 17 de enero de 2016

La urgencia de parar a Trump

Si Trump llega a ser presidente, por increíble que nos parezca, los mexicanos estaremos al borde de una nueva guerra con Estados Unidos. No hay hipérbole en esto. La primera guerra fue devastadora; la segunda puede volver a serlo. Pero no estamos en un estado de indefensión. Podemos y debemos contribuir a evitarla.

En abril de 1846 Estados Unidos declaró unilateralmente la guerra contra México. El pretexto fue una supuesta violación del territorio por parte de tropas mexicanas en la frontera del Río Nueces. En el Congreso, el senador Abraham Lincoln exigió al presidente James K. Polk (esclavista, racista, supremacista, populista) que precisara el lugar exacto (*the particular spot*) donde había ocurrido el incidente. Su intervención le valió que los frenéticos partidarios de la guerra, henchidos por la doctrina del Destino Manifiesto que justificaba su expansión hasta la Patagonia, le aplicaran el despectivo mote de *Spotty* Lincoln. Al cabo de 10 meses de batallas encarnizadas (con bombardeos a la población civil, matanzas de mujeres, ancianos y niños), la bandera de las barras y las estrellas ondeó en el Palacio Nacional de la Ciudad de México. Según Ulysses S. Grant, que participó en los hechos y años más tarde sería el general triunfador de la guerra civil, aquélla fue "la guerra más perversa jamás librada".

Más que un recuerdo vivo, la Guerra del 47 ha dormido silenciosamente en la memoria mítica de México. De pronto, a 170 años de distancia, el pasado vuelve como pesadilla. De ocurrir, es obvio que la nueva guerra no será militar: será una guerra comercial, económica, social, étnica, ecológica, estratégica, diplomática y jurídica.

Comercial, por la amenaza creíble de que Estados Unidos abandone el Tratado de Libre Comercio e imponga aranceles a nuestras exportaciones. Económica, por el secuestro anunciado de las remesas que son la principal fuente de divisas para México. Social, por las deportaciones masivas de mexicanos indocumentados que recordarían episodios vergonzosos de confinamiento y persecución contra los japoneses residentes durante la Segunda Guerra Mundial. Étnica, por el previsible encono que desataría esa política de deportación no sólo en Estados Unidos (donde las tensiones raciales son cada día más graves) sino en México, donde viven pacíficamente más de un millón de norteamericanos. Ecológica, por la posible renuencia mexicana a cumplir con convenios en materia de agua en la frontera texana como respuesta a las agresiones estadounidenses. Estratégica, por la nueva disrupción de la vida en la frontera (ya de por sí frágil y violenta) y la cancelación potencial de los convenios de cooperación en materia de narcotráfico. Diplomática, por las inevitables consecuencias que la aplicación de la doctrina nativista y discriminatoria de Trump tendría en todos los niveles y órdenes de gobierno en los dos países, estatales y federales, ejecutivos y legislativos. Jurídica, por el alud de demandas que someterían a las cortes, individuos, grupos y empresas mexicanas, públicas y privadas, para defender sus intereses.

De ganar Trump, ningún país (ni China o los países de la OTAN) corre más peligro que México. Y ninguno ha sido lastimado más por él verbalmente. Ha repetido que nosotros "mandamos a la peor gente", a "criminales y violadores". En su discurso de aceptación evocó la muerte de una persona a manos de un indocumentado para inferir, a partir de ese episodio aislado, el peligro que los mexicanos representan para los norteamericanos (el asesino, por cierto, era hondureño). Los medios serios de Estados Unidos han refutado con estadísticas y hechos objetivos esta supuesta agresividad de nuestros paisanos. Ha habido muchos Lincoln que nos defiendan. Ahora nos toca a nosotros mismos defendernos.

El gobierno de Peña Nieto ha decidido adoptar una política de avestruz frente a Donald Trump. Se diría que la disposición explícita de "dialogar" indistintamente con quien resulte ganador honra la vieja tradición de no intervenir en los asuntos internos de otras naciones. O quizá se procede con cautela para no atizar más la animosidad del ahora candidato republicano contra nuestro país y nuestros compatriotas. Pero el presidente se equivoca. El electorado que apoya a un candidato fascista no modificará su voto porque el presidente de México hable en defensa de los mexicanos, pero al menos ese electorado sabrá que los mexicanos tenemos valentía y dignidad.

La política es un teatro: un teatro que ocurre en la realidad. Frente a Trump, México necesita un golpe teatral, en el mejor sentido del término. Peña Nieto debe elegir el libreto, el escenario, el momento. Tal vez bastaría la lectura de un decálogo de refutaciones a las agresiones y mentiras de Trump, presentado en septiembre frente al muro que ya divide nuestros países en la frontera de Baja California.

Pero no sólo debe reaccionar el gobierno. A todo esto, ¿dónde están los partidos políticos? Viven absortos, obsesionados con la carrera presidencial hacia 2018. Pero, sobre todo, ¿dónde están las voces y los liderazgos de la izquierda? ¿Es posible que ignoren el efecto devastador que tendría en millones de familias pobres el eventual embargo de las remesas que son su fuente primordial y a veces única de sustento? A juzgar por la indiferencia que (con pocas excepciones) han mostrado frente el ascenso de Trump, parecería que sus órganos de opinión albergan una secreta simpatía hacia el magnate fascista, no sólo por su ataque a la globalización sino por su coqueteo con Putin. Hasta los imagino brindando por la putrefacción final del imperio americano.

Más allá del gobierno y los partidos, ¿dónde está la sociedad civil? Hace tiempo que no se manifiesta en las calles. Quizás es una utopía, pero sería maravilloso verla en una marcha pacífica que —sin insultos ni histerias, sin *mueras* ni consignas agresivas— partiera del Ángel de la Independencia y culminara depositando una ofrenda en el monumento a Lincoln en el cercano parque de Polanco. Septiembre es el mes ideal, el "mes de la patria". Sería el mejor homenaje a los caídos en aquella "guerra perversa". La muestra de que México, a diferencia de un sector de Estados Unidos, no ha perdido la civilidad, la razón y el corazón.

El País, 26 de julio de 2016

EL INÚTIL APACIGUAMIENTO

A los tiranos no se les apacigua. A los tiranos se les enfrenta. Trump no es un tirano en el poder, quizá nunca llegue a serlo, pero es un tirano en potencia. Ha prometido dominar la Suprema Corte de su país, imperar sobre el Congreso, acosar a la prensa "políticamente correcta", expulsar inmigrantes, cerrar fronteras, levantar muros, repudiar tratados internacionales, todo para "hacer a Estados Unidos grande, una vez más".

El gobierno mexicano tenía la oportunidad de enfrentar al prospecto de tirano y no lo hizo. No se trataba de insultarlo. Siendo huésped, aunque fuese durante unas horas, había que tratarlo con cortesía, hasta con la proverbial cortesía mexicana. Pero lo cortés no quita lo valiente.

Había que recordarle públicamente los insultos proferidos contra los mexicanos y exigirle disculpas. Había que expresar públicamente (no sólo en privado), la negativa tajante a pagar por el muro fronterizo. Y al escucharlo negar que ese tema específico se hubiese discutido (o afirmar que "se dejaría para el futuro"), había que confrontarlo en ese mismo instante, señalando al menos la "imprecisión" del invitado. Había que repudiar la idea de expulsar a 11 millones de indocumentados. Había que mostrar que los mexicanos tenemos dignidad. Nada de eso se hizo.

Toda proporción guardada, la actitud del gobierno mexicano ha recordado el famoso *appeasement* de Neville Chamberlain frente a Hitler en 1938. Peña Nieto, claro, no es Chamberlain, pero Trump no está del todo lejos de Hitler. Aquel documento que Chamberlain blandió al descender del avión tras el encuentro en Múnich ("Paz para nuestro tiempo", pregonaba) valió tanto como el papel en que estaba escrito. Hitler faltó a su palabra porque no era hombre de palabra. Y porque era un monstruo dominado por lo que Hannah Arendt llamó "el mal radical". Se desató la Segunda Guerra Mundial. Una actitud más firme acaso lo habría contenido.

Con toda probabilidad, Trump —otro sociópata dominado por el "mal radical"— no ganará las elecciones. Pero aun si su margen de maniobra fuese menos estrecho de lo que es, el gobierno mexicano debió postergar la invitación. Y sin ambages darle prioridad a la causa de la candidata Clinton, que nos apoya y comprende. Si Hillary llega al poder, el distanciamiento durará hasta diciembre de 2018, cuando termine el gobierno de Peña Nieto.

A toro pasado, en una entrevista en televisión, Peña Nieto ha declarado que los pronunciamientos de Trump ponen en peligro a México. ¿Se enteró apenas? Tiene una sola salida y debe externarla pronto: repudiarlo, rechazarlo, repelerlo. A los tiranos no se les apacigua. A los tiranos se les enfrenta.

El País, 1º de septiembre de 2016

El cisma que creó Trump

Gane quien gane, el daño está hecho, y es inmenso. Nunca, en 240 años de continuidad, la democracia estadounidense corrió un riesgo semejante. La guerra civil de 1861 a 1865 tuvo un saldo de casi 800 000 muertos, pero su origen no fue un conflicto en torno a la democracia sino al pacto federal, desgarrado entre dos bandos irreconciliables por el tema de la esclavitud. La crisis actual dejará un cisma no menos grave: un cisma político, social, étnico, cultural y a fin de cuentas moral, que sólo el tiempo, los cambios demográficos, el relevo de las generaciones y una sabiduría política suprema podrán, quizá, reparar.

Las teorías de cómo pudo llegar Estados Unidos a este extremo llenarán bibliotecas. Se argumentarán causas económicas, efectos perversos de la globalización, irrupción de zonas profundas e irracionales en el pueblo estadounidense (racismo, xenofobia, "supremacismo" blanco, aislacionismo), rechazo de los políticos y hartazgo de la política.

Todas son válidas, pero ninguna se equipara al efecto letal que tiene en un pueblo —efecto comprobado una y otra vez en la historia— de abrir paso a un demagogo.

Todos los demagogos que aspiran al poder o lo alcanzan son iguales, aunque sus filiaciones ideológicas sean distintas y aun opuestas. Como su raíz lo indica, irrumpen en la escena pública a través de la palabra que halaga al pueblo. En nuestro tiempo, el medio específico es la televisión, que convirtió a Trump en una "celebridad" mucho antes de que soñara con contender para la Casa Blanca. Una vez posicionado, el demagogo (primero en creer en su advocación) esparce su venenoso mensaje que invariablemente comienza por dividir al pueblo entre los buenos (que lo siguen) y los malos (que lo critican). Más ampliamente, los malos son "los otros". En el caso de Trump, los mexicanos (violadores, asesinos), los afroamericanos, los musulmanes, los discapacitados, los que no nacieron en Estados Unidos (sobre todo si tienen la piel oscura) y las mujeres, esa mitad del electorado que ha dicho "respetar como nadie", pero que en realidad desprecia como nadie.

A partir de ese daltonismo político y moral, todo demagogo recurre a la teoría conspiratoria: "detrás" de los hechos, en la penumbra, trabajan los poderes que urden la aniquilación de los buenos y la entronización de los malos. Para "probar" su teoría no es necesaria ninguna evidencia. Más aún, las evidencias estorban. Para los adeptos, proclives a creerle todo, sus elucubraciones son dogmas, artículos de fe. Y así se va abriendo paso una mentalidad no sólo ajena sino opuesta a la razón, la demostración empírica y la verdad objetiva.

Para el demagogo la verdad es algo que se siente, se intuye, se decreta, se revela, no algo que se busca, demuestra, refuta o verifica. Lo que importa es el discurso de la emoción, de la pasión, que con facilidad deriva en la insidia, el insulto, la descalificación, la violenta condena de quien piensa distinto. Analizando la cuenta de Twitter de Trump, *The New York Times* compiló 6 000 insultos… todo un récord de excrecencia.

El sustrato psicológico habitual del demagogo es triple: megalomanía, paranoia y narcisismo. Tres palabras significativas (o sus equivalentes) no faltaron nunca en las histéricas concentraciones de Trump: "grande" (*big*, *bigly*, *great*, *huge*); "enemigos" acechantes (China, México, el islam) y, por supuesto, la palabra clave: yo (o su hipócrita sinónimo: nosotros). De la combinación de las tres el demagogo arma su monótono mensaje: sólo yo os haré grandes y enfrentaré a los enemigos, sólo yo sé cómo instaurar un orden nuevo y grandioso sobre las ruinas que los enemigos dejaron. La historia comienza o recomienza conmigo. El borrón y cuenta nueva es otro rasgo distintivo del demagogo. Lo que sigue siempre, en el camino del demagogo, es el asalto a las instituciones republicanas y democráticas. Trump no respetó (y seguramente no respetará, gane o pierda) una sola: fustigó a la prensa supuestamente "vendida" a las élites, sugirió que tomaría acciones contra los medios que lo han criticado, expresó de mil formas su desprecio por el sistema judicial: encarcelaría a Hillary, alentaría la práctica de la tortura, forzaría la elección de una persona conservadora para llenar el puesto vacante en la Suprema Corte, lo cual provocaría un retroceso de décadas para toda la legislación liberal (incluida en primer término la reforma migratoria).

El presidente Trump (y aún no creo que he escrito estas tres palabras) daría la mayor latitud posible al Poder Ejecutivo: destruiría probablemente o minaría a la OTAN, desquiciaría el orden mundial, acosaría dramáticamente a México (su chivo expiatorio). En el frente interno, intentaría gobernar al margen del Congreso y convertir su presidencia en un interminable *reality show*, un litigio en el que él, y sólo él, al final, gana. El Grand Old Party, el antiguo gran partido, ha sido otra institución arrasada por ignorar las enseñanzas de los padres fundadores sobre el riesgo de las tiranías. No se repondrá fácilmente de haberse convertido en un indigno títere de Trump. Pero quizás la institución más lastimada sea la propia democracia cuyo mecanismo esencial, el sufragio confiable, Trump —en un acto sin precedentes—

ha puesto en entredicho, y cuya premisa fundamental —la convivencia cívica, el respeto elemental hacia el otro y lo otro— ha pisoteado. El daño está hecho, el cisma es profundo, pero en el caso de que gane Hillary la democracia resistirá con menor dificultad. A Trump lo habrá vencido su soberbia, su pasado borrascoso, su actitud irredimible, todas las facetas de su execrable persona, expuestas por dos protagonistas colectivos que habrán salvado el honor de esa confundida nación: la prensa escrita (sobre todo *The New York Times* y *The Washington Post*) y las mujeres que lo han denunciado. El instinto natural de libertad, aunado a la experiencia histórica, permitiría en este caso abrigar esperanzas en una recuperación progresiva de una vida cívica normal que abra paso a nuevos liderazgos en ambos partidos y dé inicio a un proceso de honda retrospección nacional que permita vislumbrar un futuro digno del sueño americano.

¿Y si gana Trump? Entonces Estados Unidos estará —como ellos mismos dicen, utilizando una frase extraída del beisbol— frente a "un juego totalmente nuevo". El riesgo de supervivencia democrática será mucho mayor porque Trump intentará ser, con toda probabilidad, el primer dictador de la historia estadounidense. Un país dividido reeditará, con menos violencia, pero con igual encono, el momento más oscuro de su historia, el cuatrienio terrible de la guerra civil.

El País, 6 de noviembre de 2016

MÉXICO Y ESTADOS UNIDOS, VECINOS DISTANTES DE NUEVO

"Pobre México, tan lejos de Dios, tan cerca de los Estados Unidos", la frase, atribuida al presidente Porfirio Díaz, pocas veces correspondió a la realidad… hasta el día de ayer. La fe en un dios amoroso y próximo siempre ha impregnado la vida cotidiana de los mexicanos. Y a pesar de los agravios infligidos por Estados Unidos en casi 200 años de historia (la injusta Guerra de 1847, la subsiguiente mutilación del territorio y la activa participación en el derrocamiento de nuestro primer gobierno democrático en 1913), los mexicanos no hemos resentido la cercanía con Estados Unidos, ni albergado violentas pasiones nacionalistas. Todo lo contrario: de pueblo a pueblo nuestra relación ha sido fructífera, estable, cordial.

Eso se acabó. Ahora, con el arribo de Donald Trump a la presidencia, todo mexicano tendrá razones para encomendarse más estrechamente a Dios (o a la Virgen de Guadalupe). Para México y Estados Unidos, la llegada de Trump al poder es una tragedia. Más allá de los gobiernos, los mexicanos y los estadounidenses hemos sido muy buenos vecinos. Alguna vez escuché decir a Shimon Peres: "Qué daría Israel por un Tratado de Libre Comercio como el de ustedes". No sólo Israel. Millones de personas y vehículos atraviesan libre, ordenada y pacíficamente cada año la frontera en 57 cruces. Pocas fronteras en el mundo han sostenido una normalidad semejante durante tantos años. Claro que hay problemas como el contrabando y el tráfico de armas, pero el tránsito legal y normal es mucho más importante. Ha sido una inadvertida bendición y, si se disloca, la extrañaremos mucho.

Entre las miles de mentiras que profirió Trump en su campaña, pocas más infames que ésta, que agravió profundamente a muchos mexicanos: "Cuando México nos manda a su gente, no manda a los mejores… Nos traen drogas. Nos traen crimen. Son violadores. Aunque algunos, supongo, son buenas personas". Las estadísticas del crimen lo desmienten. Y aunque la ola migratoria desde México ha cesado, en los años en que existió la verdad es que les mandamos a los mejores.

No me refiero sólo a artistas, directores de cine, académicos, profesionistas, científicos, empresarios pequeños y grandes (que invierten en Estados Unidos y producen seis millones de empleos) sino a ese casi imperceptible hormigueo humano: el que entrega la pizza, el que limpia las albercas, el que levanta las cosechas, el que corta la madera, la que extrae las vísceras de los pollos, la que recoge los platos en el restaurante, la que cuida a la anciana o a los niños, el que lava los pisos en los edificios de Trump. Gente de paz que busca una vía (así sea lenta y difícil) hacia una reforma migratoria que les permita alimentar a sus familias en un marco de legalidad.

En cuanto a las drogas y el crimen, son los estadounidenses quienes consumen las drogas y exportan las armas que han provocado, en una alta proporción, 100 000 muertos en México. La administración de Trump, por supuesto, no tendrá el menor interés de modificar la legislación de venta de armas de alto poder.

Ante el ascenso de Trump, el mexicano promedio abriga temores fundados sobre el efecto brutal que ese gobierno puede provocar en la economía de México, segundo socio comercial de Estados Unidos y cuya endeble paz social puede sufrir un colapso. En las elecciones presidenciales de 2018 buscará entregar el poder a un líder carismático de cualquier signo que lo defienda del irascible vecino. Las viejas y olvidadas heridas históricas, asombrosamente, se abrirán con una intensidad imprevisible.

En lo personal, me siento triste y perplejo ante la llegada de un fascista a la presidencia de Estados Unidos. Espero que las instituciones republicanas resistan y lo resistan, y que el ejercicio de la libertad de expresión le impida hacer más daño del que ya ha hecho. Los griegos sabían que las democracias son mortales. Ojalá la democracia de Estados Unidos, ejemplo del mundo durante 240 años, sobreviva a Donald Trump.

The New York Times, 9 de noviembre de 2016

FASCISTA AMERICANO

La portada de *Letras Libres* de octubre de 2016 presentaba un acercamiento al rostro rollizo y arrogante de Donald Trump, con un bigotillo recortado en el que se leían dos palabras: *fascista americano*. Estamos orgullosos de esa portada. Nos repugnan los demagogos que no sólo aspiran al poder sino al poder absoluto. Más aún si predican el odio por motivos de raza o religión. Nos recuerdan el Mal absoluto encarnado por Hitler.

Es obvio que no sólo Hitler encarnó el poder y el Mal absolutos en el siglo xx. También lo encarnaron Lenin, Stalin, Mao, Pol Pot, fanáticos de la ideología que con el aura de una legitimidad revolucionaria sacrificaron, en conjunto, a más personas que Hitler. ¿Y qué decir de sus homólogos en América Latina, los sangrientos tiranos que manchan nuestra historia? ¿O los militares genocidas, Pinochet y Videla? Pero en esa galería del horror destacan también nuestros "buenos dictadores", escogidos, ungidos y hasta elegidos por sus pueblos gracias al hechizo de su palabra y al magnetismo de su persona. Dejaron tras de sí un sistema mentiroso, opresivo, empobrecedor y, por desgracia, duradero: el peronismo (esa caricatura del fascismo italiano), el castrismo (ese bolchevismo con palmeras) y el chavismo (caricatura del castrismo, que a su vez engendró al sádico y vulgar Nicolás Maduro).

Éstos, los amados por el pueblo, son los que más me intrigan (quizá por el tufo hitleriano que despiden). Nunca ha dejado de sorprenderme (y horrorizarme y repugnarme) la voluntad de los pueblos que, a lo largo de la historia, han decidido entregar todo el poder (no delegarlo: cederlo, regalarlo) a una persona supuestamente salvadora, providencial, que promete el cielo en la tierra o la vuelta a la edad de oro y lo que provoca es el infierno. Esa extraña sumisión de la masa a los demagogos se dio en Grecia, en Roma, en las ciudades-Estado del Renacimiento, y arrasó con las democracias y las repúblicas. En el siglo xx ocurrió dramáticamente con Mussolini, y sobre todo con Hitler, cuyo odio racial llevó a la hoguera a 60 millones de seres humanos: judíos, rusos, polacos, ingleses, alemanes, gitanos, japoneses, estadounidenses.

¿Qué hay detrás de la servidumbre (el hechizo) de los hombres ante el poder personal? Tal vez sea el espejo de la personificación de Dios:

la deificación de la persona. O la huella indeleble del monarquismo que predominó por milenios, con sus reyes taumaturgos, crueles o benévolos, que imperaban por derecho divino. O la arquetípica figura del padre protector que perpetúa la infancia de los pueblos y los exime de asumir su destino. O la irresistible atracción por los caudillos medievales o "los grandes hombres" cuya biografía, según Carlyle, no sólo es parte de la Historia sino que es La Historia. O la nostalgia de las épocas heroicas, reiterada en la era posmoderna por el culto a los "superhéroes". O algo inefable: el carisma. "La entrega al carisma del demagogo —escribe Max Weber— no ocurre porque lo mande la costumbre o la norma legal, sino porque los hombres creen en él. Y él mismo [...] vive para su obra."

La democracia de Estados Unidos ha sido admirable justamente por haber acotado de raíz el poder absoluto concentrado en una persona. Su división de poderes, la autonomía de sus jueces, sus sagradas libertades cívicas, su pacto federal, sus pesos y contrapesos, integran una prodigiosa maquinaria que ha durado 240 años. Pero increíblemente hoy, con el arribo de Trump al poder, esa democracia está sometida a una prueba sin precedentes: la ambición del demagogo caprichoso e ignorante que buscará, a toda costa, el poder absoluto. No es seguro que lo logre, pero tampoco es seguro que no. Sesenta millones de personas creen en él y él mismo "vive para su obra".

Trump no es Hitler, pero está hecho de su pasta. ¿Aplicará a México las medidas que anunció en su campaña? Probablemente: los demagogos suelen cumplir sus promesas. Ojalá los mexicanos (Estado y sociedad) encontremos maneras de enfrentar legalmente el peligro o, al menos, amortiguarlo. Pero lo que como mexicano me indigna más, es el daño que nos ha hecho ya, avalando el odio racista que es también, por desgracia, característico de Estados Unidos, su mitad oscura, intolerante, cerrada. Ese odio propicia la agresión a nuestros niños en escuelas, campos deportivos, plazas y calles. Haberlo desatado es su aportación al Mal absoluto. No debe haber indulgencia ante lo que ha hecho. Sólo la exigencia digna e irreductible de un desagravio.

Reforma, 20 de noviembre de 2016

TRUMP AMENAZA A UN BUEN VECINO

Estados Unidos ha sido un vecino difícil, a veces violento, casi siempre arrogante, casi nunca respetuoso y pocas veces cooperativo. México, en cambio, ha sido el vecino ideal. A cada agravio respondimos, no con la otra mejilla, pero sí con un gesto de resignada nobleza, una salida práctica y un ánimo conciliador. Aunque hemos tenido episodios trágicos y épocas de tensión, nuestra buena disposición nos ha permitido convivir durante casi 200 años en un clima general de paz que muy pocos países fronterizos pueden presumir. Ahora un millón de personas cruzan legalmente la frontera todos los días y nuestro comercio anual equivale a un millón de dólares por minuto. Los 10 estados que integran la frontera de ambas naciones no sólo representan, en conjunto, la cuarta economía del mundo sino que también son un vibrante laboratorio social y cultural.

De pronto, para nuestra sorpresa y desagrado, vimos a Donald Trump desplegar en su campaña una agenda rabiosamente antimexicana. Tras haber sido electo, mostró su disposición a cumplirla. Y la está cumpliendo ya, de hecho, con acosos y acciones proteccionistas, como es el caso de Carrier y Ford. Su amenaza más reciente ocurrió en la conferencia de prensa de hace una semana, cuando advirtió una vez más que México pagará por el muro que él quiere construir. Por eso, para México, tal vez ha llegado la hora de cambiar la posición conciliatoria que utilizó para amortiguar el daño de sus agravios históricos.

El primer agravio fue, por supuesto, la invasión de Estados Unidos de 1846 y 1847. En ella, México perdió más de la mitad de su territorio. James Polk, el presidente estadounidense que la provocó, era un próspero terrateniente cuyo cordero sacrificial fue México. Tenía una idea ridícula de los mexicanos, a quienes creía racialmente inferiores. Había que provocar la guerra para acrecentar la supremacía blanca y la causa esclavista. Al son de "Yankee Doodle" la guerra contra México desató una euforia nacionalista sin precedentes en Estados Unidos.

De los cerca de 75 000 estadounidenses que participaron, murieron 13 768, una proporción mayor de la que cayó en Vietnam. El número de muertos mexicanos nunca se ha precisado, pero fue mucho mayor en términos absolutos y relativos. La referencia a Vietnam no es gratuita. Según testimonios periodísticos y epistolares de la época, en Estados Unidos las tropas estadounidenses cometieron numerosas masacres y atrocidades. Winfield Scott bombardeó Veracruz con un saldo de 600 civiles muertos, entre ellos un gran número de mujeres, ancianos y niños. Los estadounidenses que se habían hecho una idea napoleónica del enemigo se toparon con tropas valientes, pero improvisadas, descalzas y mal armadas.

Y, sin embargo, México asimiló la derrota: apoyó a la Unión en la Guerra de Secesión y desde 1876 abrió las puertas a la inversión estadounidense en ferrocarriles, minas, deuda pública, explotaciones agrícolas, ganaderas y forestales, servicios públicos, industria, bancos y petróleo. En 1910 la inversión de Estados Unidos en México era mayor que la de todos los otros países en su conjunto.

El segundo agravio ocurrió en febrero de 1913. En las primeras elecciones plenamente democráticas de nuestra historia había llegado al poder Francisco I. Madero, educado en California, admirador de Estados Unidos y a quien se conocía como el apóstol de la democracia. Pero al embajador Henry Lane Wilson le preocupaba que las políticas de Madero afectaran los intereses de las empresas estadounidenses.

En la propia sede de la embajada y con la tácita indulgencia del secretario de Estado Taft, Wilson fraguó con los altos militares mexicanos un golpe de Estado que desembocó en el asesinato del presidente y el vicepresidente. El país se precipitó de inmediato en una espantosa guerra civil con un saldo de cientos de miles de muertos. Y México pospuso durante casi 90 años la democracia.

Y, sin embargo, en 1917, cuando Alemania le propuso a México una alianza contra Estados Unidos —por medio del telegrama Zimmermann— con la promesa de devolverle los territorios perdidos en 1847, el presidente Venustiano Carranza se negó. El tercer agravio fue una prolongada hostilidad. En 1914 los *marines* ocuparon Veracruz. En 1916 las tropas de Estados Unidos penetraron por el norte en busca de Pancho Villa, quien había atacado el pueblo de Columbus, Nuevo México.

Frecuentes "noticias falsas" publicadas por la prensa de William Hearst y apoyadas por las empresas petroleras buscaban desatar una nueva guerra y estuvieron a punto de lograrlo en 1927, cuando el presidente Coolidge creyó que su vecino del sur se volvería *Soviet Mexico*. La presión del Congreso la evitó, pero tras la nacionalización petrolera de 1938 las relaciones se tensaron nuevamente. Hasta el fin de la Segunda Guerra Mundial, México nunca dejó de temer una invasión estadounidense.

Sin embargo, el país nunca rompió con Estados Unidos. Por el contrario: honró sus deudas y compromisos, acogió e inspiró a sus escritores y artistas, promovió la inversión estadounidense, cooperó con Roosevelt en su *Good Neighbor Policy*, le declaró la guerra al Eje en 1942 y mandó un escuadrón aéreo a la guerra del Pacífico. En 1947 se abrió una etapa de cooperación que el reportero de *The New York Times* Alan Riding bautizó como la era de los "vecinos distantes".

Esta etapa culminó en 1994, cuando nos volvimos vecinos cercanos, socios y hasta amigos. Juntos logramos que nuestro comercio bilateral creciera 556% y esperábamos conseguir que la zona de Norteamérica se fortaleciera aún más. Por desgracia, la llegada de Donald Trump ha cambiado todas las reglas. Con respecto a México, 2016 fue el preludio de una nueva confrontación entre los dos países, no militar (aunque en un discurso, tácitamente, no la descartó), pero sí comercial, diplomática, estratégica, social y étnica.

Por eso, México necesita cambiar la fórmula de apaciguamiento empleada hasta ahora. El Congreso mexicano debe darle al mundo un ejemplo de dignidad exigiendo al próximo presidente de Estados Unidos que ofrezca una disculpa pública por haber dicho que los mexicanos somos "violadores" y "criminales". Esta declaración sería la mejor señal de que las negociaciones, por duras que sean, se realizarán en un marco de respeto mutuo y buena fe. Otro punto no negociable es el muro. El gobierno mexicano debe dejar absolutamente claro que, por supuesto, México no pagará nunca, en forma alguna, por el muro. Si esas dos condiciones no se cumplen, no existen bases para negociar.

La prioridad del gobierno de Peña Nieto debe ser preservar las ventajas objetivas de nuestro comercio bilateral. En cuanto a las deportaciones masivas, México debe oponerse firmemente. No sólo serían lesivas para ambas economías sino que atizarían aún más el odio racial, cuyo resurgimiento es indigno de la gran historia democrática de Estados Unidos. Finalmente, hay que advertir que una aguda crisis económica en México provocada por las políticas de Trump ocasionaría una inestabilidad sin precedentes en la frontera y una inevitable ola migratoria que ningún muro podría detener.

La amistad entre dos naciones modernas es una relación de mutuo beneficio cuya armonía vale la pena preservar. Debe evitarse la confrontación. Pero México no es el país indefenso de 1846. En caso de conflicto, cuenta con recursos legales para responder en el ámbito comercial, migratorio, diplomático, de seguridad, etc. Y no está solo, porque encontrará el respaldo de actores claves en la política, la economía y la opinión pública de Estados Unidos y el mundo. De su éxito depende el bienestar de decenas de millones de personas. Y ésta es una batalla de un alto significado ético que vale la pena librar.

The New York Times, 18 de enero de 2017

CALÍGULA EN TWITTER

Desde que apareció en escena, Trump ha estado hasta en la sopa de los ciudadanos de Estados Unidos... Conforme su inverosímil candidatura fue tomando vuelo, comenzó a estar presente en las sopas de todo el mundo. Los medios y la prensa (que, con excepciones despreciables como Fox News, se le oponen radicalmente) no podían dejar de seguirlo. El deber de informar se convirtió en una cacería por el *rating*, que encabezaba Trump. Y en un momento el fenómeno se les fue de las manos. Cuando ya era tarde, se dieron cuenta de que Trump dictaba los tiempos, las agendas, los temas. En la naturaleza de los demagogos está olfatear esa sed pública y saciarla poco a poco, hasta crear adicción a su palabra, a su política, a su persona.

Desde hace tiempo el fenómeno Trump me ha recordado mi experiencia venezolana. Un domingo de 2008 una pareja de amigos me invitó a almorzar en su casa. Vendrían periodistas, intelectuales, escritores, empresarios y algún líder de la oposición. Al mediodía, todos se congregaron en la sala con gran expectación. El anfitrión encendió el televisor. Tomamos nuestros lugares. ¿La Serie Mundial? ¿Una película en DVD? No. La ceremonia era otra: contemplar, como cada domingo desde hacía meses, como cada domingo en los años siguientes, al comandante Chávez gobernar "en vivo y en directo" en su programa *Aló, Presidente*. ¿Qué los llevaba como imán a ese ritual? Fascinación, incredulidad, pasmo, miedo, morbo, horror impotente ante una ofensa repetida e incurable. Todo junto. Chávez los había hechizado.

Era una enfermedad universal, una epidemia. Escuché a jóvenes venezolanos lamentar esa adicción nacional en estos términos: tengo una década de desayunar, comer y cenar con Chávez. Chávez es el tema de todas las conversaciones. Chávez en el sueño y la vigilia. Chávez entre semana y el fin de semana. Chávez se robó parte de mi infancia y toda mi adolescencia. Chávez ha dicho que permanecerá en el poder hasta 2030. Temo que Chávez se robe mi vida adulta. Temo envejecer y que Chávez siga ahí. Temo morir antes que Chávez. Temo que Chávez sea eterno.

Los dictadores (en particular los que llegan al poder con el veneno de la demagogia) tienen esa característica: son adictivos. Es difícil dejar de verlos, escucharlos, seguirlos. ¿Qué nueva locura se le habrá ocurrido? En el caso de Chávez, solía imponer sus famosas cadenas de transmisión nacional a propósito de cualquier capricho. El suplicio era imprevisto e interminable. Había copiado esa práctica a Fidel Castro (su mentor y padre espiritual) cuyos discursos se prolongaban años. Pero ni Castro ni su caricatura Chávez sospecharon (aun en sus sueños guajiros) que a la presidencia del imperio llegaría un fascista obsesionado (como ellos) con la omnipresencia mediática.

Trump amenaza con rebasarlos debido a su uso de un arma letal: Twitter. Ya no es la noticia de la semana ni la del día la que atrae la atención. Es la noticia del minuto. ¿Qué nueva ocurrencia habrá tenido el magnate esta madrugada? ¿Contra quién "tuiteará" de manera compulsiva? Su adicción (que sin duda existe) desvelará sus noches en la Casa Blanca. A menos de que se someta a un tratamiento, su adicción será progresiva, incurable y (de alguna forma) mortal. Lo malo es que se trata del presidente de Estados Unidos. Por el poder que encarna (y el peligro real e inminente que, a cada instante, representa) es difícil desengancharse de él. Nos ha convertido en adictos a su adicción. Es Calígula en Twitter.

En el mundo de Trump no hay poesía, prosa, música, artes, cultura, ciencias, humanidades. Ni siquiera deportes (salvo las luchas y el golf). En el mundo de Trump sólo está Trump y su clan. Su nombre en letras doradas ya aparecía en numerosos inmuebles y desarrollos de Estados Unidos. Su sueño es verlo repetido en todos los espacios del escenario americano (incluido su deplorable muro). Si fuera por él, le impondría su nombre a la Casa Blanca. O cambiaría por él las barras y las estrellas.

No está en nuestras manos detener el tsunami narcisista. Y no podemos tapar el sol con un dedo. Pero sí podemos evitar que la luz negra de ese sol nos devore. Debemos enfrentarlo cada quien en su esfera de acción. Pero al mismo tiempo debemos preservar el tejido de nuestras vidas: los afectos, la razón, la solidaridad, la compasión, la esperanza, la conversación. Y todas las variantes de la creatividad. Preservar la risa y el humor. Mientras Calígula tuitea, cuidemos lo que nos hace personas.

Reforma, 29 de enero de 2017

El desengaño americano

Ocurrió con el ascenso de Hitler. ¿Cómo es posible —se dijo— que Alemania, la tierra de Goethe y Schiller, de Bach y Beethoven, de Kant y Hegel, haya descendido a la barbarie? Parecía impensable, imposible. Pero ocurrió, se prolongó durante 12 años, cobró 100 millones de vidas y provocó una devastación sin precedente en la historia universal. La reconquista de la libertad, la razón, la más elemental decencia y solidaridad, costó "sangre, sudor y lágrimas". Ahora, como entonces, lo imposible e impensable ha vuelto a ocurrir. Un fascista ha llegado a la Casa Blanca. Nadie sabe cuánta sangre, sudor y lágrimas acarreará su demencial ascenso. ¿Será posible detenerlo? Por lo pronto, en unos cuantos días en funciones, ha envenenado a su país, al mundo y a las relaciones de su país con el mundo. Así de inmenso es el daño que un solo hombre, dotado de un poder casi absoluto y encarnando a su vez el Mal absoluto (Hannah Arendt), puede causar en la frágil humanidad.

Ante todo, asumamos el desengaño. Muchos quisimos creer que Estados Unidos era ya, eternamente, la tierra de la libertad. Redujimos mentalmente su territorio a las costas del Pacífico y el Atlántico, y a sus grandes ciudades (Nueva York, Los Ángeles, San Francisco), capitales de la cultura, referentes del *melting pot*, puertos de arribo para los perseguidos del mundo, laboratorios de incesante creatividad. Nos equivocamos: el centro y el sur de Estados Unidos también existen y son el hogar del fascismo americano.

Confiamos en que aquel país había dejado atrás la infame lacra de la esclavitud. Pensamos que afirmando la igualdad natural de los hombres y los derechos civiles, mostrando su crueldad en películas memorables, purgaba para siempre esa monstruosa culpa. Mantuvimos una nostalgia indulgente viendo sus *westerns*, sin notar en ellos la esencia del racismo americano. Nos equivocamos: el trasfondo racista, siempre latente, ha resurgido con ferocidad.

Saludamos prematuramente (gracias a la elección y a las dos presidencias de Obama) el fin de la arrogancia imperial y creímos entrever el ocaso del antiamericanismo. Relegamos a los libros de texto la invasión contra México (con sus masacres y atrocidades, sus decenas de miles de muertos y la anexión forzada de la mitad de nuestro territorio). Recordamos con amargura (como algo del pasado) la secuela de intervenciones estadounidenses en Latinoamérica, desde la Guerra del 98: decenas de "pequeñas espléndidas guerras" para ampliar su mediterráneo natural (el golfo de México) y, a partir de ahí, hacer ondear la bandera de las barras y las estrellas hasta la Patagonia. Respirábamos al verlos curados de esa paranoia que los llevó a la sangrienta aventura de Vietnam y a tantas otras guerras imperiales, inútiles e insensatas. Nos equivocamos: ahora Trump ejerce el imperialismo hacia dentro (contra las minorías étnicas y religiosas) y hacia fuera (tratando de humillar y cercar a México, su chivo expiatorio).

Imaginamos que el autismo estadounidense (su provincianismo, su abismal ignorancia del mundo) daba paso al paulatino descubrimiento de los otros. Reímos de su obsesión con ser *the number one*, su ridícula Serie Mundial de beisbol, su visión binaria de ganadores y perdedores, hasta su invocación a Dios bendiciendo a "América": las vimos como resabios culturales, arcaicos y tontos. Leímos a Samuel Huntington como el último y falso profeta de la superioridad yanqui, el predominio insostenible de los blancos, protestantes y anglosajones. Conjeturamos que la violencia en las escuelas, el culto de las pistolas, los asesinatos de la policía contra la población indefensa (afroamericana, en su mayoría) eran episodios parciales, minoritarios, un síntoma alarmante, pero corregible de una sociedad que resistiría los embates de la barbarie. Nos equivocamos: las expresiones narcisistas, nativistas y violentas son quizá el *mainstream*, representan a cerca de la mitad de su población.

Con todo y nuestras críticas, quisimos dar por sentado el predominio de la razón, la ciencia, la verdad objetiva, como conquistas irrevocables en un país repleto de premios Nobel. Dimos por descontado su involucramiento con las mejores causas de la salud pública en el mundo y su compromiso con la preservación del medio ambiente. Relegamos el oscurantismo americano al siglo XVII, con sus cacerías de brujas, o cuando mucho al macartismo. Consideramos los brotes de fanatismo religioso (el suicidio colectivo de Waco) como manchones en una página de civilidad y respeto a la vida. Es obvio que Estados Unidos posee cualidades prodigiosas, pero nos equivocamos al soslayar el núcleo duro, nativista, sexista, fundamentalista, reaccionario, irracional e histérico del alma americana.

Abrigamos la convicción de que la democracia americana era una "ciudad en la montaña" y que sus 240 años de solidez (punteados por una guerra civil y dos guerras mundiales que no la destruyeron) la hacían invulnerable. Quisimos verla inmune a las dictaduras. Desgraciadamente, nos equivocamos. Un tirano ha llegado a la Casa Blanca y amenaza con derruir la obra de los padres fundadores.

Nos equivocamos, en suma, no porque no exista la cara luminosa de Estados Unidos sino porque la otra cara oscura existe también, y no la quisimos ver. Esa cara oscura ha encarnado en Donald Trump.

¿Desatará una nueva conflagración? Ha abierto tantos frentes que alguno puede estallar. Él mismo puede estallar y desplomarse desde dentro. Confiemos sobre todo en los límites y balances internos: legislaturas, jueces, estados. También en la crítica de los diarios, los medios, las redes sociales, y en la movilización de los ciudadanos, las mujeres agraviadas, las minorías étnicas y religiosas. Todos libran ya una batalla épica. Por su parte Europa, encabezada (¿quién lo diría?) por Alemania, desempeñará un papel clave en la defensa de la democracia liberal.

En esta lucha por la libertad, a los países de habla hispana les toca un lugar en el frente. Una de nuestras armas de persuasión proviene de nuestra historia milenaria y nuestra cultura. A través de sus diversas expresiones —arte, cine, televisión, literatura— debemos mostrar al americano bueno que no está solo. Y al otro, al cerrado y cerril, mostrarle que (con todas nuestras miserias e injusticias) nuestros pueblos tienen mucho que enseñarle en términos de valores y humanidad.

Reforma, 7 de febrero de 2017

Los pueblos no aprenden en cabeza ajena

¿Cómo se curan los pueblos del hechizo de un demagogo? ¿Cómo salen de la hipnosis? La única vía, por desgracia, es la experiencia. "Nadie aprende en cabeza ajena", dice el sabio refrán, que penosamente confirma la historia de los hombres y los pueblos.

Donald Trump llegó a la Casa Blanca debido a Donald Trump. Las causas generales (económicas, sociales, demográficas, étnicas, etc.) que se han aducido no son, a mi juicio, las decisivas. Lo decisivo ha sido la hipnosis que ejerció en un sector muy amplio del electorado estadounidense.

Trump declaró, famosamente, que si asesinara a una persona en la Quinta Avenida, nadie se lo reclamaría. Es verdad. Los medios exhibieron sus probables delitos, su cínica evasión de impuestos, sus múltiples bancarrotas, sus copiosas e inagotables mentiras, sus desdén absoluto por los datos objetivos y los hechos comprobados, su desprecio por la dignidad de las mujeres, su burla de los minusválidos, su odio racial a los mexicanos y su intolerancia radical a los musulmanes, su crudo nativismo, sus amenazas contra la libertad de expresión, su mofa de las instituciones, su inconmensurable y peligrosísima ignorancia del mundo. Fue inútil. Todo se le resbaló. Todo se le perdonó.

"Algo extraordinario está ocurriendo", decía Trump una y otra vez. A eso precisamente se refería, a su total impunidad, al delirio por su persona, por su personaje. Su *reality show* se había escapado mágicamente de la pantalla hasta ocupar todo el territorio del país a lo largo de más de un año. Ahora podía llevar su exitoso programa *The Apprentice* a la Casa Blanca y despedir a quien se le viniera en gana: *"You're fired!"* Sesenta millones de estadounidenses querían tomarse una selfi colectiva con Trump en actos de histeria reminiscentes a los de todos, absolutamente todos, los dictadores de la historia que llegaron al poder por la vía de su carisma, expresado sobre todo a través de la palabra.

Desde ese endiosamiento podrá decir o hacer, por un tiempo, lo que le venga en gana. Gobernará por Twitter. Su destino manifiesto es recobrar el pasado de grandeza (supuestamente) perdido: *Make America Great Again*. Y no cejará en perseguir ese empeño de acuerdo con las pautas que ha trazado. Quienes crean que hay un Donald Trump anterior al fatídico martes 8 de noviembre de 2016 y otro después se equivocan. Trump hará lo que ha dicho que hará, y sólo la realidad, una vez que sus acciones tengan las consecuencias previsibles, minará lentamente su prestigio. Pero ni aun en esa circunstancia se dará por vencido. No está en su carácter, en su psicopatología, en su biografía. Si ocurre culpará a las fuerzas del mal anteriores a él

246

o contemporáneas, responsabilizará a la prensa y los medios liberales, hablará de un complot, fustigará a propios y extraños: hará de su presidencia una campaña permanente, un interminable orgasmo con la multitud que lo adora.

La inmensa mayoría del pueblo alemán —ejemplo paradigmático— se rehusó a ver de frente el horror que representaba Hitler y el abismo al que lo precipitaría. Pudiendo detenerlo a tiempo dejó que creciera y culminara su obra de destrucción. Sólo después, al contemplar las ciudades arrasadas, al hacer el recuento de los daños, de los muertos, el humo comenzó lentamente a disiparse de la mirada. Sólo con el paso del tiempo el alud irrebatible de los hechos convenció al ciudadano alemán del horror sin precedente que habían alentado. Y décadas más tarde, asumiendo con valentía la culpa histórica de sus antepasados, las generaciones posteriores se han vacunado contra el terrible mal. Hoy Alemania se ha convertido, paradójicamente, en la vanguardia de la libertad occidental.

En América Latina tampoco aprendemos en cabeza ajena. ¿Cuántos años le ha tomado a Argentina comenzar a calibrar, lenta y penosamente, el engaño histórico del peronismo? No sé si cuando termine el régimen de los Castro el pueblo cubano reaccionará con el rechazo y la desilusión que merece su fallida y opresiva utopía. Dependerá de la supervivencia de la nomenclatura militar y política cubana, que muy bien podría prolongar el mito de la Revolución hasta la eternidad. Pero no tengo duda de que el drama espantoso de Venezuela ha convencido ya a la mayoría de la población del origen de su tragedia. ¿Cómo es posible que siendo el país más rico del mundo en reservas petroleras Venezuela haya descendido a niveles casi haitianos de miseria? No hay más explicación que el carácter dictatorial del régimen, resultado natural de entregar todo el poder a un demagogo.

En México no hemos vivido el populismo. El sistema político mexicano que predominó en el siglo XX era inherentemente corrupto (sus herederos lo siguen siendo), pero no era populista porque el poder presidencial estaba acotado a seis años y recaía en la institución presidencial, no en el carisma del presidente. Eso podría cambiar en 2018: los pueblos no aprenden en cabeza ajena.

Después de sufrir una terrible guerra civil y una larguísima dictadura, España logró una ejemplar transición política hacia la democracia. Ese pacto de civilidad y tolerancia fue la inspiración de las transiciones latinoamericanas a la democracia. ¿Cómo es posible que algunos españoles crean ahora en Podemos, el partido populista que trabajó abiertamente para ese sepulturero de la democracia venezolana que fue Chávez? Por la misma razón: ningún pueblo aprende en cabeza ajena.

¿Despertará el ciudadano estadounidense de la hipnosis de Trump? Los pesos y contrapesos, las libertades individuales y, sobre todo, los medios tradicionales de comunicación, en particular los periódicos, harán su parte. Durante la campaña tuvieron un desempeño heroico y ahora (por si no enfrentaran suficientes problemas de supervivencia) les va la vida en hacerlo. Pero si esos medios fueron insuficientes durante la campaña podrían serlo durante los cuatro u ocho años de la presidencia de Trump. El voto latino y afroamericano así como la movilización ciudadana podrían incidir también en los resultados electorales futuros. La presión mundial (en el caso de que cumpla casi cualquiera de sus amenazas) obrará en su contra.

Pero a fin de cuentas sólo la constatación del desastre convencerá a los votantes y los librará de la hipnosis. Y llevará tiempo, quizá mucho tiempo. El populismo es la demagogia en el poder. La demagogia es la tumba de la democracia. Nos espera —parafraseando a Eugene O'Neill— un largo viaje hacia la noche.

El País, 23 de noviembre de 2016

IV

LA DEMAGOGIA, TUMBA DE LA DEMOCRACIA

Coriolano de Shakespeare, el antipopulista trágico

"Cualquiera que estudie *Coriolano* —afirmó William Hazlitt en *Characters of Shakespeare's plays* (1817)— puede ahorrarse la lectura de las *Reflexiones* de Burke, *Los derechos del hombre* de Paine, los debates del Parlamento inglés desde la Revolución francesa." De haber escrito en el siglo XX, habría agregado a Nietzsche, Marx y Freud. Así de amplio es el espectro de su compleja trama. Y hasta este confuso siglo XXI puede hallar en esas páginas más de un eco y una lección.

La historia, narrada por Plutarco en las *Vidas paralelas*, ocurre en Roma, en el siglo V a. C. Un grupo de ciudadanos agraviados por la falta de trigo se amotina contra los patricios. El sabio senador Menenio, abogado del orden, trata de apaciguarlos. Aparece por primera vez el furibundo Cayo Marcio, joven de edad, pero veterano de dos célebres batallas, que con su sola presencia repliega a los plebeyos y ferozmente les reclama su ignorancia de las cuestiones de Estado, y de paso sus defectos: volubilidad, cobardía, ingratitud y bajeza. La súbita amenaza del enemigo externo (los volscos, comandados por Aufidio, enemigo cerval de Marcio) desvía la acción a la guerra. Marcio tiene un desempeño digno de un héroe griego: él solo, sin ayuda de los soldados ("almas de gansos con formas humanas", les dice), toma la ciudad de Corioles. Por aquel triunfo se le agrega el nombre Coriolano. Pero ése será el único laurel que, con reticencia extrema, tolerará.

La gloria deparaba a Cayo Marcio Coriolano el consulado de Roma. Volumnia, su augusta madre, que lo ha criado desde niño como un émulo de Marte, da gracias a los dioses por sus heridas. (Según Plutarco, era huérfano de padre, dato que Shakespeare no recoge.) Roma lo aclama, pero Coriolano detesta visceralmente los halagos: "No más de esto, no más, ofende mi corazón, os ruego, no más". Para ser electo cónsul, según la costumbre, deberá mostrar sus heridas, lo cual le repugna aún más. Los oficiales discuten sus hazañas y escudriñan su alma: a uno su orgullo le parece una respuesta sensata ante la inconstante naturaleza del pueblo, otro aduce que sus actos hablan por él.

Los tribunos (representantes del pueblo, al que el guerrero ha ofendido con sus invectivas) dan inicio a una elaborada campaña de manipulación para demeritarlo. ¿Pedirá con gentileza sus votos para obtener el consulado? Pero él se mantiene firme: no va a usar sus heridas como anzuelo. "¿Debo vanagloriarme ante ellos: 'esto hice, y esto más'?" No mendigará sus votos con palabras: "No adiestré mi lengua a tal empeño".[1] Poco a poco, sintiéndose deshonrado e hipócrita, lamentando que el pueblo "vea el sombrero y no el corazón", el guerrero concede: "Con gentileza, pues, os pido, señor, que me concedáis el voto. Tengo heridas que mostraros, mas lo haré cuando estemos a solas. Os pido el voto, buen señor. ¿Qué decís?" Cuando los votos llegan, Coriolano los recibe con tristeza:

> ¡Oh, vuestros votos! He luchado en la batalla por vuestros votos, he velado por vuestros votos, por vuestros votos he sufrido más de veinte heridas y por ellos he visto y escuchado el fragor de dieciocho batallas. ¡Todo por vuestros votos! Y ahora seré cónsul.

---

[1] Las citas provienen de la edición bilingüe de *Coriolano*, publicada por Cátedra, Letras Universales, en 2003.

Sicinio y Bruto conspiran para que no lo sea. Advierten que se volverá un tirano, buscan (y al final logran) revertir su designación. Tribunos y senadores discuten el destino de Marcio que encara a la "chusma" sediciosa. ¿Qué le reclama? Pedir sin dar, exigir por saberse mayoría: "Se les llamó a la guerra cuando peligraba hasta el alma misma del Estado, pero no fueron más allá de las puertas de Roma". Por eso advierte a los senadores:

Cuando dos poderes se encuentran, el uno que desdeña con razón, y el otro que sin motivo insulta [...], entonces no pueden ocuparse de lo realmente necesario y han de dar paso a lo voluble, a lo frívolo. Si la rectitud se doblega entonces nada se ha de cumplir con rectitud.

Aun en ese extremo, queda una salida: la petición humilde (reiterada, convincentemente humilde) de los votos. Y eso es lo que Volumnia aconseja a su hijo: mentir, fingir, hablar con palabras falsas. Siempre fiel, el hijo obedece. Menenio lo acompaña a encarar al pueblo: "Pensad que si no os habla como ciudadano, siempre podréis contar con el temple de soldado". Pero es inútil. Los tribunos lo acusan de traidor y lo condenan al destierro. Y entonces el silencioso Marcio los maldice:

¡Soy yo quien os destierra! Aquí, quedaos con vuestra indecisión. ¡Que el rumor más leve haga temblar vuestro pecho; y que las crestas de los enemigos al agitarse sean el viento de vuestra desesperación! [...] Menosprecio, por causa vuestra, nuestra ciudad, y le vuelvo la espalda. En alguna parte, estoy seguro, ha de haber un lugar para mí.

Ese lugar es el seno mismo del enemigo. Marcio y Aufidio se unen. Nada ni nadie (amigos, senadores, el propio Menenio) detiene el furor vengativo del héroe que acampa en las afueras de Roma, hasta que reaparece Volumnia, acompañada de la tímida esposa de Marcio y sus pequeños hijos. Shakespeare toma de Plutarco (su fuente principal) el discurso de la madre que termina por doblegar al guerrero, aunque entiende las consecuencias: salvando a Roma ha condenado a su hijo. Al acercarse a los volscos con una oferta de paz, recibe la muerte. Aufidio, sombríamente, recoge su cadáver y ordena "honrar noblemente su memoria".

Según Maquiavelo (*Discursos sobre la primera década de Tito Livio*, Libro i, Capítulo vii) su caída era necesaria para preservar el orden legal. En las antiguas repúblicas, la preservación de la civilidad correspondía al Senado. Las repúblicas modernas, sin negar la soberanía originaria del pueblo (representado, a su vez, por los tribunos o diputados), conservaron esa arquitectura clásica. Equilibrio siempre difícil: por un lado, los cuerpos aristocráticos (que Maquiavelo llama "los grandes") debían atajar la tentación dictatorial y tiránica. Por otra parte, en tenso diálogo con los tribunos, debían moderar mediante la persuasión (como Menenio) la voluntad a veces ciega e imperiosa del pueblo. Por eso Maquiavelo aprueba la mediación de los patricios y tribunos, y aun el ostracismo de Coriolano: su asesinato por el pueblo habría desatado la guerra civil.[2]

Hazlitt resaltaba la sutil simpatía de Shakespeare con Cayo Marcio, no sólo por motivos políticos derivados de su oposición a los motines de la época, sino poéticos: "El lenguaje de la poesía tiene una afinidad natural con el lenguaje del poder". Tal vez por eso T. S. Eliot, conservador y tradicionalista, la consideraba como la mejor obra de Shakespeare. Bertolt Brecht quiso ver en ella una prototípica lucha de clases. Otras representaciones clásicas suelen omitir ciertos pasajes y discursos para resaltar la nietzscheana soledad del héroe. Hay interpretaciones freudianas sobre la filiación edípica de Coriolano o la liga homoerótica con Aufidio.

---

[2] John P. McCormick, *Machiavellian Democracy*, Cambridge, Cambridge University Press, 2011, pp. 68, 117 y 126.

Ningún demócrata puede leer las invectivas de Cayo Marcio sin repugnancia. Uno se siente tentado a llamarlo fascista. Pero vayamos por partes: los fascistas fincaron su poder en el vínculo afectivo y verbal con el pueblo, que es justamente lo contrario de lo que hace Coriolano. Marcio no es un fascista. ¿Tirano? Menos aún: Marcio, de muy joven, había combatido al tirano Tarquinio. Un tirano no defiende con su vida a su ciudad. ¿Inmisericorde? En una escena fugaz, tras el triunfo de Corioles, Marcio recuerda a un volsco preso que lo había hospedado, se atormenta por no retener su nombre y pide a su lugarteniente que lo libere.

Desde nuestro tiempo, Coriolano adquiere una dimensión aleccionadora: es el antipopulista. Hablan por él los hechos, no las palabras, y defiende con su vida su *polis*, su ciudad. Es un líder tocado por la virtud en el doble sentido clásico de la palabra: valor físico y valor moral. "La virtud —escribe Séneca en sus *Cartas a Lucilio*— […] consiste en servir antes que todo a la patria, después a los tuyos y solamente en tercer lugar a ti mismo."

Para juzgar a Coriolano no basta conocer su biografía: hay que escuchar a Shakespeare defenderlo con la poesía de la virtud, no del poder. Y es una poesía estremecedora. A la luz de esta tragedia, una de las más sombrías y misteriosas, nuestro tiempo revela su miseria, no sólo en la política sino en todos los órdenes. Vivimos huérfanos de líderes virtuosos, y los corrompidos cuerpos aristocráticos y representativos han perdido autoridad. En cambio abundan quienes ganan los votos del pueblo con engaño, insidia, mentira y manipulación.

Letras Libres, marzo de 2015

Meditación en Atenas

SILENCIO EN LA PNYX

"La democracia es una estructura no de piedras sino de palabras." Sentado en un desgastado escalón de la Pnyx, donde en un paréntesis de la historia (de 507 a 322 a. C.) se reunió la Asamblea Popular para dar vida a la democracia ateniense, recordé esa reflexión de Julio Hubard.[1] De difícil acceso, vacío de atractivos artísticos (templos, columnas, estelas), la Pnyx semeja ahora un paisaje lunar. Se trata de una inmensa área semicircular de roca caliza contenida por un tosco contrafuerte, un pequeño estrado, denominado "Bema", desde donde hablaban los oradores frente a 6 000 ciudadanos, y los vestigios de unas escalinatas excavadas en la piedra. Nada más.

Por la tarde, en una librería de viejo, compré *Greece: Pictorial, Descriptive, and Historical*, precioso libro ilustrado de Christopher Wordsworth (maestro de Trinity College, sobrino del gran poeta). Basado sobre todo en las crónicas de Pausanias (geógrafo griego del siglo II), y publicado por primera vez en 1839, recrea líricamente el trance del orador en aquel espacio abierto al este de la Acrópolis.

A poca distancia bajo el orador, el Ágora, llena de estatuas, altares y templos [...] Más allá el Areópago, el más antiguo y venerable tribunal de

---

[1] Julio Hubard, "Cómo se pierden las democracias", *Letras Libres*, febrero de 2013: http://www.letraslibres.com/mexico/como-se-pierden-las-democracias.

Grecia [...] Por encima, la Acrópolis, presentando a sus ojos las alas, el pórtico y el frontón de los nobles propileos. Y alzando aún más la vista, el coloso de bronce de Minerva [...] y el Partenón.

A los costados de la Pnyx, el sabio distingue las veredas que conducen a los oráculos de Eleusis y la colina donde Jerjes contempló la batalla. Y a sus espaldas, el Pireo y el mar, navíos y flotas que llegaban hasta los confines del mundo.

La imaginación romántica de Wordsworth atribuye la inspiración del orador ateniense a aquel escenario que lo circunda:

Estos son los objetos que lo rodean al subirse a su Bema. Ante esa presencia habla. Son las alas que lo empujan hacia la gloria. Son también, si se puede decir, las palancas con las que eleva a su audiencia, en tanto que avivan sus corazones de la misma manera que el suyo. No cabe duda, por eso, de que en una tierra como ésta la elocuencia floreciera con un vigor desconocido en otros lugares.

Hermosa evocación, pero lo inverso era igualmente cierto: buena parte de ese escenario (artístico, histórico, mitológico), y las obras que se produjeron en esa corta época (tragedias, comedias, historias, tratados filosóficos) eran producto de la vida áspera, incierta, valerosa, igualitaria y, ante todo, deliberativa que eligieron los atenienses. Eran producto de la democracia.

En *The Athenian Democracy in the Age of Demosthenes: Structure, Principles, and Ideology*,[2] acaso la más profunda y amplia investigación sobre el tema jamás escrita, el gran historiador danés Mogens Herman Hansen da cuenta de la inmensa complejidad institucional de la democracia ateniense (sus instancias legales, jurídicas, ejecutivas, electora-

---

[2] Mogens Herman Hansen, *The Athenian Democracy in the Age of Demosthenes: Structure, Principles, and Ideology*, Bristol, Bristol Classical Press, 1998.

les, administrativas). Esta actividad requería una intensa participación ciudadana. Pero el corazón de la democracia estaba en la Pnyx, donde los oradores arengaban desde el "Bema" y la Asamblea (reunida no menos de 40 veces al año) deliberaba y votaba a mano alzada. A diferencia de Roma en tiempos del imperio, no los movía la obediencia a una autoridad superior, la excitativa del Estado o el afán de divertirse. Ni pan ni circo. Si bien los ciudadanos asistentes a la Asamblea cobraban por asistir (también los jueces), además de una obligación los movía la alta vocación de participar en la vida en común y decidir el destino de la *polis*.

En la Pnyx se tomaron decisiones trascendentales, muchas benéficas, otras desastrosas: declaraciones de guerra, tratados de paz, decretos justos e injustos de ostracismo y muerte. A juzgar por sus obras, acertó más veces de las que erró. Según Heródoto, el éxito militar de Atenas se debía a la democracia. Golpeada por las plagas, acosada por los enemigos, deturpada por los oligarcas, la democracia usó la persuasión, toleró la crítica (aun la más feroz, contra ella misma), y resistió hasta sucumbir por diversas causas. La discordia interna, las luchas civiles, la debilitaron. La mentira política (la demagogia) corroyó su sentido de la verdad y la integridad moral de sus ciudadanos. Finalmente, la fuerza externa (la conquista macedonia) supeditó a Atenas, como al resto de las ciudades estado griegas (incluida Esparta), a un poder externo.

En el Museo de la Stoa, en el Ágora, hay una estela con la figura de una joven honrando a un anciano en su trono. La joven era Demokratia (elevada al rango de diosa en 404 a. C.) coronando al venerable Demos, el pueblo. "Si alguien se levanta contra la democracia y contra el Demos buscando establecer la tiranía —rezaba la inscripción inferior— quien lo mate, no tendrá culpa." La fecha de la estela (337/6) coincide con la muerte de Filipo II (vencedor de los atenienses dos años antes, en Queronea) y el ascenso de su hijo Alejandro Magno, que culminó con la conquista de Grecia. Al morir súbitamente Alejandro, su sucesor culminó la destrucción: "No hay —escribe Hansen— un solo discurso posterior a la abolición de la democracia, llevada a cabo por Antípatro en 322 a. C".

Al callar el discurso, es decir, el razonamiento público que es corazón de una sociedad abierta, murió la democracia. Los grandes oradores de Atenas lo sabían. Antes que vivir en servidumbre, Demóstenes, el autor de las Filípicas, se quitó la vida apurando un veneno que en esos tiempos aciagos traía consigo. Hipérides, sometido a tortura por Antípatro, fue más explícito: "Se tragó la lengua, de modo que no pudo revelar ninguno de los secretos de su ciudad". Y el anciano Isócrates, a sus 98 años, "no soportó ver a Grecia esclavizada por cuarta vez y [...] se quitó la vida en cuatro días, privándose de la comida".[3] Tal era el respeto que los oradores tenían por la palabra. Presentían que el silencio se apoderaría de la Pnyx desde entonces y acaso para siempre.

Casi un siglo antes de esos hechos, una enemiga más sutil —la demagogia— había comenzado a insinuarse en el cuerpo de la democracia para minarla desde dentro, barrenando su tronco mediante el uso torcido, falaz e interesado de la palabra. A fines del siglo v, Aristófanes (444-385 a. C.) y Tucídides (460-395 a. C.) comenzaron a advertirla. En el siglo IV, cuando su malignidad era manifiesta, Platón (427-347 a. C.) y Aristóteles (384-322 a. C.) la estudiaron con detalle y escribieron contra ella. Comprendieron que la demagogia era una adulteración letal de la verdad, un culto cínico al éxito a través de la mentira, la conculcación de la palabra al servicio de la ambición política.

---

[3] Los tres finales provienen de Plutarco: "Vidas de los diez oradores", en *Obras morales y de costumbres (Moralia)*, X, Barcelona, Biblioteca Clásica Gredos, 2003, pp. 450-451, 479-480 y 486. José Molina apunta un dato: Isócrates pidió a Filipo invadir Atenas para impedir la invasión persa. Quizá veía preferible ser dominado por los macedonios que por los persas, pero si Plutarco acierta, el orador terminó por repudiar toda dominación.

El demagogo según la comedia

Según el *Oxford Classic Dictionary*[4] la palabra *dēmagōgos* no tenía originalmente una carga negativa: significaba sencillamente "líder del pueblo". No obstante, el propio diccionario asienta que el uso negativo (que el inglés recoge con la distinción entre *"leader"* y *"misleader"*) se fue imponiendo en la obra de historiadores y filósofos hasta establecer que "los demagogos operan mediante el carisma, no la experiencia".

En "Athenian Demagogues" (1962),[5] el historiador oxoniense M. I. Finley se propuso demostrar, en efecto, que la palabra demagogo no tenía en el siglo v el uso peyorativo que nosotros le damos. En "The Origins of the Stateman-Demagogue Distinction in and after Ancient Athens",[6] la historiadora Melissa Lane lleva la tesis aún más lejos. A su juicio, el término fue un recurso posterior de Platón y Aristóteles para desacreditar a la democracia. En la tesis de Lane, el biógrafo y moralista Plutarco culmina la obra de los filósofos reescribiendo la historia para conferir a la palabra su sentido actual.

El vocabulario político de la Grecia clásica —escribe Finley— impide caracterizar de un modo preciso la palabra *dēmagōgos*. La primera aparición que se conserva en la literatura griega está en la comedia *Los caballeros*, de Aristófanes (424 a. C.):

Un demagogo no debe ser ni honesto ni educado; tiene que ser ignorante y canalla (Aristófanes, *Los caballeros*, 185).

---

[4] *Oxford Classical Dictionary*, Oxford/New York, Oxford University Press, 1996, p. 446.

[5] M. I. Finley, "Athenian Demagogues", en *The Past and Present*, núm. 21, abril de 1962, pp. 3-24.

[6] Melissa Lane, "The Origins of the Statesman-Demagogue Distinction in and after Ancient Athens", en *Journal of the History of Ideas*, vol. 73, núm. 2, abril de 2012, pp. 179-200.

En la interpretación convencional, la enumeración de adjetivos parecería un recuento de características esenciales. Finley no explora formas alternativas para explicar el pasaje de Aristófanes, pero niega que se trate de una definición. Lane aporta una explicación del contexto. *Los caballeros* ocurre en tiempos de guerra, cuando los campesinos tuvieron que emigrar de sus comunidades a la ciudad. La presencia de agricultores y pastores en la ciudad aumentó el número de asistentes a la asamblea. La diversidad entre los miembros de la Asamblea reunida en la Pnyx promovió la aparición de una nueva clase de oradores que debían persuadir a las personas del medio rural.

Este uso agreste, digamos, de la palabra para la composición de los discursos no implica una degradación moral en los demagogos, sino una estrategia para interpelar a un público poco educado. El componente humorístico de la comedia rebaja la elocuencia de Cleón al dirigirse al *dēmos*, pero no pone en duda su condición de líder. Por el contrario: muestra que un buen gobernante es quien busca el bien común aun cuando pueda tener "una voz chillona, una naturaleza intratable y perversa, y un lenguaje de mercado" (Aristófanes, *Los caballeros*, 218).

La argumentación de los académicos parece razonable. Sin embargo, aun concediendo posibles malinterpretaciones del traductor, los reparos no coinciden demasiado con otros pasajes de Aristófanes donde el personaje aludido en *Los caballeros*, el demagogo, parece apuntar ya entonces al sentido peyorativo que le damos actualmente:

Siempre mantén a la gente a tu lado, ablandándola con palabras que quiere escuchar (Aristófanes, *Los caballeros*, 215).

Apelas a la guerra para evitar que la gente vea a través de tus crímenes (Aristófanes, *Los caballeros*, 803).

Ustedes [demagogos] son como los pescadores de anguilas; en aguas quietas no atrapan nada, pero si remueven el cieno su pesca es buena; del mismo modo, es sólo en tiempos turbulentos que ustedes se llenan los bolsillos (Aristófanes, *Los caballeros*, 864).

Llevarlos a la ruina es fácil: les encanta sentirse halagados y enteramente engañados por cada orador que engrandecen (Aristófanes, *Los caballeros*, 1115).

El demagogo según la historia

Al pasar a los textos históricos, Finley apunta que la palabra "demagogia" aparece apenas en *La historia de la guerra del Peloponeso* (405 a. C.) y cuando ocurre adopta un sentido descriptivo, referido sólo a la capacidad de liderazgo que puede ejercer un orador frente al pueblo. Lane analiza otros momentos de la literatura griega para defender su tesis: *Anábasis* 7.6 y *Helénicas* 2.3 de Jenofonte, *Discursos* 8.12 y 15.23 de Isócrates y *Discursos* 5.5 de Demóstenes. En los tres aprecia el mismo resultado. En Jenofonte el adjetivo tiene una connotación negativa, pero no radica en la actividad propiamente sino en el mal ejercicio del liderazgo y en una adscripción a un partido político que no busca el bien de la *polis*.

Con todo, si en la comedia de Aristófanes la demagogia asoma con su sentido actual, en los dos grandes oradores que menciona Lane, la demagogia aparece como una práctica en busca de la palabra que finalmente la exprese:

Si quieren razonar y acertar en lo que conviene a la ciudad, pongan mayor atención a quienes se oponen a su dictamen y no a quienes lo aprueban. A éstos les es fácil seducirlos: les dicen lo que les agrada escuchar y su discurso sirve como de nube para impedirles ver lo mejor (Isócrates, *Oración de la paz*).

Y entonces, aprovechando la ocasión, […] el orador reaparece como una ráfaga inesperada […] con énfasis y sin pausa hilvana las palabras y las frases que ha acumulado [...] pero son inútiles, no persiguen nada bueno, se dirigen a lastimar a éste o aquel ciudadano, y al descrédito de toda la comunidad (Demóstenes, *Sobre la Corona* 18/312).

Y si esto sostienen los oradores, en la historia la realidad de la demagogia se vuelve un hecho dramático, insoslayable. Según el *Oxford Classical Dictionary*,[7] la mención de Jenofonte a los "engorrosos demagogos" es sin duda derogatoria.

Tucídides, es verdad, utilizó muy poco el término demagogo, pero sin referirse a él lo implicó de dos maneras: por contraste, en su encomio a Pericles; y tácitamente, en su dramático recuento de la expedición a Sicilia, alentada irresponsablemente por Alcibíades, el fulgurante líder de la Grecia antigua. Tucídides no lo señala como un demagogo. Pero más allá del análisis lingüístico, la retórica de Alcibíades, sus motivos, su hechizo sobre el pueblo y las consecuencias de su prédica admiten —*a posteriori*— esa lectura.

La cualidad cardinal de Pericles era la prudencia, sostiene Tucídides (que en otros pasajes no duda en criticarlo). Antes de la guerra —lo hace decir, recreando sus discursos—, "ninguna anexión [...] ningún riesgo innecesario [...] Temo más nuestros propios errores que los planes de nuestros enemigos". Y para evitar los errores propios, a menudo había que hablarle al pueblo... contra el pueblo:

Gracias a su autoridad, a su inteligencia y a su conocida integridad, pudo respetar la libertad del pueblo a la par que lo refrenaba. En vez de dejarse dirigir por el pueblo, él lo dirigía; puesto que nunca había buscado el poder por medios ilegítimos, no necesitaba halagarlos; de hecho, gozaba de un respeto tal que podía hablarles duramente y contradecirlos. Siempre que los veía ir demasiado lejos en una actitud de insolente confianza,

---

[7] En referencia a *Helénicas*, 5.2.7.

les hacía tomar conciencia de sus peligros; y cuando estaban desalentados sin motivo importante les devolvía la confianza.[8]

Sus palabras (alentadoras, graves, apremiantes, críticas) fueron las piedras políticas y morales que construyeron la Atenas clásica. Según C. M. Bowra, Pericles representó en la oratoria lo que su amigo Fidias en la escultura: "Su propósito principal es [...] lograr que [los ciudadanos] se eleven hasta la altura de su pensamiento, entiendan complejidades de su política y no que se dejen arrastrar por emociones pasajeras". La prueba de su eficacia está en los tres discursos que se conservan:

En el primero, vemos al líder perspicaz que calcula cuidadosamente sus posibilidades y sabe lo que pretende hacer; del segundo se desprende el abnegado espíritu con el que sirve a Atenas; el tercero (su oración fúnebre) muestra su temple valiente cuando las cosas parecen ir mal y es necesario afrontarlas con franqueza. En el rostro impasible que ofrece su famoso busto hay algo más que olímpica grandeza y desapasionamiento.[9]

Aquella célebre "Oración fúnebre" es un discurso insuperado sobre la democracia, su importancia, su valor y sus debilidades. El mensaje es claro: todos contamos igual, todos participamos. Atenas no es un lugar: es una cultura, un modo de vida. Y Atenas no tiene secretos: cualquiera puede ver la organización militar, la económica, social.[10] Y el discurso se llama "fúnebre" precisamente porque Pericles lo pronuncia junto a las familias atenienses y ante los restos de los caídos en

---

[8] Tucídides, 2.65.5-10, citado por C. M. Bowra, *La Atenas de Pericles*, Madrid, Alianza Editorial, 1970, p. 72.

[9] *Ibid.*, p. 72.

[10] Los *Founding Fathers* recogen repetidamente estas ideas: no por casualidad su autor griego más citado fue Tucídides.

defensa de Atenas. Pericles siente orgullo de hablar junto a quienes fueron heroicos y dieron la vida por esa cultura.

Alcibíades, en cambio, tenía cualidades innatas quizá mayores que Pericles, pero la *hybris* lo poseyó. La inmensa gravitación de su persona hizo que Aristóteles escribiera: "La historia es lo que Alcibíades hizo o sufrió".[11] Así de trascendente consideraba su incidencia en la historia. Incidencia trágica, porque el episodio que lo involucra funciona como un tácito contraste destructivo frente a Pericles, emblema de la construcción. Ocurrió en 415 a. C. ¿Cómo pudo la Asamblea Popular, forjada por casi un siglo de experiencia y perfeccionada por el incomparable liderazgo —ético, estético, político— de Pericles, haber tomado la insensata decisión de invadir Sicilia? Tucídides narra famosamente los hechos y apunta la causa principal: "El pretexto era ayudar a los de su raza y a sus aliados, pero en realidad su deseo era sojuzgarla por completo". Una especie de *hybris* colectiva se apoderó de los electores. Y el motor y vehículo de esa *hybris* fue Alcibíades. Ambos, pueblo y líder, precipitaron el principio del fin de la democracia ateniense.

Junto a Alcibíades, aparece en la Pnyx un émulo sombrío de Pericles, el experimentado Nicias. Tucídides recrea sus discursos. Nicias pide a la Asamblea recapacitar: había enemigos suficientes en el entorno cercano como para buscar otros en ultramar. Era inconveniente "apetecer otro imperio" sin consolidar el propio, más aún cuando Atenas lograba apenas reponerse de los estragos de la guerra y la peste, que tres lustros atrás habían segado la vida de buena parte de la población, incluida la del propio Pericles. Nicias se presentaba explícitamente como la voz de la razón frente al joven caudillo: "No consintáis que arriesgue su ciudad para acrecentar su propio brillo; considerad que tales individuos perjudican al interés público […] que

---

[11] Arnaldo Momigliano, *Génesis y desarrollo de la biografía en Grecia*, México, Fondo de Cultura Económica, 1986, p. 83.

el asunto es grave y no para ser resuelto por jóvenes y a la ligera". Apelando a "los mayores", les pedía "refrenar las pasiones [...] convencido de cuán pocas cosas salen bien por el arrebato, muchas en cambio por la previsión".

Alcibíades, "el más ardiente defensor de la expedición —dice Tucídides—, era muy considerado por sus conciudadanos, se dejaba arrastrar por sus caprichos desproporcionados [...] una de las causas posteriores [...] que acarrearon la ruina de Atenas". Su discurso es el contrapunto de Nicias: confiado, entusiasta, ambicioso no sólo vislumbra la pronta sujeción de los siracusanos sino la de los peloponesios todos, incluida la archienemiga Esparta. Había que rechazar "el intento disociador entre jóvenes y viejos" y marchar juntos para refrendar la gloria de Atenas que "entregada a la inacción se devorará a sí misma, como suele ocurrir, y decaerá su brillo cultural. En cambio, luchando sin tregua acrecentará su experiencia y se habituará a defenderse, no con palabras, sino con hechos".

Nicias, que murió en la aventura, estaba en lo cierto. Alcibíades, que la sobrevivió para aliarse con Esparta (y luego combatirla de nuevo), representaría, en su identidad cambiante ("camaleónica", la llama Plutarco),[12] la inestabilidad de un orden que en el siglo IV no reverdecería los laureles democráticos de Pericles. Y el azar, aliado de la imprevisión, jugó su parte. Así narra Tucídides el cautiverio final de los atenienses:

Cuanto a los prisioneros, fueron muy mal tratados al principio, porque siendo muchos en número y estando en sótanos y lugares bajos y estrechos, enfermaban a menudo por mucho calor en el verano, y en el invierno por el frío y las noches serenas, de manera que con la mudanza del tiempo caían en muy grandes enfermedades. Además, por estar todos juntos en lugar estrecho, eran forzados a hacer allí sus necesidades, y los que

---

[12] *Plutarch's Lives*, Loeb Classical Library, Alcibíades, XVII, I-4, p. 63.

morían así de heridas como de enfermedades los enterraban allí, produciéndose un hedor intolerable. Sufrían también gran falta de comida y bebida, porque sólo tenían dos pequeños panes por día y una pequeña medida de agua cada uno. Finalmente, por espacio de setenta días padecieron en esta guerra todos los males y desventuras que es posible sufrir en tal caso. Después fueron todos vendidos por esclavos, excepto algunos atenienses e italianos y sicilianos que se hallaron en su compañía. Aunque sea cosa difícil explicar el número de todos los que quedaron prisioneros, debe tenerse por cierto y verdadero que fueron más de 7 000, siendo la mayor pérdida que los griegos sufrieron en toda aquella guerra (Tucídides, 7.14).

¿En quién recaía la culpa? ¿En Alcibíades o en los atenienses? En ambos, sugiere Tucídides:

Mas después que la verdad fue sabida, el pueblo comenzó a enojarse en gran manera contra los oradores que le habían persuadido para que se realizase aquella empresa, como si él mismo no lo hubiera deliberado, y también contra los agoreros y adivinos que le habían dado a entender que esta jornada sería venturosa y que sojuzgarían a toda Sicilia (Tucídides, 8.1).

Atenas se repuso parcialmente de aquel desastre. Pero la admirable relojería política encarnada en Pericles no volvió a ser la misma. Los griegos comenzaron a aprender la amarga lección, que se repetiría muchas veces hasta la definitiva: las democracias son mortales.

El demagogo según la filosofía

La descripción del papel que desempeñaron los "líderes del pueblo en la Grecia clásica sufrió un cambio profundo a partir de las obras de

Platón y Aristóteles. A juicio de Lane, el primer uso sistemático de la palabra demagogia en sentido peyorativo está en los *Diálogos* de Platón. La historiadora identifica en *Gorgias* (482c–520b) una distinción moral y política entre el buen y el mal gobernante. Esta oposición entre el *strategōi* y el *dēmagōgos* es innovadora y quizá no tiene precedente en la tradición intelectual griega. El estadista platónico posee una técnica política (*politikē technē*) que le permite gobernar virtuosamente, a partir de un conocimiento verdadero. En cambio, el demagogo, su opuesto, utiliza el discurso para engañar a su auditorio con respecto al bien:

> Es suficiente. Pues si hay estas dos clases de retórica, una de ellas será; adulación y vergonzosa oratoria popular (*aischra dēmēgoria*); y hermosa, en cambio, la otra, la que procura que las almas de los ciudadanos se hagan mejores y se esfuerza en decir lo más conveniente, sea agradable o desagradable para los que lo oyen (*Gorgias*, 503a).

La distinción entre los dos tipos de oratorias sirve para clasificar a los líderes políticos como demagogos o estadistas. Según Platón, el propio Sócrates (521d) afirmaba ser uno de los pocos capaces de ejercer el arte de gobernar porque busca desinteresadamente el bien. En otros pasajes, Sócrates (es decir, Platón) considera malos gobernantes a Milcíades, Temístocles, Cimón y Pericles porque cumplieron servilmente los deseos del pueblo sin preocuparse por aumentar la virtud colectiva.[13] Como se sabe, una de las soluciones que formula la *República* para evitar los malos gobiernos es alentar un liderazgo absoluto, pero libre de todo interés personal que lograse encauzar el poder hacia el bien común.

El *Sofista* (*ca.* 360 a. C.) de Platón recupera los argumentos del *Gorgias* y elabora la teoría más acabada sobre la distinción entre el estadista

---

[13] M. I. Finley, *op. cit.*, p. 7.

y el demagogo. Uno de los personajes del diálogo llamado "El visitante de Elea" introduce una diferencia entre dos tipos de imitadores falaces: el sofista y el demagogo. Éste elabora largos discursos para persuadir al pueblo. El contexto y sentido de las palabras advierte que el término "demagogia" está siendo usado ya en sentido peyorativo: un político que usa el engaño para gobernar la *polis*.

Según Lane, este empleo negativo de la demagogia propuesto por Platón no tuvo un impacto inmediato entre sus contemporáneos. Las condiciones ideales que exigía su propuesta la volvían irrealizable. En la historia posterior de la demagogia —argumenta— coexisten el sentido neutro y peyorativo del término. Por un lado, la tradición de los oradores decidió de manera pragmática mantener en sus discursos el uso descriptivo de la demagogia. El uso peyorativo continuó siendo exclusivo de la filosofía, aunque con argumentos distintos a los desarrollados en el *Gorgias*, *Leyes* y *Sofista*.

Hasta aquí los académicos. Es posible que, como señalan, las dos acepciones coexistieran durante un tiempo, pero el uso peyorativo creció conforme la realidad histórica que señalaba era palpable, riesgosa y muchas veces fatal. Esa nueva realidad acuñó el uso posterior de *demagogo*, vigente hasta el día de hoy.

★ ★ ★

En su *Política*, Aristóteles elaboró una nueva teoría sobre la demagogia. Su tema es el mecanismo de corrupción que atenta contra las formas virtuosas del gobierno. El término *dēmagōgoi* designa a los líderes políticos que ponen los deseos populares por encima de las leyes. El comportamiento de esos líderes puede degradar monarquías en tiranías, aristocracias en oligarquías y democracias en el gobierno de la masa. Aristóteles aporta varios ejemplos de corrupción demagógica en las diversas formas de gobierno. "Las alteraciones de las oligarquías proceden de sí mismas a causa de la rivalidad entre los que hacen demagogia"

(Aristóteles, *Política*, 1305b). "En la democracia, los demagogos reciben homenajes debido a su adulación al pueblo [...] en las tiranías reciben el premio por su adulación humillante" (Aristóteles, *Política*, 1313b). Todos los casos conducen a una corrupción de la vida moral.

El gobierno de la mayoría —es decir, la democracia—, que actúa por encima del orden jurídico, provoca un Estado despótico semejante al que existe en las tiranías (Aristóteles, 1292a26). El gobierno de "uno compuesto de muchos", como llama Aristóteles a esta forma corrupta de democracia, no defiende en realidad la participación ciudadana en la toma de decisiones. Por el contrario: hace que los hombres libres se vuelvan sujetos cautivos de las adulaciones de los demagogos. El ánimo popular permanece tranquilo al creer que los líderes escuchan y cumplen sus demandas y anhelos, pero lo que en el fondo ocurre es otra cosa: la limitación de sus libertades y el advenimiento de un orden tiránico.

La continuidad entre la ética y la política es una tesis fundamental en la filosofía de Aristóteles. La vida en sociedad debería reflejar la virtud individual. El gobernante que consiente a su pueblo falta de manera grave a la exigencia de la virtud. El demagogo que disfraza sus propios intereses con discursos aduladores, no sólo engaña al pueblo sino que lo hace partícipe de su corrupción moral. La retórica del demagogo confunde deliberadamente las nociones de felicidad y bien común por las promesas de placer, riqueza y poder. Las formas aparentes de bien alteran la virtud del hombre bueno. Así, en lugar de buscar siempre el término medio en cualquier acción, los hombres actúan de manera desproporcionada, sin importar los medios o las consecuencias.

Aristóteles es el primero en reconocer que la virtud es un concepto problemático que sólo la filosofía puede dilucidar. Y en un pasaje atribuye la inestabilidad política a las luchas intestinas y la discordia, en cuyo caso la demagogia sería más un síntoma que una causa. En el fondo, como se sabe, Aristóteles desconfía de la democracia en sus formas extremas y prefiere un gobierno aristocrático moderado que ataje las luchas intestinas. Su concepto del pueblo es cauteloso: considera que "el pueblo siempre basará sus juicios en opiniones y no en la verdad; por ello es arriesgado darle demasiado poder, si bien también es peligroso impedir que tome parte de las decisiones políticas".[14]

Pero el reparo de Aristóteles a la democracia no atenúa su crítica a la demagogia que (como en toda su obra) no extrajo de las ideas puras. A diferencia de Platón, sus teorías parten de la experiencia. La prueba mayor, no mencionada por Finley y Lane, está en esta cita específicamente referida a la forma en que la demagogia corroe a las democracias:

> La principal causa de las revoluciones en las democracias es la intemperancia de los demagogos. En algunos casos, por su política de delaciones individuales, incitan a los ricos a unirse (ya se sabe: el miedo común coaliga aun a los peores enemigos). En otras ocasiones, atacándolos como clase, concitan contra ellos al pueblo. Que así ocurre, puede verse en multitud de casos (Aristóteles, *Política*, 5, 4).

Aristóteles menciona con algún detalle cinco ejemplos de esa "multitud de casos" (Cos, Rodas, Heraclea, Megara, Cime), pero obviamente insinúa que tenía más. Como se sabe, compiló con sus discípulos un gran catálogo de datos sobre 158 "constituciones de ciudades-estados griegas" del cual sobrevive la que dedicó a Atenas, descubierta en Egipto apenas en 1880. Su recuento no deja lugar a dudas: "En otras ciudades puede verse también cómo las revoluciones han ocurrido de la misma manera". Y a esas revoluciones, por lo general, seguía una reacción tiránica.

También el perfil social del demagogo había cambiado en la era de Aristóteles:

---

[14] Debo esta acotación pertinente a José Molina. Se basa en Aristóteles, *Política*, 1281b, 26-32.

En los tiempos antiguos, cuando el demagogo era también general, la democracia se transformaba en tiranía; la mayoría de los antiguos tiranos fueron primero demagogos. La causa de que así sucediera entonces y no ahora es que entonces los demagogos salían de entre los generales (pues aún no se conocía la habilidad oratoria). En cambio ahora, con el auge de la retórica, quienes dirigen al pueblo son los que saben hablar (Aristóteles, *Política*, 5, 4).

Debido a este cambio, el mal se había instaurado en el tronco mismo de la democracia, en la palabra. "Los que saben hablar" eran los que desvirtuaban la verdad para su propio provecho. Había pasado un siglo desde la era de Pericles. La democracia ateniense estaba cerca de perecer, ante la invasión macedonia. Inspirado en la historia y en la observación empírica, Aristóteles extraía dos lecciones perdurables. La primera apuntaba a la necesidad de limitar el poder concentrado en una persona:

Una norma que debe seguirse por igual en la democracia y la oligarquía, en república o democracia, consiste en no permitir el engrandecimiento excesivo y desproporcionado de ningún ciudadano, sino procurar más bien darle honores moderados y por largo tiempo, antes que grandes honores y súbitamente (porque los hombres se corrompen fácilmente y no cualquiera puede llevar la buena fortuna) (Aristóteles, *Política*, 5, 7).

La segunda atañe a la importancia de las leyes y el riesgo de una "voluntad general" que actúe imperiosamente por encima de ellas:

Cuando los estados son gobernados democráticamente de acuerdo a la ley, no hay demagogos y los mejores ciudadanos se hallan firmemente al mando; pero donde las leyes no son soberanas, aparecen los demagogos. El pueblo se vuelve un monarca [...] y como tal, no siendo controlado por la ley, apunta al poder único y se vuelve autoridad (Aristóteles, *Política*, 4, 4).

Finalmente, en el tema específico de la demagogia, Platón y Aristóteles coincidían. Las dos formas de corrupción —tanto la de palabra como la del bien— se complementan mostrando el peligro de los gobiernos que terminan por sacrificar las leyes, la libertad y, a fin de cuentas, la felicidad que parecían encarnar.

Perdida ya en la historia la democracia de sus ancestros, el griego Plutarco (46-120 d. C.) extrae las conclusiones naturales. No era necesario repetir la palabra "demagogo" para aludir a la realidad que denota: "Para obtener el vano título de líderes y gobernadores de los pueblos, se hacen seguidores de sus humores y caprichos" (*Agis*).

★ ★ ★

¿Era Sócrates un adversario de la democracia? La pregunta ha recorrido más de dos milenios. Karl Popper la formuló en *La sociedad abierta y sus enemigos* y, para fortuna de la civilización occidental, la contestó negativamente. En el epígrafe del capítulo X, Popper cita a Platón: "Él nos restaurará a nuestra naturaleza original y nos curará, bendiciéndonos y haciéndonos felices". Se refiere al filósofo rey, ideal platónico inverso al demagogo pero que, para Popper, termina por coincidir con él porque impone la misma concentración de poder, el mismo rechazo a la crítica, la misma disolución de la democracia.

El propósito de Popper es salvar a Sócrates de Platón, es decir, salvarlo de la imagen de Sócrates que construye Platón para apuntalar su teoría política. No es un empeño fácil. ¿No habían sido los restauradores de la democracia ateniense (Anito y sus compañeros) quienes condenaron a Sócrates por haber sido maestro de algunos de los célebres tiranos (Critias y Cármides, tíos de Platón) que tras el desastre de Siracusa tomaron el poder en Atenas y disolvieron la democracia?

Popper recuerda sin embargo que Sócrates tuvo un papel airoso en esos años. Nunca se opuso a la democracia sino a su degeneración demagógica, encarnada en aquellos aristócratas inescrupulosos que, habiendo sido sus discípulos, torcieron el sentido de su enseñanza para buscar el éxito usando al pueblo como instrumento de su ambición. Y desde luego, se negó a apoyar a los tiranos. (Aunque Popper no lo menciona, según Plutarco, Sócrates desaconsejó abiertamente la operación de Siracusa, que impulsaba su amado discípulo Alcibíades.)[15]

Pero la mayor lección democrática de Sócrates fue ajustarse a las leyes de Atenas y defender su causa, que era la causa de la inteligencia. Pudiendo huir, optó por defenderse con razones. Prefirió padecer la injusticia a cometerla. "Jamás había intentado socavar la democracia —dice Popper—, en realidad, había tratado de darle la fe que le faltaba."[16] Esa fe no era otra que la búsqueda desinteresada de la verdad y el permanente ejercicio de la crítica, no como potestad de un líder omnisciente ni de un demagogo sagaz sino de la *polis* entera. Al defender la crítica abierta de Sócrates frente al sistema cerrado de Platón, Popper (que escribía su obra en el momento más oscuro de la Segunda Guerra Mundial) vindicaba la raíz de la civilización occidental, cuya vocación mejor es la de Sócrates. Esa vocación cabe toda en la inolvidable imagen de Sócrates —modesto, sincero, sereno— enfrentando a sus jueces con humor:

Soy como el tábano que Dios ha puesto sobre esta ciudad —decía Sócrates en su Apología— y todo el día y en todo lugar siempre estoy yo, aguijoneándolos, despertándolos, persuadiéndolos, reprochándolos. No encontraréis fácilmente alguien como yo, y por eso os aconsejo absolverme [...] Si me lleváis precipitadamente a la muerte, entonces habréis de

---

[15] *Plutarch's lives, op. cit.*, Alcibíades, XVII, I-4, p. 45.

[16] Karl Popper, *La sociedad abierta y sus enemigos*, Buenos Aires, Paidós, 1967, pp. 294-302.

permanecer dormidos durante el resto de vuestra vida a menos de que Dios se apiade y os envíe otro tábano.[17]

¿Qué mejor prueba de respeto a la democracia que morir por la libertad, el saber, la verdad y la crítica? El Sócrates de Platón es Platón. El Sócrates de Popper es un pedagogo de la democracia. El Sócrates de Popper es Sócrates. Y su actitud, en esta nueva hora oscura del mundo, es nuestra única esperanza.

LAS DEMOCRACIAS SON MORTALES

En *Los persas* de Esquilo hay un diálogo revelador. Tiene lugar en Susa, sede del imperio persa, donde la reina Atosa (esposa de Darío) indaga por el gobierno de Atenas:

Atosa: ¿Quién está al frente de ellos, como su pastor?
Coro: No se llaman súbditos o esclavos de un solo dueño.[18]

El diálogo expresa la democracia ateniense en tiempos de Pericles. El poder lo tiene el pueblo, orgulloso de ir a la batalla y a la muerte por la Hélade (su escuela de virtud, su ciudad, su patria), por todo lo que ella había construido en unas cuantas décadas, por lo que representaba para la humanidad de entonces y para la humanidad futura, que Pericles expresamente vislumbró. Un pueblo sumiso a un "solo dueño" (filósofo rey o demagogo) no podía aspirar a ese temple.

Han pasado 2500 años desde aquellos hechos. El siglo xx fue pródigo en "dueños" de sus pueblos, no sólo tiranos viles sino filósofos que proponían la vuelta de un orden perdido o el advenimiento de

---

[17] Citado en Karl Popper, *op. cit.*, pp. 301-302.
[18] Citado por C. M. Bowra, *op. cit.*, p. 129.

uno futuro, ambos centrados en sus personas. Y el siglo XXI se ha degradado aún más, llevando al poder a demagogos que harían palidecer de vergüenza a los pícaros o canallas de Aristófanes. ¿Habrá futuro para la sociedad abierta o sucumbirá a manos de sus antiguos y nuevos enemigos?

Aquel verano de 2017 en Atenas, en la misma librería de viejo compré un grabado de Le Roy (segunda mitad del siglo XVIII) con una vista desolada de la Pnyx en tiempos de la dominación turca. Unos hombres con turbante conversan animadamente al pie del Areópago, el máximo tribunal de Atenas; otros ascienden por sus escaleras; y, en las ruinas del antiguo Odeón, otro más reza mirando hacia La Meca. Ninguno sospecha ni remotamente lo que significa la Pnyx, el tesoro que resguarda, hecho de palabras antes que de piedras. Nosotros no podemos caer en esa amnesia. Advertidos de que las democracias son mortales, debemos honrar las voces de aquel pasado y defender la palabra libre, razonada, transparente y veraz, ante la demagogia.

Índice onomástico

El pueblo soy yo de Enrique Krauze
se terminó de imprimir en mayo de 2018
en los talleres de
Impresora Tauro S.A. de C.V.
Av. Plutarco Elías Calles 396, col. Los Reyes,
Ciudad de México